トピックスから捉える
国際ビジネス

岩谷昌樹【著】
Masaki Iwatani

Global
Business

東京 白桃書房 神田

まえがき

「事業は仕掛ける側の夢，テーマはキャッチフレーズ，コンセプトは本音（こんな様にするという志）」。

これは，堺屋太一氏の小説『エキスペリエンツ7　団塊の7人』に出てくるセリフである[1]。捉え方が幾通りもある国際ビジネスも，まずはこのように見ると，大学の授業で「国際経営論」という科目に初めて触れる学生には理解しやすいのではないだろうか。

私が担当する授業（国際経営論，グローバル企業論，デザイン・マネージメント論など）では，ウォルト・ディズニーやコカ・コーラ，ナイキ，スターバックスなど，学生の生活に密着した企業を引き合いに出しながら進めている。

そうした企業事例の中でも，特に学生からの反応があるのは，鈴木商店，無印良品，ホンダといった日本企業である。

同じ日本人として共感を持ちやすいのか，鈴木商店の大番頭だった金子直吉の旺盛な事業欲や，無印良品の「これ"で"いい」（いまの生活に用立つものを提供する）というキャッチフレーズ，岩倉信弥氏（元ホンダ常務取締役）の「デザインはお母さんのおにぎりのように，子どもの口にちょうど合うように握ること」というコンセプトなどは，学生からの「受け」が非常に良い。

ビジネスをするときの夢，モノを売るときのテーマ，モノを作るときの志。

そういったところに学生の関心が集まるのは，いつかは自分も歴史に名の残る経営者や事業家のように活躍したい，もしくは作り手の情熱のこもった商品やサービスにお金を使いたいという気持ちがあるからだと思える。

ただし，こうした国際ビジネス研究の守備範囲はとても広い。大学における国際経営論ないし，これに関連した名称の科目は，おそらく担当者の数だけのアプローチの仕方があって，シラバスも多種多様の構成になっているだ

ろう。

　問題は，国際ビジネスの何をどのような切り口で捉え，いかに分かりやすく伝えるかにある。

　さらに現在は，グローバル・エコノミーの時代を迎えている。これまでの理論では説明できない現象が多く生じてきている。いつからそうなったかについては，大前研一氏の区分に説得力がある[2]。

　ビル・ゲイツが「ウィンドウズ」という名のコンピュータのオペレーション・システムを発表した1985年を区切りに，それ以前をBG（ビフォア・ゲイツ），それ以降をAG（アフター・ゲイツ）とするものである。

　1985年は他にも，経済ではプラザ合意がなされ，イデオロギーの面ではゴルバチョフが登場した年である。ここを時代の大きな転換点として，グローバル・エコノミーが幕開けしたという見方である。

　AG元年以来，グローバル・エコノミーには幾つもの変数が登場して，それらが互いに影響を与え合うようになった。そうしたダイナミックな世界では，予測がいつもできるものとは限らなくなった。期待する成果が，その通りの形では姿を見せないのである。

　たった1つの変数が変化することで，グローバル・エコノミーという全体像が大きく変わってしまう時代を迎えた。大前氏は，こうしたグローバル・エコノミーは，新しいビジネス素粒子を生み出していて，それらのほとんどが発見を待っていると見なす[3]。

　いまやAG20年以上が経過した。私は私なりに，こうしたAGの世界において，「新しいビジネス素粒子を発見する旅」を続けている。その旅の記録を初めて単独で著したのは，前作『ケースで学ぶ国際経営』（中央経済社，2005年）であった。本著はこの続編に位置付き，現時点での自らの国際経営研究の成果を示す，単著第2弾である。

　本著では，まず国際ビジネスの主役である多国籍企業（MNE）のグローバル化問題を取り上げた後，最近のMNEの事例としてサムスン電子にス

ポットを当てる。「第1章　国際ビジネスの主役―MNE（多国籍企業）―」と「第2章　サムスン電子―国際ビジネスにおける決定的優位の追求―」がそれである。

　第1章では，グローバル・ビジネスというものについて考える。世界三大市場（北米・ヨーロッパ・アジア太平洋）のそれぞれで，全体の売上げの少なくとも20％ずつを占めていることが，グローバル・ビジネスである。しかも，そのうちのどこか1ヵ所でも50％以上あってはならない。世界三大市場で，まんべんなく売上げていること。それがグローバル・ビジネスということになる。

　例えばチョコレート・ココア製品メーカーで知られる，ペンシルバニア州のハーシー・フーズ社の売上げは，2002年時点で約90％が国内市場から得られた[4]。

　同社は2005年4月にハーシー・カンパニーと社名変更した。その時期（2004年12月期）での業績は，売上げが44億2,900万ドルと2001年12月期から7％増，純利益は同2.8倍の5億9,000万ドルと好調だった[5]。

　ただし，そのほとんどが国内市場での成果であった。ハーシー社はアメリカでのチョコレート市場占有率で44.2％を占め，2位のマーズ（27.3％）を大きく引き離している。ハーシー社はアメリカのお菓子全体の市場でも1位である。

　しかし，グローバル化という点では，マーズやネスレといった競合相手のほうが先行している。

　本拠地以外にハーシーの工場ができたのは1963年，カナダ・オンタリオである。最初の工場が稼動したのが1905年であるから，かなり遅めの国際展開で，現在も北米・南米にしか生産拠点を設けていない。こうしたハーシー社は，本国地域市場で主に活動するMNEの典型である。

　ハーシー社に限らず，ほとんどのMNEにとって本国地域市場が，「粘着性のある場所」（sticky places）となっていて，その状態が硬直しているのが現状なのである。

第2章では，1つの企業に注目して，そうしたMNEへの理解を深めるため，サムスン電子のケースを「ハードボール企業の戦略」という見地から紐解いていく。

　ハードボール企業の戦略とは，①強力で圧倒的な力を爆発させる，②特異な事態や状況を利用する，③ライバルの「利益の聖域」を脅かす，④アイデアを借りて自分のものとする，⑤ライバルの後退を誘う，⑥妥協を決してしないという6つから成り立つ考え方である。

　このそれぞれをサムスン電子の場合と照らし合わせることで，サムスン電子のこれまでの戦略が，ハードボール企業としての性質を帯びていることを明らかにする。

　次に，そうした国際ビジネスの主役であるMNEが追い求める持続的競争優位，特にブランドについて考え，最近の事例としてヴァージンのブランド構築を探る。「第3章　国際ビジネスとブランド―差異化戦略―」と「第4章　ヴァージン―非関連多角化での国際ビジネス―」がそれである。

　国際ビジネス研究の範疇には入らない会社であるけれども，京都の一澤帆布工業（2006年，相続をめぐるトラブルにより，新ブランドとして一澤信三郎帆布も展開されている）は，ルイ・ヴィトンに近い製造形態をとっていて，ブランドについて考える際の大きな手がかりを与えてくれる。

　「京都市東山知恩院前上ル一澤帆布製」というラベルの付いた帆布（キャンバス）製かばんで有名となった同社は，日本のルイ・ヴィトンという高い評価を受ける。天然繊維の帆布による手づくりで100％自社製造，裁断からミシン縫製までの全てを職人が行う。

　ルイ・ヴィトンが「メイド・イン・フランス」であることと同様，一澤帆布製のかばんは，まぎれもなく「メイド・イン・京都」である。

　しかも一澤帆布は，デパートなどに卸売りをしておらず，直営1店舗とカタログ販売しかしてこなかった。工場（生産現場）と売場が，同じところに位置付いていて，売場の横には，ついたて越しの社長夫妻の机があったから，

これほど管理の目が行き届くブランドはない。

　以前，一澤帆布のもとに大手飲料メーカーから，清涼飲料1本ずつに付けるノベルティー用品として，かばんの形をしたプラスチック製のフィギュアバッグをつくりたいという申し込みがあった。しかし，一澤帆布工業の一澤信三郎代表取締役社長（2005年当時）は，「そんなのは面白くない。製造にかかわらないと自信を持てない。うちがかかわる意味がない」と一蹴した[6]。

　こうした頑なまでに製品製造にこだわる姿勢に，ブランドを作り出している源を見出せる。①自分の知らないところで，自社名が勝手に取扱われることに不信感を抱くこと。②製造も販売も，信頼関係を築けていない人には任せないこと。そういったことがブランド管理の本質と見なすことができる。

　第3章では，こうした点をルイ・ヴィトンやレクサスなどから見出すことに努める。

　なぜ，ルイ・ヴィトンとレクサスかというと，著者が現在の勤務校に着任した最初の年（2003年）に授業で学生200人余りに「どういう会社を詳しく知りたいか」というアンケートを取ったところ，最も多かったのがルイ・ヴィトンとトヨタだったからである。要するに，ブランドに関心があるということだった。

　その要望に応えるのがかなり遅くなったけれども，第3章で著者なりにこの2つのブランドを見据えることで，あの時の受講生に対するアンサー・チャプターとしたい。

　なぜ，このアンケートにこだわったかというと，そのアンケートを取った時の「国際開発経営論」（2005年から「グローバル企業論」に名称変更）は，4限目の授業であったにもかかわらず，朝一番から席取りのためにルーズリーフや辞書，時には他の科目の教科書などが置かれるという現象が起こるほど，気迫と活気に満ちた，濃密な時間を受講生とともに過ごしたからである。

　理由は，教室の収容人数が170名のところに，203名が受講登録をした。し

かし教室変更はできない。しかも毎回出席を取る。こういった幾つかの要素が重なり合った結果（新任だから成績評価が甘いという噂もあったようだ），毎回すし詰め状態での講義となって，立ち見や座り聴きをする学生の姿も多く見られた。

あのセメスターでの熱気は，着任初年度の自分にとって大きな励みとなった。だから，彼らのリクエストに応答したかったのである（もう全受講生が卒業したので彼らには届かないかもしれないが）。

第4章では，多種多様な事業分野に進出するヴァージンをブランド考察の俎上に乗せ，非関連多角化の場合のブランド構築の在り方を探る。

事業どうしが非関連であればあるほど，その統合段階においては，ブランドの本質を垣間見ることができると考えたため，ヴァージンを例に取った。

これに続いては，そうした企業がブランドを得ようとする舞台の特性について迫る。MNE の活動舞台は現在，前述の世界三大市場ならびに BRICs（ブラジル，ロシア，インド，中国）に分けて捉えることができる。

「第5章　国際ビジネスと世界三大市場―北米，ヨーロッパ，アジア―」では，世界三大市場を制するための条件を，具体例を挙げながら見ていく。

これには枚挙に暇がないが，例えば商品レベルでは，ソニー・コンピュータエンタテインメントの携帯ゲーム機 PSP（プレイステーション・ポータブル）が2005年10月時点で，アジアで300万台，北米で447万台，ヨーロッパで253万台を出荷した。

2004年12月の国内販売から約10ヵ月で，世界出荷台数が1,000万台を突破したことになる。それまでの初代 PS が約2年，PS2 が約1年かかった記録を最短でクリアした[7]。かつてソニーは初代 PS をアメリカで出荷するにあたって，従来のソニー製品の流通網とは異なるリテール・チャネルを設けることで，任天堂やセガのゲーム機との販売競争に挑んだ。

アメリカで初代 PS が発売になる前に，実に1万2,000店舗もの取扱店を設けていた[8]。この入念な事前準備によって初代 PS は，1995年の秋に発売

されてから1996年1月までの間に，アメリカだけで80万台以上を売上げた。このように，もともとPSは販売経路に力が注がれた商品であって，その威力がPSPにも受け継がれ，驚異的な出荷台数を現実のものとした。

　また，トヨタのハイブリッド車（HV：ガソリンエンジンと電気モーターを組み合わせたクルマ）「プリウス」は2005年1月〜10月の間に，北米で93,200台，日本で37,400台，ヨーロッパで15,700台，中国で30台を販売した。

　トヨタは，このプリウスの初めての海外生産を中国で開始した（2005年12月）。ハイブリッド車の海外生産としても，初の事例となった。これは，排出ガスやエネルギー問題に関心の高い中国サイドからの要望が強かったことによる。

　中国政府は2006年からの5ヵ年計画において，節約に重きを置き，工場や家庭での省エネを求め出した。こうした省エネの姿勢をトヨタも示すことで，中国における自社ブランドのイメージ向上に結び付けることができる。

　生産の形としては，日本から部品を輸出して，四川一汽トヨタ自動車（中国第一汽車集団との合弁会社）の長春工場（吉林省）で組立てをする。プリウスは中国では「普鋭斯」として2車種が生産され，販売価格は28万8,000元（約418万円）と30万2,000元（約438万円）に設定された。

　そうした生産レベルで見ると，キッコーマンも世界三大市場に向けた活動を行っている。1957年という早期にアメリカに最初の販売事務所を開き，1973年にはウィスコンシン州ウォルワースに，しょうゆ生産工場を設立した。以後，30年間以上にわたって，アメリカでの売上げは毎年，約10％ずつの割合で増えていった。

　しょうゆはアメリカで和食に使われるよりは，テリヤキソースとして主に肉の味付け用に使用されている。キッコーマンの茂木友三郎会長によれば，「郷に入っては郷に従え。アメリカに行ったなら，アメリカ流のビジネスの仕方をしなければならない」という。

　2006年11月からは，サブウェイの「ステーキ＆チーズサンドイッチ」の肉の調理にも使われ出した。しょうゆが従来の味の物足りなさを補ったのであ

る。

　ヨーロッパでも1997年，オランダに最初の工場を立てて以来，2005年まで
で毎年平均して15％の割合で売上げが伸びた。
　いまやキッコーマンの海外からの収益は，毎年平均して全体の収益の4分
の1を占める9)。早期にアジアから他の大市場（北米とヨーロッパ）に進出
したことが，確かな結果を生み出している。茂木会長は，「海外のしょうゆ
事業は長い期間をかけて伸びていく。将来的には南米やアフリカにも市場を
拡げたい」としている。これは，新興市場のポテンシャルを示すものである。
　「第6章　国際ビジネスの新たな舞台—BRICs—」では現在，そうした新
興市場として注目を集めるブラジル，ロシア，インド，中国の4ヵ国
（BRICs）に，どのように企業が進出しているかという点に着目する。
　中でも中国は，世界中の企業がひしめき合う激戦区となっている。そこで
は，1番手利益の獲得が大きな差を生むことになる。
　例えば，衛生陶器メーカーのTOTO（東陶機器）は，1985年に北京，上
海，香港に営業拠点を設けた。1994年には北京に衛生陶器，南京に浴槽，大
連に水洗金具の生産拠点を設置した。衛生陶器業は，1つの製品を1つの拠
点で集中して生産するほうが効果的だからである。
　1995年には北京に統括会社が置かれた。1997年には上海に浴槽の生産拠点
を置いて，2003年からはウォシュレットを作り始めるとともに，衛生陶器の
生産拠点も据えた。2004年時点での主要顧客は，住宅向けが7割，オフィス
向けが2割，ホテル向けが1割である。
　中国の住宅向け衛生陶器は，次のような点で日本と違っている10)。中国
のマンションは，スケルトン販売（内装が全くない状態で売られること）が
基本であるから，マンション購入者は自分で衛生陶器を選んで買わなければ
ならない。
　中古マンションを購入する場合でも，中国では，前の居住者が使っていた
衛生陶器をそのまま使用することはあまりなく，取り換えることが多い。新
居でも中古でもどちらの場合においても，TOTOにとっては事業機会とな

る。

　中国では衛生陶器業の参入規制がないため，市場での1番手利益を獲得することが成功の鍵を握る。2004年時点で，高級衛生陶器市場においてTOTOは35％という占有率を持ち，外資系で1位の地位にある。2位はコーラー，3位はアメリカンスタンダード（いずれもアメリカ企業）である。

　以上のような検討の最後に，論理的に考える際のポイントとなるところを示すことでまとめに代える。「第7章　国際ビジネス研究のこれから―4つの視点―」と「第8章　企業成長の論理―ペンローズ理論への立ち返り―」がそれである。

　第7章では，マーク・カソン教授が「グローバル・システム的視点」として挙げる4つについて吟味する。

　4つの視点とは，①部分的視点からシステム的視点への転換，②環境変移と情報コストの導入，③企業家精神と柔軟なシステムの進化，④社会的要因を経済的動機に統合するというものである。

　第8章では，有力な分析ツールとなっているRBV（リソース・ベースト・ビュー）の鼻祖であるエディス・ペンローズ教授の企業成長論についてレビューをなすことで，国際ビジネス研究の拠り所を確認する。

　このように全8章から，国際ビジネスをトピックスから捉え，学生への学習意欲を高めようとするのが，本著の狙いである。

注
1) 堺屋太一『エキスペリエンツ7　団塊の7人』日本経済新聞社，2005年，62～63ページ。
2) 大前研一著／吉良直人訳『大前研一　新・経済原論』東洋経済新報社，2006年，48～68ページ。
3) 同上書，115ページ。

4）　ハーシーはアメリカのチョコレート・タウンとして知られていて，実際，その町はチョコレートの匂いが漂っている。
5）　荻田浩『ハーシーチョコレートの物語　揺れ動くアメリカン・ドリーム』たる出版，2006年，242ページ。
6）　長沢伸也編著『ヒットを生む経験価値創造―感性を揺さぶるものづくり』日科技連出版社，2005年，199ページ。
7）　PS2のほうは2005年11月，全世界累計出荷台数が1億台を突破した。2000年3月発売（アメリカでは2000年10月発売）から5年9ヵ月で達成したことで，初代PSの9年6ヵ月をしのいだ。
8）　Trachtenberg, J. A., "Race Quits Sony Just before U. S. Rollout of Its PlayStation Video-Game System," *The Wall Street Journal*, August 8, 1995, B3.
9）　Murray, G. "A Healthy Business Model," *Fortune*, July 25, 2005, S17.
10）　ジェトロ編『中国市場に挑む日系企業―その戦略と課題を探る』ジェトロ，2004年，112ページ。

目次

まえがき

第1章 国際ビジネスの主役
―MNE（多国籍企業）― 1

1. グローバル・ビジネスを行うMNEは9社 ———————— 1
   局地的ビジネス＞グローバル・ビジネス／「グローバル500」の4分類／セミ・グローバル企業
2. MNEの本社が最も多い国はアメリカではない ———————— 11
3. MNEの大きさは罪であるか ———————— 13
   アメリカの奇跡的成長とウォルマート／ウォルマートのCSR問題／韓国，ドイツからのウォルマート撤退／工場への批判／食育への対応
4. グローバル化の捉え方 ———————— 24

第2章 サムスン電子
―国際ビジネスにおける決定的優位の追求― 29

1. ソニーを凌ぐサムスンの企業特殊的優位 ———————— 29
2. 強力で圧倒的な力を爆発させる ———————— 33
   韓国経済のリーダー，サムスン電子／半導体というコア・ビジネス
3. 特異な事態や状況を利用する ———————— 37
   サムスン社員の意識改革／アノマリーを創出した「7・4制」
4. ライバルの「利益の聖域」を脅かす ———————— 41
   競争心が生んだ，名品プラスワン／携帯電話の高価格戦略

xi

5．アイデアを借りて自分のものとする ────────── 44
　　他社の良い点を学ぶ／技術導入の4原則／OEMからOBNへの移行
　6．ライバルの後退を誘う ───────────────── 47
　　デザインによる付加価値／TOPを通じたブランドづくり
　7．妥協を決してしない ──────────────── 50
　　徹底した品質管理／グローバル化への「真実の瞬間」／「新経営」のエッセンス
　8．これからのサムスンマネジメント ─────────── 54

第3章　国際ビジネスとブランド─差異化戦略─ ── 61
　1．約束された「最高の品質」 ────────────── 61
　2．ルイ・ヴィトンブランド ────────────── 63
　　贅沢という神話の一部／リアル・ブランド・マネジメント
　3．高級車ブランド ─────────────────── 69
　　プレミアムとは？／高性能ブランド─BMW／品質すなわちレクサス／個性で市場に位置付く
　4．さらなる差異化へ ────────────────── 78
　　キャラクターブランド／広告・宣伝の新たな手法

第4章　ヴァージン
　　　　　─非関連多角化での国際ビジネス─ ────── 87
　1．リチャード・ブランソンの企業家精神 ─────── 87
　　ゆるい結合の組織／グローバル・ブランドへの途上
　2．垂直的多角化：音楽事業 ────────────── 91
　　サード・プレイスとしてのレコード・ショップ／音楽事業の垂直統合と国際化
　3．水平的多角化と地理的拡大 ───────────── 95

航空事業への進出／提携を通じた日本市場への進出

 4．成長過程での選択：原点の売却 ——————— 100
  音楽事業より航空事業／ヴァージン・テリトリーの飽くなき開拓

 5．ヴァージンの多角化の論理 ——————— 105
  非関連多角化の典型としてのヴァージン／ヴァージンのドミナント・ロジックとコアコンピタンス

 6．ヴァージン・ブランドという傘の下で ——————— 110
  求められる原点回帰／真の革新的サービスとは？

第5章　国際ビジネスと世界三大市場 ——— 119
——北米，ヨーロッパ，アジア——

 1．国際ビジネスの市場 ——————— 119
 2．世界三大市場を制するビジネス ——————— 121
  アパレル業界／ザ・ボディショップ／トイザらス／スターバックス

 3．世界三大市場を制するための3要素：1L2R ——————— 137
  (1)ローカライゼーション（現地化）／(2)レプリカ（複製）／(3)レピュテーション（名声）

 4．ディテールにこだわる ——————— 147

第6章　国際ビジネスの新たな舞台—BRICs— ——— 153

 1．新興市場・BRICs ——————— 153
  BOPに向けた新しいビジネス／2050年への道／BRICsの強み

 2．国際ビジネス in ブラジル ——————— 159
  鉄鉱石大国・ブラジル／ケチャップ販売の可能性

 3．国際ビジネス in ロシア ——————— 160
  天然ガス，石油大国・ロシア／自動車販売の可能性／シンガー

の販売戦略／ビール販売の可能性
4．国際ビジネス in インド ───────────────── 162
　　　黄金の四角形／映画大国・インド／スズキのファースト・ムー
　　　バー・アドバンテージ
5．国際ビジネス in チャイナ ──────────────── 168
　　　貿易黒字大国・中国／中国企業の躍進・ハイアール，レノボ／
　　　食文化への対応──サントリー，ハウス食品，キユーピー／自動
　　　車販売の可能性
6．制度上の穴を埋め，「台風の目」に入る ─────────── 173

第7章　国際ビジネス研究のこれから
──4つの視点── ──────────────── 181

1．国際情報システムとしてのMNE ──────────── 181
　　　環境変移への対応／グローバル・システム的視点
2．4つの視点⑴部分的視点からシステム的視点への転換 ──── 186
　　　スマート・グローバリゼーションの達成／3種類の市場
3．4つの視点⑵環境変移と情報コストの導入 ───────── 188
　　　MNEの捉え方／企業家と信号技術者の違い
4．4つの視点⑶企業家精神と柔軟なシステムの進化 ────── 190
　　　マネジャーの心構え／経済的レントを創出する企業家／日本の
　　　アニメーション産業の可能性
5．4つの視点⑷社会的要因を経済的動機に統合する ────── 194
　　　個を活かしたゴードン・ベスーン／アクション・バイアス─ル
　　　ビコン川を渡るという意志力

第8章　企業成長の論理
──ペンローズ理論への立ち返り── ─────── 203

1．ペンローズとチャンドラー ──────────────── 203

2．企業モデルの刷新 ———————————————————— 205
　『企業成長論』—「アイデアの宝庫」
3．企業論へのインパクト ———————————————— 208
　ブラック・ボックスへの接近／卓越した能力を持つリソース
4．企業の多角化への視点 ———————————————— 216
　多角化する企業の論理／企業成長のケース・スタディ
5．ペンローズの「勇敢な努力」 ———————————————— 221

あとがき

第1章

国際ビジネスの主役
―MNE（多国籍企業）―

1．グローバル・ビジネスを行うMNEは9社

■ 局地的ビジネス＞グローバル・ビジネス

　フォーチュン誌が毎年，発表している「グローバル500」に入る企業のほとんどが，国境を越えて製品やサービスを生産・流通・販売している。このように企業が外国で付加価値活動を行う際には，FDI（foreign direct investment：海外直接投資）を通じて子会社が作られる。

　FDIとは，他国で子会社の運営を管理するために，親会社がリソース（経営資源）に投資することである。企業によるFDIこそが，グローバル化を促す原動力となる。

　MITの研究チームはグローバル化を，①能力と資産を国境越しにどのように移動させるか，②国外で生産された能力と資産をどのように入手するかについての意思決定を数千万回重ねた末に出された1つの結果であると見なす[1]。

　言い換えると，企業の基本活動（生産，販売，イノベーション，デザインなど）を自国内外で再編成・再配置する選択の組み合わせが，企業のグローバル戦略になるということである。

　では，どこの国の企業が主となって，これまでグローバル戦略を進めてきたかというと，前掲のグローバル500に入る企業の国籍で見ると次のようになる。

<グローバル500の国籍推移>

(単位:社)

	アメリカ	ヨーロッパ	日本	カナダ	スイス	韓国	オーストラリア	中国	ブラジル	その他	計
1981年	242	141	62							55	500
1998年	185	156	100	12	11	9	7	6	4	10	500
2001年	197	143	88	16	11	12	6	11	4	12	500

　こうした数字からも分かるように，この数十年で世界各地から有力な企業が生成してきて，グローバル戦略（自国内外での基本活動の再編成・再配置）を試みるようになった。2006年では，グローバル500の企業の国籍は32ヵ国を数え，アメリカ企業は170社に減った。

　グローバル500の企業の多くは，MNE（multinational enterprise：多国籍企業）として，国際ビジネスの主な担い手（キーアクター）となる。そのMNEの実態に関して近年，興味深い見解が出された。それはMNEのほとんどがグローバル・ビジネスではなく，「局地的なビジネス」（regional business）を行っているということである[2]。

　世界中で同じ製品ないし同じサービスを販売できているかという意味でのグローバル化を達成している企業は，実は数えるほどしかないのである。

　グローバル・ビジネスとは，世界三大市場（北米，ヨーロッパ，アジア太平洋）というトライアドのそれぞれで，全体の売上げの少なくとも20％ずつを占めている状態のことをいう。

　ただし，そのうちのどこか1ヵ所でも50％以上あってはならない。世界三大市場で，まんべんなく売上げているということがポイントとなる。世界三大市場のうち，どこか1地域（通常は本国のある地域）での売上げが大半を占める状態は，グローバル・ビジネスではなく局地的なビジネスである。

　その意味で，グローバルというのは，「幻想」（mirage），「神話」（myth），もしくは，「特殊事例」（special case）と言われる。

　例えば1998年には，米日欧のMNEの主要活動が考察され，世界の主導的

第1章　国際ビジネスの主役—MNE（多国籍企業）—

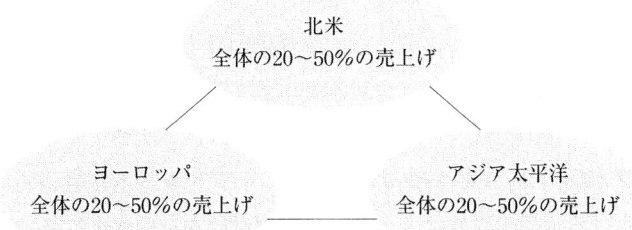

＜グローバル・ビジネス＞

なMNEの中心部分には，グローバリゼーションと呼べるものは全くないため，グローバル企業とは神話であると見なされた[3]。

2002年に公表されたグローバル500（2001年度の売上高ランキング）に名を連ねるMNEのうち，①9社しかグローバル・ビジネスを行っていない，②320社は本国のある地域での売上げが全体の売上げのうち平均して80％を占めるという分析結果が，「グローバル＝幻想」ということを裏付ける[4]。

割合に直すと，グローバル・ビジネスを行うMNEは約2％で，本国のある地域を拠点にした局地的なビジネスを行うMNEは64％となる。例えば500社のうち小売りは49社含まれ，その中でLVMH（モエ ヘネシー・ルイ・ヴィトン）だけが，グローバル・ビジネスを達成していることになる[5]。

もう少し詳しく分類すると，以下のようになる（利用可能のデータがない企業120社を除外した380社が分類対象。そのうち200社がサービス会社，180社が製造業者。380社のうちデータ不十分の企業が15社）。

以下の分類は，グローバル500のほとんどの企業が，①本国地域の市場での成功に負けまいと他地域市場で努力することができていない，②本国地域に比べて，他地域市場での存在感が薄い（全体の売上げの中で，本国以外の地域の割合が低い）ということを明らかにする。

■「グローバル500」の4分類

①本国地域を活動拠点とする企業　320社（500社中64％，380社中84.2％）

…本国地域での売上げが全体の50％以上。
〈北米〉
　ウォルマートの北米での売上げが全体の94％を超える。
　同じくギャップが86.9％，ウォルト・ディズニーが83.0％，トイザらスが81.5％，GMが81.1％，ペプシコが67.6％，フォードが66.7％，ボーイングが66.7％，GEが59.1％，フィリップ・モリスが57.9％を北米から売上げる（GM以外はアメリカ合衆国だけからの売上げ）。
　また，シアーズ・ローバック，ターゲット，Kマートは完全に（100％）北米からだけの売上げである。
〈ヨーロッパ〉
　カルフールのヨーロッパでの売上げが全体の80％を超える。
　同じくルノーが89.1％，フィアットが73.3％，VW（フォルクスワーゲン）が68.2％，ブリティッシュ・エアウェイズが64.8％，BMWが57.3％，ボルボが51.6％をヨーロッパから売上げる。
〈アジア太平洋〉
　伊藤忠商事のアジア太平洋での売上げが全体の91％を超える。
　同じく住友商事が87.3％，三菱商事が86.8％，日立が80.0％，シャープが80.0％，三井物産が78.9％，東芝が75.3％，丸紅が74.5％，松下電器産業が64.9％をアジア太平洋から売上げる（住友商事，三菱商事は日本だけからの売上げ）。
　これら320社のうち131社が製造業で，189社がサービス業である。

② 2地域を活動拠点とする企業　25社（500社中5％，380社中6.6％）[6]
　…世界三大市場における2地域（本国地域を含む）での売上げが少なくとも全体の20％以上ずつあって，なおかつ本国地域での売上げは全体の50％以下。
　25社中16社がヨーロッパの企業で，そのうち15社（BP〔ブリティッシュ・ペトロリアム〕，ユニリーバ，ミシュラン，ロレアルなど）がヨ

ーロッパと北米の2地域中心。L.M.エリクソンだけがヨーロッパとアジア太平洋の2地域中心。

25社中6社が北米の企業で，そのうち5社（3M，マクドナルド，イーストマン・コダックなど）が北米とヨーロッパの2地域中心，モトローラだけが北米とアジア太平洋の2地域中心。

25社中3社（トヨタ，日産，ブリヂストン）がアジア太平洋の企業で，いずれもアジア太平洋（日本）と北米の2地域中心。

これら25社のうち24社が製造業で，マクドナルドだけがサービス業となる。主だった2地域を活動拠点とする企業の各地域での売上げの割合は次のようになる。

<各地域での売り上げの割合：2地域企業>　　　　　（単位：％）

	本国地域	北米	ヨーロッパ	アジア太平洋
BP	ヨーロッパ	48.1	36.3	na
ユニリーバ	ヨーロッパ	26.6	38.7	15.4
ミシュラン	ヨーロッパ	40.0	47.0	na
ロレアル	ヨーロッパ	32.4	48.5	na
L.M.エリクソン	ヨーロッパ	13.2	46.0	25.9
3M	北米	46.9	24.6	18.9
マクドナルド	北米	40.4	31.9	14.8
イーストマン・コダック	北米	48.5	24.7	17.2
モトローラ	北米	44.0	14.0	26.0
トヨタ	アジア太平洋	36.6	7.7	49.2
日産	アジア太平洋	34.6	11.0	49.7
ブリヂストン	アジア太平洋	43.0	10.1	38.8

＊北米についてはBP，3M，イーストマン・コダック，モトローラがアメリカ合衆国，マクドナルドがカナダおよびアメリカ合衆国，ブリヂストンが南北（中央）アメリカのくくりになる。イーストマン・コダックのヨーロッパは中東とアフリカを含む。トヨタ，日産，ブリヂストンのアジア太平洋は日本に限る。また，3Mのヨーロッパは中東を含み，マクドナルドのアジアは中東とアフリカを含む。

<各地域での売り上げの割合:ホスト地域企業> (単位:%)

	本国地域	北米	ヨーロッパ	アジア太平洋
ダイムラークライスラー	ヨーロッパ	60.1	29.9	na
ホンダ	アジア太平洋	53.9	8.1	26.9
ニューズ社	アジア太平洋	75.0	16.0	9.0
マンパワー	北米	19.1	68.6	na

＊ホンダのアジア太平洋は日本，ニューズ社とマンパワーの北米はアメリカ合衆国，ニューズ社のヨーロッパはイギリスに限る。

③ホスト地域を活動拠点とする企業　11社（500社中2.2%，380社中2.9%）

…本国地域ではない地域での売上げが全体の50%以上。

　11社中8社（ダイムラークライスラーなど）がヨーロッパの企業，2社（ホンダとニューズ社[7]）がアジア太平洋の企業で，いずれも北米をホスト地域とする。

　11社中1社（マンパワー）が北米の企業で，ヨーロッパをホスト地域とする。

これら11社のうち製造業が3社，サービス業が8社となる。主だったホスト地域を活動拠点とする企業の各地域での売上げの割合は上のようになる。

④グローバルに活動する企業　9社（500社中1.8%，380社中2.4%）[8]

…世界三大市場のそれぞれでの売上げが全体の20%以上，50%以下。

　IBM，ソニー，ロイヤル・フィリップス・エレクトロニクス，ノキア，インテル，キヤノン，コカ・コーラ，フレクストロニクス・インターナショナル[9]，ルイ・ヴィトン。

　これら9社は全て製造業で，そのうち7社は，「コンピュータ，オフィス＆エレクトロニクス」に，コカ・コーラは，「フード，ドラッグ＆タバコ」に，ルイ・ヴィトンは，「その他の製造業」に分類される。

　また，ルイ・ヴィトンはサービス業の「マーチャンダイザーズ」にも分類される。

　これら9社の実際の割合は次のようになる（順番は売上げランクの高い順。

<各地域での売り上げの割合：グローバル企業>　　（単位：％）

	本国地域	北米	ヨーロッパ	アジア太平洋
IBM	北米	43.5	28.0	20.0
ソニー	アジア太平洋	29.8	20.2	32.8
RPE	ヨーロッパ	28.7	43.0	21.5
ノキア	ヨーロッパ	25.0	49.0	26.0
インテル	北米	35.4	24.5	40.2
キヤノン	アジア太平洋	33.8	20.8	28.5
コカ・コーラ	北米	38.4	22.4	24.9
FI	アジア太平洋	46.3	30.9	22.4
LVMH	ヨーロッパ	26.0	36.0	32.0

＊北米についてはソニー，インテル，FI，LVMHがアメリカ合衆国，IBM，ノキア，キヤノンが南北（中央）アメリカ，RPEがカナダおよびアメリカ合衆国のくくりになる。IBM，コカ・コーラのヨーロッパは中東とアフリカを含む。ソニー，キヤノンのアジア太平洋は日本に限る。

上の図表では，ロイヤル・フィリップス・エレクトロニクスはRPE，フレクストロニクス・インターナショナルはFI，ルイ・ヴィトンはLVMHと称す）。

以上の分析結果から，グローバル500に入るほとんどの企業は，国際的ではあってもグローバルではないということが明らかになる。グローバル500で首位に何度か立ったウォルマートは，グローバル企業の代表格と見なされてきた。しかし実際は，本国地域を活動拠点とするリージョナル企業である。このことは店舗数を見ても明らかである。

2002年初頭，ウォルマートの店舗数は以下のようであったとアニュアル・レポートは告げた。

こうした数字から分かるのは，①ウォルマート店舗数の3,989のう

<ウォルマートの店舗内訳：2002年初頭>

・全店舗　3,989……アメリカ本国　2,985　国際店舗　1,004	
・国際店舗　1,004……メキシコ　458　カナダ　166　その他　380	
・アメリカ　2,985　＋　メキシコ458　＋　カナダ166　＝　3,609	

<グッチ・グループの総売上げに占める割合>

本国地域（ヨーロッパ）	アメリカ合衆国	アジア	アジアのうち日本
42%	21%	32%	20%

ち，3,609はNAFTA圏内にある，②NAFTA圏内を除く事実上の国際店舗は，その他に該当する380で，店舗数全体の9.5%しかないということである。このことから，まだウォルマートは北米の小売業者だといえる。

他にも，2地域を活動拠点とする企業は部分的にグローバルとは呼べるが，本国地域やホスト地域を活動拠点とする企業は活動拠点が偏っているため，グローバルとは呼べない。

一方で，グローバル500に入るほどの大きさはないが，グローバルに活動する企業もある。

2002年時点でグッチ・グループは，上記のような割合を持つグローバル企業グループである。

■ セミ・グローバル企業

局地的なビジネスの典型は，自動車産業である。GMやフォードは北米市場から主な売上げを得ていて，BMWやVWはヨーロッパ市場から主な売上げを得ている。

2000年における国別の自動車市場占有率の首位を挙げると，以下のようになる[10]。

要するに，その国のメーカーが自国市場での主導権を持っているのである。

この理由には，輸入保護や国内消費者のナショナリズムがある。また，外

<各国における自動車市場のトップ企業>

日本	フランス	イタリア	ドイツ
トヨタ	プジョー	フィアット	VW
28.5%	30.9%	35.5%	27.8%

<世界の自動車生産国>

	アメリカ	西ヨーロッパ	日本	韓国	ロシア・東ヨーロッパ	その他
1960年	52%	38%	1%	—	—	9%
2000年	22.2%	29.9%	17.7%	5%	4.6%	20.6%

国でディーラー網を充実したものにすることや，その国の消費者について詳しく知ることが容易ではないからでもある。

　自動車産業の国際化は上に見るように確かに進んでいる。

　アメリカ・西ヨーロッパ以外でも，世界各地で自動車が生産されるようになったのである[11]。

　しかし，例えばトヨタ，日産，ホンダといった日本自動車メーカーの生産活動がアジア（本国地域）から北米やヨーロッパに拡がったことから，「グローバル化に向かっている」と呼べても，「グローバル・ビジネスを達成している」と見なすには，まだ十分ではない。世界三大市場をまんべんなく制していないからである。

　トヨタの売上高は2006年3月期で21兆369億円という過去最高となって，フォードの20兆7,000億円をついに超えた。それを持ってしてもグローバル・ビジネスの達成とは呼べないところに，後に述べるセミ・グローバルの状態であることが垣間見える。

　一方，ナイキを見ると，生産工場のほとんど全てをアメリカ以外の地域（南東アジアと中国）に設けている。ただし，このような「川上」（生産：back end）へのグローバル化は，「川下」（販売：front end）に向かうグローバル化よりも達成しやすいものである。

　本国地域以外の顧客に自社ブランドを認知させることのほうが，本国地域以外に工場を立てることよりも，国際ビジネスの手腕が多く求められる。

　したがって，ナイキのグローバル化よりも，ブランドを世界三大市場で確立するために，前述したグローバル企業9社（ルイ・ヴィトン，コカ・コーラ，一部の家電メーカー）が進めるグローバル化のほうが，よりグローバ

<どちらがグローバル・ビジネスと言えるか？>

```
川上（バック・エンド）     生産活動     例：ナイキ
                                         アジアでの生産工場設置
                           ↑←グローバル・ビジネス？
                   達成しやすい
                   <グローバル化>
                   達成しにくい
                           ↓←グローバル・ビジネス
川下（フロント・エンド）   販売活動     例：コカ・コーラ，ルイ・ヴィトン
                                         本国以外でのブランド認知
```

ル・ビジネスの意味合いに近い。

　グローバル・ビジネスを行っているMNEが，そうした9社だけに限られるのは，いかに本国地域以外での事業活動（特に販売活動）が難しいかを示している。世界のあちらこちらで店舗を構えるマクドナルドでさえ，その9社には含まれない。

　2002年のグローバル500に入らなかったナイキも，以下のような割合となるから，世界三大市場においては，まだ偏りのある販売活動である。

　このように有名な企業を始めとして，ほとんどのMNEが実際には局地的なビジネスを行っている。MNEのうちグローバル・ビジネスを行っている（すなわちグローバル企業である）のは，ほんの一握りの企業である。

　ほとんどのMNEの取締役会は，自国の国籍を持つ者を中心に開かれる。また，技術主導の産業（コンピュータ，航空，自動車など）に身を置くメーカーの多くが自国に研究所を置いている。その状態でMNEは局地的に取引をして，局地的に知識の流れを創り出している。

　これらの事実から，「MNEのグローバル化は半分しか進んでいない」（セ

<ナイキの総売上げに占める割合>

本国地域（アメリカ合衆国）	ヨーロッパ	アジア
52.1%	29%	12.9%

ミ・グローバルである）ということを指摘できる[12]。セミ・グローバルのMNEは，世界規模での同質性を手に入れることはなく，「異質であること」（フォーリンネス）から逃れられない。

こうした点からラグマン教授は，マネジャーはグローバルという言葉を忘れて，「リージョナルに考え，ローカルに行動せよ」（think regional, act local）という示唆を与える[13]。

企業にとっては販売活動を行う主要な場所が重要であるから，その場所が本国地域ならばグローバルではなく，むしろリージョナル（地域）単位に考えることが重要である。

もし，そこからグローバルに活動を展開して，売上げを本国地域と等しくしていく場合には，①他地域の市場における立地優位性の確立，②海外子会社の企業特殊的優位の獲得といったものが必要となる。

2．MNEの本社が最も多い国はアメリカではない[14]

ワールド・インベストメント・レポーツによると，世界の生産高に対するFDIの割合は，以下のように増える一方だった。

特に1990年代初頭からは，多くの国がFDIに対する規制を自由化して，国内への投資を奨励した。実際1991年〜1996年の間に，FDIに対する国内規制の変更が世界で599件なされ，そのうちの95%が，さらなる自由化を目的としたものであった[15]。

このようなFDIの増加は，企業にインターナショナリズム（国際主義）を求める。企業のインターナショナリズムとは，国籍が異なる多数の社会が持つ趣向を理解して，解釈して，豊かな特徴を持つ多彩な製品へとまとめあげていく能力のことを意味する[16]。とりわけ，これはMNEに問われる能力である。

<世界生産高に対するFDIの割合推移>

| 1960年4.4% | → | 1980年4.8% | → | 1990年8.5% | → | 1997年11.8% |

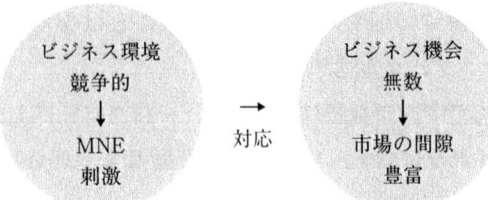

MNEの活動は、ビジネスが競争的であるということを踏まえると理解しやすい。1社で世界中全てのビジネス機会に応じることはできない。だから、そうした市場の隙間に応えながら、インターナショナリズムのもとにMNEが成長してきたのである。

1960年時点では大企業250社のうち、アメリカに本社がある企業は約64%であった。残りの企業のほとんどは、ヨーロッパに本社のある企業である。そこに日本に本社のある企業が、ほんの少し入るくらいだった。

それが2002年になると、グローバル500に名を連ねる企業の国籍の割合は以下のように変わった。

グローバル500の中には、中国、ブラジル、インド、マレーシア、メキシコに本社を置くところも見られるようになった。これは本書第6章でも見るようにBRICsなどの新興市場の台頭を示す。

ここでMNEの数を見ると、UNCTAD（The United Nations Conference on Trade and Development）によれば1990年には35,000社のMNEが存在した。以後1990年から2002年の間に、先進国で63%、発展途上国では258%もMNEの数は増えた。2000年には、およそ65,000社のMNEが世界に存在するようになった。

ポイントは、①それまでの倍近くの数のMNEが1990年代から世紀の変わ

<グローバル500の国籍比率：2002年>

アメリカ	日本	フランス	イギリス	ドイツ
38%	18%	8%	7%	7%

<全ての MNE に占める割合>

デンマーク	ドイツ	スウェーデン	スイス
14%	13%	7%	7%

り目（21世紀初頭）にかけて登場した，②発展途上国でとりわけ多く生成しているという点である。

約65,000社の MNE のうち50,000社ほどは，先進国に本社がある。MNE の本社を最も多く持つ国は，上に見るように，デンマークであった。

確かに2003年におけるデンマークの GNP に占める輸出比率を見ても32%で，ドイツも31%，スウェーデンも33%といずれも高い割合である[17]。

アメリカに本社のある MNE は，一般のイメージからすると最も多いと思われるかもしれないが，全体のわずか5％であった。グローバル500に入るほどの売上高を誇る一方で，MNE ではないアメリカ企業（いわば内弁慶的企業）が多いということである。実際に2003年におけるアメリカの GNP に占める輸出比率も7％と，やはり低い。

このような対比が生まれた理由には，①ヨーロッパは国境が多いため，企業は国境を越える意識を比較的持ちやすい（国境を越えたビジネスをどうしても行わないと成長できない），②アメリカは広大なため，まず自国市場への対応だけでもかなりの企業成長ができるといったことがある。

その意味で，MNE の地理的分布が西ヨーロッパにかなり偏っているというのは国際ビジネス研究上，見逃せない特徴である。また，発展途上国に本社のある MNE のうち，その半数以上が韓国に本社がある。この割合は，次章で取り上げるサムスン電子を筆頭とした韓国企業の勢いを示している。

3．MNE の大きさは罪であるか[18]

■ アメリカの奇跡的成長とウォルマート

MNE は，その大きさ故に批判の的によく挙がる。例えばサムスングルー

<MNEの売上げと1国のGDP比較：2001年度>

ウォルマート	2,200億ドル	>	スウェーデン	2,100億ドル
エクソンモービル	1,920億ドル	>	オーストリア	1,890億ドル
GM	1,770億ドル	>	ポーランド	1,760億ドル
BP	1,740億ドル	>	ノルウェー	1,660億ドル
フォード	1,620億ドル	>	インドネシア	1,450億ドル
トヨタ	1,210億ドル	>	ギリシャ タイ	1,170億ドル 1,150億ドル

プは，韓国経済の輸出の2割を占めるほどの大財閥となったが，近年では政界との癒着への批判や，格差を生むことへの反発が高まっている。また，マイクロソフトのビル・ゲイツ会長の資産は630億ドルとされる。これは，最も貧しい31ヵ国の資産に相当する。

　MNE1社の売上げが1国のGDPよりも大きい場合も出始めた。2001年度での双方の数値を比較すると，上のような不等号を付けることができる。

　このように，1国より1社の経済力のほうが強くなってきたことで，MNEの存在は以前よりも重要度を増すようになった。その代表格がウォルマートである。

　マッキンゼー・グローバル・インスティテュートが2001年10月に報告した"U. S. Productivity Growth, 1995-2000"では，1990年代後半にアメリカ経済の生産性が奇跡的成長を遂げたことに関して，IT投資よりもウォルマートが大きな役割を果たしたと見なされた[19]。

　奇跡的成長とは，1972年から1995年までに1.4％しかアメリカの生産性が上がらなかった一方で，1995年から2000年にかけては2.5％も高まったことである。この奇跡的成長のおよそ4分の1は，ウォルマートを主とする小売部門にあるということが同報告では示された。

　そうしたウォルマートのアメリカでの売り場面積は，2002年で4億9,500万平方メートルにも及んだ。その所有不動産は，世界の小売スペース全体の約3％に相当する[20]。

<ウォルマートの総売上高の推移：2000年〜2004年>

2000年	1,562億4,900万ドル	前年比20%増
2001年	1,807億8,700万ドル	同16%増
2002年	2,040億1,100万ドル	同13%増
2003年	2,296億1,600万ドル	同13%増
2004年	2,563億2,900万ドル	同12%増

この時期のウォルマートの総売上高（ネット・セールス）も上の通り，右肩上がりに伸びていた[21]。

■ ウォルマートのCSR問題

しかし，このような巨人・ウォルマートは昨今，CSR（企業の社会的責任）という観点から厳しく批判されるようになった。

1999年11月のブルームバーグ・ニュースは，ウォルマートに就職して3ヵ月以内に退職する人の割合が約50%であることを伝えた。大きな理由は，"everyday low price"（毎日安売り）のみならず，"everyday low wage"（毎日低賃金）と揶揄されるほど，労働条件が悪いところにあるとされた。

それを決定付けたのは2004年，カリフォルニア大学バークレー校・労働研究教育センターによる調査結果である。そこでは，ウォルマートの賃金が小売業界の水準より低いことが明らかにされた[22]。

カリフォルニアのウォルマートでは，大手小売企業（従業員1,000人以上）よりも平均して社員1人当たりの給料が31%も低かった。小売業界全体では1時間当たり平均14.01ドルの賃金であるのに対して，ウォルマートでは9.70ドルしか支払われていなかった。

また，2004年11月1日付のニューヨーク・タイムズでは，福利厚生の不十分さがコストコ・ホールセンターとの比較から示された。2003年度，ウォルマートは2,560億ドルの収益があって，そのうち13億ドルを福利厚生に充て，全社員の約45%相当の53万7,000人が保険に加入した。

一方のコストコは，パートタイムも含む全社員の96%を保険に加入させて

いた。コストコは，医療保険に入る資格をフルタイム社員なら3ヵ月，パートタイム社員なら半年の勤務とする。

これに対してウォルマートは，フルタイム社員で半年，パートタイム社員なら最低でも2年は待つ必要があった。資格が与えられても，ウォルマートが補助する保険制度は，家族を含む保険料で月額最大264ドルと少額で，自己負担額が多くなるから，ほとんどの社員にとっては，とても利用できたものではなかった。

こうしたことが公になった翌2005年春には，今度は米食品労組や環境団体から，「目覚めよウォルマート」，「ウォルマート・ウォッチ」といったウェブサイトで反対キャンペーンを受けた。

「巨額の利益を上げながら医療費の負担が不十分だ。従業員を医療保険に加入させていないから，地元病院の救急病棟に行く者が出て，最終的には市民がその費用（州の医療保険やメディケイト：低所得者・障害者への公的医療保障など）を負担することになる。つまり彼らが公的補助を使うため，安売りのツケが納税者に回されている」と指摘された。

ノーベル経済学者のスティグリッツ教授が2006年に出版した *Making Globalization Work*（邦訳『世界に格差をバラ撒いたグローバル化を正す』）にも，これに同調した記述がある。

「保険を受けられない子どもたちをカバーするジョージア州の公共プログラムでは，16万6,000人の子どものうち，1万人以上の親がウォルマートで働いていることが分かった。どこの会社の従業員より多い。ウォルマートの健康保険計画は，子どもたちのワクチン接種やインフルエンザの予防接種，視力検査などの予防医療をカバーしていない。結果として，別の会社でなら雇用主が負担するコストを納税者が支払っている」[23]。

ウォルマートのコンセプトである「エブリデイ・ロープライス」が，消費者にとっては恩恵である一方で，納税する市民にとっては負担になるという「ジレンマ」を引き起こし始めたのである。

他方では，「ウォル数学」（Wal-Math）と呼ばれる方程式まで作られ，

<ウォルマートのリソース>

目に見えるリソース	目に見えないリソース	ケイパビリティ
店舗立地	ブランド名声 従業員ロイヤルティ	ハブ・アンド・スポーク型の物流網構築（トラック配送ルートの効率性が考えられた流通システム）

　ウォルマートが出店すると，他の小売の売上げがかなり損失するという指摘も受ける。こういった問題が強調されるのも，ウォルマートが社会に大きな影響を与える存在となったからである。

　HBS（ハーバード・ビジネススクール）のケースでは，ウォルマートのリソースは上のように見なされる[24]。

　このうち，目に見えないリソースの部分（ブランド名声と従業員ロイヤルティ）に揺らぎが生じているのが，現在のウォルマートの姿である。

　ウォルマートは，以上のような社会的批判を受けて2006年から出店や社員の福利厚生などを見直し始め，リソースの修復に取り組み出した。出店については，失業率の高い都市部や集客力の落ちた商業施設内などを選ぶことで，合計1万5,000人から2万5,000人の雇用創出を見込む。

　また，店舗周辺の中小企業の宣伝費を負担したり，地域の商工会議所にも資金を提供したりすることで，中小商店との共存も図る。福利厚生については，アメリカ国内の社員の半数が月額負担11ドルの格安な保険に加入できるように制度を改善する。

　取扱商品に関しては，ウォルマートは2006年にアメリカ国内店舗の3分の1にあたる約1,000店舗で，伝統的に取り扱ってきた銃器（狩猟用品）の販売をやめた。犯罪や事故を懸念する人々に対して「地域のための店」となって，スポーツやトレーニング用品を増やすというローカル化に転じたのである。

■ 韓国，ドイツからのウォルマート撤退

　自国でのローカル化すら難しいから，他国ではなおさら困難である。それ

を示すかのように，2006年5月，ウォルマートは1998年から進出していた韓国の現地法人の全株式を，イーマートを展開する新世界に8,250億ウォン（約970億円）で売却すると公表した。

韓国では16店舗を構えていたが，同国小売業の売上高占有率が5位（4％）から上がることができず，2005年では約100億ウォン（約11億円）の営業赤字となっていた。進出失敗の理由としては，イーマートなど地元企業に比べて，①生鮮食品の充実が遅れた，②自社流の郊外倉庫型の店舗展開に固執した，③現地の高級志向に対応できなかったといったものが挙がる。

韓国からは同年4月にカルフールも，やはり販売不振を主な理由として撤退しているため，外資系小売企業のローカル化は極めて困難な道をたどっている。

ウォルマートの国際事業を統括するマイケル・デューク副会長は，この韓国撤退を受けて，「韓国では単独進出で失敗したが，日本では西友と協力しているため，長期的な成長が可能である」，「西友は日本の消費者をよく理解していて，すでに多くの好立地と十分な規模の店舗を持っている。そこにウォルマートのバイイング・パワーを持ち込むことで，大きな相乗効果が生まれる」と述べた。

一方でウォルマートは，2006年7月にドイツからの撤退も決めた。韓国と同じく1998年に進出した国だったが，成果が出ていなかった。2002年時点でドイツ小売業の国内売上高1位はメトロ（Metro AG：320億ユーロ）で，ウォルマート（Wal-Mart Germany：29億ユーロ）は13位に留まっていた。

ドイツでのウォルマートは，売り場面積当たりの生産性が8位（1㎡当たり3,500ユーロ，1位はAldi Groupで7,500ユーロ）で，顧客満足の点でも7位（100を最大値として64.39，これも1位はAldi Groupで73.45）の位置にあった[25]。

そこでウォルマートは，成長が期待できる市場に集中するため，85の大型店をメトロ（売り場面積当たりの生産性5位：1㎡当たり4,000ユーロ，顧客満足8位：63.97）に売却した。

第1章　国際ビジネスの主役—MNE（多国籍企業）—

<ウォルマートの撤退・進出国：2006年>

韓国
　Eマートに売却
　　　　　　　　　←撤退　⇔　進出→
ドイツ
　メトロに売却

インド
　バルティグループ
　（地元大手企業集団）
　と提携

　その反面，新たな進出国もある。BRICsの1国であるインドへの進出を果たすべく，ウォルマートは2006年11月下旬に地元大手企業集団バルティグループと小売事業に関する覚書に調印した。

　インド政府は，単一ブランドを扱う専門店を除き，小売分野への外資参入を認めていないため，ウォルマートとのフランチャイズチェーン（FC）契約に基づいて，バルティがウォルマート名義の店舗を開き，ウォルマートが仕入れや物流などを担う構図となる。

■ 工場への批判

　犯罪を防止する1つの概念として，「壊れ窓」（ブロークン・ウィンドウズ）というものがある。1枚の割れた窓が修理されないで放置されている建物があると，その街には秩序を保とうとする者はいないという印象を与えてしまい，その街での犯罪が増えるという考え方である[26]。

　ほんの少しの綻びが，その街で重大な犯罪が起こることの引き金となってしまう。この見方はMNEにも転用できる。企業経営の中のどこかに壊れ窓ができたなら，ただちにそれを直していくという迅速な対応を取らない限り，顧客からの印象は日が経つにつれて，ますます悪いものになる。

　スポーツ用品メーカーのナイキ，アディダス，リーボックなどが，広告費に多額の資金を充てる（例えばアディダスはグループ全体の売上げのうち，13％をマーケティングに使う）一方で，下請工場の労働者への賃金支払いはほんのわずかであることが指摘されたのは，明らかに壊れ窓である。

　ナイキの中国の工場（ウェルコ）では，時給が約17セントである。メキシ

コの工場（クットン）は，2000年だけでも約100万枚のナイキ向けスウェットシャツと4万着のリーボック向けウェアをつくった。この工場では2001年1月，労働条件に反対するデモがあったが，デモを行った者は処罰され，違法に大量の解雇がなされたという。

アディダスの中国の工場（裕元）では，時給が約21セントで，1週間当たりの労働時間は60～84時間にも及んだ。インドネシアの工場では，残業を強いられた労働者の中に15歳以下の者も含まれた。

リーボックのインドネシアの工場では，労働者から過酷なまでの暑さと喚起の悪さに対する訴えが出た。妊娠した女性が危険な化学物質のすぐそばで働かされていた。多くの者は，残業する義務があるのは当然だと考えていて，自分の社会的権利や自己防衛権などについては何も知らなかった。

これに対してリーボックは多くの問題点を改善した。しかし，まだ問題は全て解決したわけではない。例えば時給が約26セントであったり，もっと安くつくることのできる工場を探していたりする。

自国内の自社工場で部分的ながら靴の製造をしているのは，アメリカのニューバランスだけである。2004年にアメリカで販売されたニューバランスの靴は3,600万足だった。そのうち800万足は完全な，もしくは部分的なアメリカ製で，残りは委託メーカー（台湾系企業の宝成など）によって中国で製造された輸入品であった。

ただし800万足のうち，200万足はカリフォルニア州オンタリオにある宝成の工場で作られたものである。残りの600万足はニューバランスの自社工場で組み立てられたものではあるが，ソールからアッパーまでの全てにアメリカ製品を用いているのは，そのうちの1割に満たない40万足だった[27]。

したがって，自社工場での生産を行うニューバランスの靴ですら，「メイド・イン・USA」というよりも，「メイド・オール・オーバー」（世界製）であると言える[28]。

他方，リーバイ・ストラウスのジーンズの大半は，世界60ヵ国以上にある600以上の下請工場で作られている。

そのうちインドネシアにある工場（ユリンダ・ドゥーテ・ファッション，センドラファイン）では，法律で決められている最低賃金よりも日給が安いという問題がある。さらに，労働時間は1週間当たり最長75時間に達したが，解雇されることが怖くて，抗議する者はいなかった。これも大きな問題である。

2002年末には，こうしたナイキ，アディダス，リーボック，リーバイ・ストラウスなどに向けた商品製造をしている，ベッド・アンド・バス・プレステージ・カンパニーに対して，350人の女性労働者がデモを行い，給与や賠償金を求めるという動きがあった。

2003年3月には人権団体の国際作業チームが，「私たちは機械ではない」(*We are not Machines*) という報告書を公表した。そこでは，インドネシアの労働者が1日2ユーロという低賃金しかもらっていないことが示され，ナイキとアディダスが批判された。

衣料品メーカーのギャップもまた，アジアなどの低賃金国に，「搾取工場」(sweat shop) を持っていると批判される。

あるいは，バービー人形を製造するマテル[29]にも，同様の批判がなされる。南中国・広東省の工場では1日当たり13〜16時間，1週間当たり最長109時間，休日無しで数ヵ月間働き続けるという報告があった。1年間で休みは1日だけで，残りの364日は働いたという者もいた。しかも時給は約11セントで，法律で決められた最低賃金の半分にも満たない額である。

その工場でつくられる10ドルのバービー人形の経費は次のようになると，アイリッシュ・タイムズ（2002年12月）は伝えた。

<バービー人形の経費内訳：10ドル>

8ドル	マテルに支払われる販売促進費，輸送費，卸売手数料，利益
1ドル	香港での経営管理費，輸送費
65セント	台湾，日本，サウジアラビア，アメリカからの原料費
35セント	中国での生産費（工場経営費，メーカーの利益，労費）

また，ウォルト・ディズニーのバングラディッシュの工場では，労働者は毎日14〜15時間，監視員のもとにディズニーシャツを縫製しなければならなかった。そこでできたシャツは1枚17.99USドルで売られ，彼らには5USセントの報酬しか与えられなかった。シャツ1枚の値段のうち0.25％が労働コストということである。

　一方，マクドナルドのハッピーミールに付くおまけの人形をつくる南中国の工場では，児童の長時間労働の実態が明らかになった。ウォルト・ディズニーもマクドナルドも，そうした問題が浮き彫りになると，その工場への発注を全て打ち切るという対応に出た。ただし，こうした搾取工場の問題を根本から払拭するには，大きな経済的要因が立ちはだかる。

　中国の場合，①価格の圧力（低価格で販売できる製品が中国から提供されることをアメリカが期待している。過去10年間で，衣類の価格は14％下がって，玩具類は30％も下がった），②代替国の無さ（幾つかの国が低コスト生産の地として名乗りを挙げる。しかし中国ほどの労働力，インフラ整備，大量生産能力はない），③労働者の要求（若い労働者はなるべく短期間で稼げるだけ稼いで故郷に帰りたいと思っている。そのためには超過手当が十分にもらえなくても可能な限り長時間勤務の記録を残しそうとする）といった問題が存在していて，労働環境の改善を阻んでいる[30]。

　こうした障壁はあれど見過ごしてはならないのは，搾取工場という抗議がなされたときに，MNEが批判の的となる壊れ窓をどのようにすばやく修理しているかという点である。これはMNEを調査する上で大切な視点である。

　MNEの研究は他のグローバル化の要因とともに，①最新の実証を持続的に，②歴史的観点を持って，③理論とデータの間を行ったり来たりするこ

<MNEと壊れ窓>

```
壊れ窓                    ナイキ　アディダス　リーボック
  ‖      ← 修理 ←      リーバイ・ストラウス　ギャップ　マテル
搾取工場           ↑     ウォルト・ディズニー　マクドナルドetc.
          MNE研究のポイント
```

とに労を惜しまずにアプローチしなければならない[31]。

■食育への対応

　2006年5月，コカ・コーラ，ペプシコ，キャドベリー・シュウェップスの3社が，糖分を加えた炭酸飲料をアメリカの公立学校で販売することを止めると公表したことは，MNE批判に対する確かな動きだった。アメリカで子どもの肥満や太りすぎが増えていることを懸念する健康団体や各州保険当局からの要求に応えたのである。

　同じく2006年5月には，ウォルト・ディズニーがマクドナルドとの提携（子ども向けのおまけに認めてきたディズニー・キャラクターの使用契約）の解消を発表した。やはりハンバーガーやフライドポテトを頻繁に口にする子どもの肥満が急増しているという社会問題への対応だった。

　その予兆はすでにあった。1970年にボーイング社が飛行機のシートのサイズ幅を広くしていたのである。アメリカは世界でもカロリー摂取量が多い国である。エルビス・プレスリーが晩年，不摂生をして肥満になって，この世を去ったことは，オールド・アメリカン・ドリームの象徴とも捉えられる[32]。

　現在でも，アメリカの6〜19歳の若者の16％にあたる900万人以上が太りすぎと見られ，太りすぎの若者の割合は1980年の3倍に増えた（2006年，米疾病対策センター調べ）。

　いまアメリカの小中学校で販売される飲料はミネラルウォーター，果汁100％ジュース（加糖していないもの），牛乳（ローファット，ノンファット）に限られる。脂肪分を減らしていない牛乳（全乳）も不可となる。高校では，1本当たり100キロカロリーを超えないもの（ダイエット，ノンカロリー，スポーツドリンクなど）は認められる。

　また，スターバックスも2007年にアメリカ店舗で，肥満や心臓疾患につながる恐れのあるトランス脂肪酸を含む食用油（悪玉油）を使わないメニュー（サンドイッチなど）に切り替えた。トランス脂肪酸は，2006年12月にニュ

ーヨーク市が原則使用禁止を決めたもので，KFC（ケンタッキー・フライド・チキン）も代替油を使用するという動きを取った。

4．グローバル化の捉え方[33]

　本章で見てきたMNEのグローバル化については様々な捉え方がある。大別すると，①ハイパーグローバリスト，②懐疑論者，③転換主義者という3つの見解がある。

　①ハイパーグローバリストは，生産・貿易・金融などの各種活動が国境を越えて確立されたネットワークによって進められることで，経済の脱国家化が促され，グローバルな競争原理が作用することを肯定的に捉える。

　グローバルな経済競争は，一部の国の生活を悪化させる恐れはあるが，長い目で見れば，ほとんどの国がいずれ自国の比較優位のもとに製品・サービスを生産・販売できるようになると見なしている。

　②懐疑論者は，グローバル化とは，リージョナル間の相互作用の度合いが高まった程度の国際化に過ぎないと見なす。本章で挙げたラグマン教授のように，グローバル企業とは神話だと捉える。なぜなら，ほとんどのMNEはその母国や出身地域を中心として活動を行っているからである。

　そうした数値的把握のもとに，世界経済のトライアド（北米，ヨーロッパ，アジア太平洋）が経験しているリージョナル化を取り上げて，グローバル化と呼ぶことに異を唱える。

　③転換主義者は，社会・経済・ガバナンスといった制度や，世界の秩序・取り決め事を大規模で再編するための駆動力が，グローバル化であると考える。

　これは，どこまでが国際的な問題（対外的な問題）で，どこまでが国内的な問題（対内的な問題）であるのかの線引きが，明確にできなくなってきた世界（新しいフロンティア）に自らを適合しなければならなくなったという見解に基づいている。

　以上，3つのグローバル化への代表的な視点を踏まえた上で，ヘルド教授

らは，グローバル化とは，「社会的関係と取引のための空間的組織の変容（トランスフォーメーション）を具体化して，大陸間・地域間での活動・相互作用・パワーのフローとネットワークを生み出す過程」と定義した。

この定義でのグローバル化が示すのは，「不平等さ」(unevenness) と「階層性」(hierarchy) を持ち込む形の「グローバルな成層化」(global stratification) である。成層的であるため，グローバル化によって相互作用が増せば増すほど，恐怖心や憎悪，さらには紛争になる可能性を秘めている。

9・11テロの例は象徴的で，それ以外にも本章で挙げたナイキ，ウォルマート，マクドナルドなどが突き当たった問題は，世界中ほとんどの国に関連することである。

いまMNEには，グローバル化に対する認識を強く持つことが求められている。ヘルド教授らが，「コスモポリタニズムを伴わないグローバリゼーションは失敗する」と述べる真意をMNEは十分に理解しなければならない。

注

1) Berger, S. and The MIT Industrial Performance Center, *How We Compete : What Companies around the World are Doing to Make It in Today's Global Economy*, Currency Doubleday, 2006, p. 47.／楡井浩一訳『MITチームの調査研究によるグローバル企業の成功戦略』草思社，2006年，68ページ。
2) Rugman, A. M., *The Regional Multinationals : MNEs and "Global"Strategic Management*, Cambridge University Press, 2005. 本章前半では同著を参考にしている。
3) Doremus, P. N., W. W. Keller, L. W. Pauly, and S. Reich, *The Myth of the Global Corporation*, Princeton University Press, 1998, pp. 3-4.
4) Rugman, A. M. and A. Verbeke, "Regional Multinationals : The New Research Agenda," Edited by P. J. Buckley, *What is International Business?* Palgrave Macmillan, 2005, p. 110.
5) 2001年でのLVMHグループの地域別売上げは，①アメリカ26％，②ヨーロッパ（フランスを除く）19％，③フランス17％，④アジア（日本を除く）16％，

⑤日本15％，⑥その他7％となる（ベルナール・アルノー，イヴ・メサロヴィッチ著，LVMH モエ ヘネシー・ルイ・ヴィトン・ジャパン㈱協力，杉美春訳『ベルナール・アルノー，語る』日経 BP 社，2003年，15ページ）。
6） 翌2003年に公表された2002年度の売上げデータでは，1社減って24社となった。
7） アメリカで20世紀フォックス社，イギリスでタイムズ誌などを持つ豪メディア会社。
8） データが十分に揃えば，北米のエクソンモービル，ヨーロッパのロイヤル・ダッチシェルグループ，ネスレなどがグローバル企業に入る可能性がある。また，翌2003年に公表された2002年度の売上げデータでは，ノキアのヨーロッパでの売上げ比率が54％となって，本国地域を活動拠点とする企業となった。
9） フレクストロニクス・インターナショナルは，シンガポールの EMS（electronic manufacturing service：電子機器専門の契約製造業者として，コスト効率の生産を行うだけでなく，製品デザインの支援や物流サービスの提供，アフターサービスの受け入れも行うプロバイダー）で，例えばマイクロソフトの Xbox の製造を手がけた。クライアントは他にもエリクソン，シーメンス，ノキア，キヤノンを持つ B to B（ビジネス・トゥ・ビジネス）の企業である。MIT 産業生産性センターは同社を「グローバル・サプライヤー」（専門分野に特化した大手契約製造業者）と見なす（Berger, S. and MIT Industrial Performance Center, *op. cit*, 2006, p. 84. ／前掲訳書，108ページ）。
10） Grant, R. M., "DaimlerChrysler and the World Automobile Industry," R. M. Grant and K. E. Neupert, *Cases in Contemporary Strategy Analysis*, 3rd Edition, Blackwell, 2003, p. 63.
11） *Ibid*, p. 64.
12） Jones, G., *Multinationals and Global Capitalism : From the Nineteenth to the Twenty-first Century*, Oxford University Press, 2005, p. 292.
13） Rugman, A. M., "Multinational Enterprises and the End of Global Strategy," Edited by J. H. Dunning and J. -L. Mucchielli, *Multinational Firms : The Global-Local Dilemma*, Routledge, 2002, p. 15.
14） ここでは Roach, B., "A Primer on Multinational Corporations," Edited by A. D. Chandler, Jr. and B. Mazlish, *Leviathans : Multinational Corporations and the New Global History*, Cambridge University Press, 2005, pp. 24-25 を参考にしている。

15) UNCTAD, *World Investment Report 1997 : Transnational Corporations, Market Structure and Competition Policy*, New York : United Nations, p. 10.
16) スザーン・バーガー，リチャード・K・レスター著／依田直也，谷口文朗訳『メイド・イン・チャイナ戦略―新しい世界工場「中国」』日刊工業新聞社，2003年，71ページ。
17) 大前研一著／吉良直人訳『大前研一　新・経済原論』東洋経済新報社，2006年，405ページ。
18) ここではクラウス・ベルナー，ハンス・バイス著／下川真一訳『世界ブランド企業黒書』明石書店，2005年を参考にしている。
19) Ahmad, S., "Globalisation and Brands," R. Clifton and J. Simmons et al., *Brands and Branding*, Bloomberg Press, 2004, p. 173.
20) Spector, R., *Category Killers : The Retail Revolution and Its Impact on Consumer Culture*, Harvard Business School Press, 2005, p. 157.／遠藤真美訳『カテゴリー・キラー』ランダムハウス講談社，2005年，209ページ。
21) *Wal-Mart 2004 Annual Report*.
22) Karjanen, D., "The Wal-Mart Effect and the New Face of Capitalism : Labor Market and Community Impacts of the Megaretailer," Edited by N. Lichtenstein, *Wal-Mart : The Face of Twenty-First-Century Capitalism*, The New Press, 2006, p. 154.
23) Stiglitz, J. E., *Making Globalization Work*, W. W. Norton & Company, 2006, p. 192.／楡井浩一訳『世界に格差をバラ撒いたグローバリズムを正す』徳間書店，2006年，290ページ。
24) Ghemawat, P., "Wal-Mart Stores' Discount Operations," Harvard Business School Case 9-387-018.
25) Oliff, M. D., "Wal-Mart's Strategy for the 21st Century : Sustaining Dominance," G. G. Dess, G. T. Lumpkin, and A. B. Eisner, *Strategic Management : Text and Cases*, 2nd Edition, McGraw-Hill, 2004, pp. 891-893.
26) マイケル・レヴィン著／佐藤桂訳『「壊れ窓理論」の経営学　犯罪学が解き明かすビジネスの黄金律』光文社，2006年。
27) Berger, S. and MIT Industrial Performance Center, *op. cit*, 2006, pp. 204-205.／前掲訳書，246～247ページ。
28) *Ibid*, p. 247.／同上訳書，292ページ。

29) マテル（Mattel）の本社はカリフォルニア州にあり，バービー人形の他にも，バットマンやハリーポッター，セサミ・ストリート，スーパーマンなどの玩具を製造する。
30) Roberts, D. and P. Engardio, "Secrets, Lies, and Sweatshops," *Business Week*, November 27, 2006, p. 58.
31) Chandler, A. D., Jr. and B. Mazlish, "Introduction," A. D. Chandler, Jr. and B. Mazlish, *op. cit*, 2005, p. 4.
32) カレ・ラースン著／加藤あきら訳『さよなら，消費社会―カルチャー・ジャマーの挑戦』大月書店，2006年，69～70ページ。同書ではアメリカン・ドリームとは，①週末はクルマに乗ってショッピングセンターに行き，あてどなく買い物をする，②美食を求めてレストランを巡って，そのツケを払うためにスポーツジムに通って体重を落とす，③あるいは忙しさにかまけてファーストフードで食事をすまして，添加物には気にしない，④たいした差のないビザカードとマスターカードの特典を比べて悦に入る，⑤シャレたスニーカーに大金を使う（実は発展途上国でつくられている）などとされる。
33) ここではHeld, D., A. McGrew, D. Goldblatt, and J. Perraton, *Global Transformations : Politics, Economics and Culture*, Polity, 1999.／古城利明・臼井久和・滝田賢治・星野智訳者代表『グローバル・トランスフォーメーションズ　政治・経済・文化』中央大学出版部，2006年を参考にしている。

第2章

サムスン電子
―国際ビジネスにおける決定的優位の追求―

1．ソニーを凌ぐサムスンの企業特殊的優位

　一般に，企業の優位性という場合，①進出先の国から得られる比較優位，②他社よりも勝る競争優位に大きく分かれる[1]。

　①進出先の国から得られる比較優位は，立地特殊的優位とも呼ばれる。企業がどこからリソース（供給資源）を求めるのか，どこへセールス（販売先）を求めるかを決めることで追求される。

　人材というリソースの場合，労働コスト（人件費）が自国と比べて安い国があるならば，そこに工場を建て，現地の者を採用して生産活動を行うことで，企業はその国から比較優位を獲得できる。

　②他社よりも勝る競争優位は，企業特殊的優位とも呼ばれる。同じ産業内における他社と比べて，自社の付加価値連鎖[2]をどの活動とどの技術におき，リソースを集中するかを決めることで追求される。

　例えば企業のブランド構築活動と，そのためのコアとなる技術の形成は，他社が容易には模倣できないものである。ブランドや蓄積されたコア技術は，市場からは買えない。自分たちで手間をかけて築かなければならない。たとえ，ライバル社の強力なブランドに近いものをつくろうとする企業がいたとしても，そのためには莫大な時間とコストがかかってしまう。

　こうしたことを踏まえると，サムスン電子とソニーの比較における次のような点は，サムスン電子の競争優位（企業特殊的優位）を示している[3]。

<企業の優位性の2タイプ>

①	比較優位	立地特殊的優位	進出先の国から得られる	例：安い人件費
②	競争優位	企業特殊的優位	他社よりも勝る	例：ブランド，コア技術

① 2001年度，サムスン電子が2兆9,000億ウォン（約2,900億円）の純利益を上げた一方で，ソニーが約1,530億ウォン（153億円）だったこと。
② 2002年4月2日，サムスン電子がソニーを時価総額で上回ったこと。
③ 2005年7月，フォーチュン誌で発表されたグローバル500で47位のソニーを抜き，サムスン電子が39位に順位を上げたこと（アジアだけで見るとソニーは11位，サムスン電子は8位)[4]。
④ 2005年7月，ビジネスウィーク誌で発表されたグローバル・ブランド・ランキングで28位のソニーを抜き，サムスン電子が20位に順位を上げたこと（翌2006年ではサムスン電子は20位，ソニーは26位)[5]。

　また，2005年にボストンコンサルティンググループが68ヵ国でシニア・エグゼクティブ940人に「世界で革新的な会社は？」という質問を行ったところ，回答者率が3.89％で12位になったのがサムスン電子だった[6]。
　「消費者の鼓動（パルス）をつかんでいる」，「良いデザインだ」，「エモーションを理解している」，「コモディティ・プロダクターからブランド・リーダーに変わった」，「携帯電話から，すばらしい薄型テレビに至るまで新製品の流れを生み出した」といった点が支持された。翌2006年の同調査（63ヵ国，1,070人のシニア・マネジャーからの調査）でも同ランクの12位を維持した[7]。
　そうしたサムスン電子は，"Think of the Market, Act for the Customer"（市場について考え，消費者に働きかけろ）というマーケティング・ポリシーのもと，次の5つの事業を中核に据えた「デジタル・コンバージェンス革命」（様々なデジタル機器を複合化して，全く新しい価値を創造していこうとすること）を推進してきた。

① デジタルメディア事業…カラーテレビ，モニター，プリンターなど。2002年，大型画面テレビ（3,000ドル以上）の世界市場ではトップとなる32％のシェアを占めた[8]。
② 情報通信事業…携帯電話（日本では未発売）など。
③ 生活家電事業…インテリア化，ビルトイン化，システム化，ネットワーク化をめざして，世界各国へと輸出する。
④ 半導体事業…ユビキタス社会に向けたDRAM（dynamic random access memory：記憶保持動作が必要な随時書き込み読み出しメモリー），SRAM（static random access memory：記憶保持動作が不要のメモリー），デジタルカメラのフラッシュメモリー（電気的に一括消去・再書き込みできるメモリー），システムLSI（large scale integration：非メモリー半導体）など。DRAMは2002年の世界市場でトップとなる32％のシェアを占めた。
⑤ 液晶ディスプレイ事業…TFT-LCD（超薄型トランジスタ液晶ディスプレイ）。LCDも2002年の世界市場でトップの18％のシェアを占めた。

こうした主要事業でサムスン電子が競争優位を確立していることから，同社を「ハードボール・プレイヤー」（真剣勝負を志す企業）と見なすことができる。

ハードボールとは硬球のことである。ソフトボール（軟球）よりもケガをする確立が高いから，気の抜けない真剣勝負になることを，企業の競争になぞらえたものである。

ハードボールゆえに，プレイヤーは全精力と能力（ありとあらゆるリソース）をゲーム（競争）に注ぎ込み，ゲームのどの場面でも勝つことを常に意識する。しかも勝ち方も，野球でいうところの2対1の辛勝ではなく，9対2のような大勝をめざす。

そうしたハードボール企業の戦略は，次の6つである[9]。①強力で圧倒的

な力を爆発させる，②特異な事態や状況を利用する，③ライバルの「利益の聖域」を脅かす，④アイデアを借りて自分のものとする，⑤ライバルの後退を誘う，⑥妥協を決してしない。

　この６つは，法律上ならびに道義的な制約を踏み外すことなく，あくまでもフェアプレイで，競争優位を徹底して追求するための戦略である。ハードボール戦略が最も成功するのは，コストとケイパビリティの点で，かなりの優位性を確立できる可能性がある産業に身をおく企業である。

　ハードボール戦略を続けると，競争優位を継続して強化できる好循環を作り出せる。そのことで競争優位よりも魅力的な「決定的優位」（他社が追いつけないほどの強力な優位に立ち，他社が対抗策を取ることも，その優位を奪うことも困難な状態）を追求できる。

　ライバルに勝ち，競争優位を決定的優位に変えるための努力を惜しまず，全力で挑むことは「企業然」とした姿である。本章では，この６つの戦略の見地から，サムスン電子がどれほどの決定的優位を追求しているかを捉えたい[10]）。

<ハードボール・プレイヤー>

プレイヤー	ゲーム	戦略	目標	成果
全精力 ＋ 全能力 ＝ 真剣勝負	フェアプレイでの競争	①強力で圧倒的な力の爆発 ②特異な事態や状況の利用 ③相手の「利益の聖域」の脅かし ④アイデアの借用・取り入れ ⑤相手の後退への誘い ⑥一切の妥協なし	大勝	・持続的競争優位の確立 ・決定的優位の追求

2．強力で圧倒的な力を爆発させる

■ 韓国経済のリーダー，サムスン電子

　韓国企業の中でも，サムスン電子の業績の良さは群を抜いている。サムスングループで見ると，上場会社14社の株式時価総額は109兆7,000億ウォン（約11兆円，2004年1月現在）で，株式市場全体（上場企業約700社）の29％を占めた。

　中でもサムスン電子の時価総額は85兆6,000億ウォン（約8.6兆円）だった。これは，サムスングループの約80％，上場企業全体でも約22％を占める数値であった。

　実際の輸出についても，2003年では韓国の輸出額に占めるサムスングループの割合は20％をなした。そのうちサムスン電子だけで，約15％を占めていた。この点からも，サムスン電子は韓国経済を引っ張っていることが分かる。

　また，韓国の市民団体（参与連帯）による「サムスングループの人的ネットワーク」の調査（2005年8月）では，業界外からサムスングループにヘッドハンティングされたのは，社外取締役を除くと官僚出身が101人，学界からが87人，法曹からは59人であることが明らかにされた。

　こうした人的ネットワークを通じて，善かれ悪しかれ政治的・社会的にも影響力のある「サムスン共和国」と呼ばれるものが築かれている。

　韓国という1国単位で見ると，世界経済フォーラム（本部・ジュネーブ）が発表した世界競争力ランキング（2005年）では，韓国は前年の29位から17位へと上昇した。

　このランキングは，世界各国の中長期的な競争力を比べるため，各国経済の統計データと，各国の企業や研究機関へのアンケートをもとに，①マクロ経済，②公的機関・部門の効率や質，③技術力の3つの分野で指標化するものである。

　実際に，2003年における韓国の数字面を見てみると，以下のようにな

<韓国経済の状況：2003年>

輸出額 輸入額 貿易収支	1,938億ドル 1,788億ドル 150億ドル	前年比19.6％増 同17.5％増 黒字	過去最高 黒字幅：前年比約50％拡大
主な輸出先	中国　　　アメリカ　　　日本　　　3ヵ国合計 18.1％　　17.7％　　　8.9％　　　約45％			
輸出品目	半導体，無線通信機器（携帯電話を含む），自動車，コンピュータ，船舶の5品目で輸出全体の43％をなす これに石油製品，合成樹脂，鉄鋼，映像機器，自動車部品を加えた上位10品目では輸出全体の60％をなす			

る[11]。

　韓国における製造設備を見ると，メモリー半導体製造設備の70％以上は日本製で，TFT-LCDやPDP（プラズマ・ディスプレイ・パネル）の製造設備の70～80％以上を，日本やそれ以外の国から輸入している。

　韓国は2003年，GDPで世界11位（6,052億ドル），輸出額で世界12位という経済発展を遂げた。しかし韓国の輸出が増えるほど，日本からの設備や原材料の輸出も増えて，対日赤字が拡大する構造となっている。この点は，韓国経済の特質として指摘できる。2004年1～10月では，対日貿易赤字額が最大200億ドルに達した。

　こうした特徴の韓国経済において，サムスン電子の経営状態はどうだったかというと，次の通りである（2005年1月14日，同社発表のデータに基づく）。

　下に見るように，純利益が1年間で100億ドル（約1兆300億円）を越える企業は，世界でも数社しかない[12]。

<サムスン電子のデータ：2004年12月期>

売上高	57兆6,324億ウォン	（約5兆7,632億円）	前期比32％増
営業利益	12兆　169億ウォン	（約1兆2,016億円）	前期比67％増
純利益	10兆7,867億ウォン	（約1兆　786億円）	前期比81％増　過去最高

第2章　サムスン電子—国際ビジネスにおける決定的優位の追求—

■ 半導体というコア・ビジネス

　強力で圧倒的な力を爆発させることは，ハンマーで一撃するようなもので，狙いを定めて直接，すばやく打ち付けることである。狙い撃ちをするために必要なエネルギーが満タンになるまでは決して行ってはならない。

　サムスン電子の強力で圧倒的な力は，韓国の主要な輸出品目である半導体を中核事業にしているところからもたらされている。半導体事業は，①「連続した技術開発」，「量産体制によるコスト削減」という内的要因，②DRAMやフラッシュメモリーへの高いニーズという外的要因の双方に支えられてきた。

　サムスン電子の手法は，DRAM，フラッシュメモリー，携帯機器（携帯電話，携帯音楽再生器など）用の半導体，液晶パネルなどへの先行投資をどこよりも早く行い，新しい技術を開発して，それを利益率の高い製品として売るという狙い撃ちそのものである。

　実際，半導体は製品開発と工程過程で，日本企業よりは3〜6ヵ月，国内企業よりは6ヵ月先行した戦略をとっている。2001年では1年くらい先を行っていた。

　1992年に世界で最初に64メガDRAMを開発して以来，2001年2月に4ギガDRAMを開発するまでの10年間，4世代にわたって最高の技術水準と価格競争力によって市場を制してきた。そうしたサムスン電子の半導体事業の営業利益率は，2003年末で30.4％だった。これは世界でもトップレベルの数字である。

　半導体の世界市場でのシェアを見ると，アイサプライ・ジャパン（半導体調査会社）による「デジタル家電用半導体市場　2004年世界ランキング」では，前年10位から5位へと躍進した（2005年1月27日，速報値発表）。

　2004年，この市場は世界規模で約4兆7,000億円（前年比29.2％増）と活気付いていて，上記ランキング上位10社には以下のような企業が並んだ（カッコ内の数字は前年の順位）。

<デジタル家電用半導体市場：世界ランキング（2004年）>

①	東芝	日本	12.2%（1）
②	ソニー	日本	8.8%（2）
③	松下電器産業	日本	5.8%（3）
④	ルネサステクノロジ	日本	5.2%（4）
⑤	サムスン電子	韓国	4.3%（10）
⑥	STマイクロエレクトロニクス	スイス	4.1%（5）
⑦	テキサス・インスツルメンツ	アメリカ	3.7%（12）
⑧	NECエレクトロニクス	日本	3.6%（6）
⑨	ローム	日本	3.5%（8）
⑩	フィリップス・セミコンダクターズ	オランダ	3.5%（7）

　とはいえ2005年4～6月期では，サムスン電子の純利益は前年同期比46%減の1兆6,900億ウォン（約1,800億円）と半減を記録した。同期の営業利益は1兆6,500億ウォン（前年同期比56%減）で，部門別で見ると半導体が1兆1,000億ウォン（同49%減），液晶パネルが127億ウォン（98%減），情報通信が5,300億ウォン（同33%減）となった。

　純益半減の理由にはDRAM，フラッシュメモリー，液晶パネルの価格が下落したことや，携帯電話をアメリカ市場で販売するためのコストが増加したことなどが挙がる。

　これに対して，サムスン電子の朱尤湜（チュウシク）専務は，「半導体は微細化など技術開発でリードしており旺盛な需要に応えていく。下期は携帯電話の新モデルも多数投入する。液晶パネルの需要増も当分続く」と述べ，純益半減はあくまで一時的な落ち込みであって，市場ニーズに応えていけば問題ないと見なした。

　こうした積極的な姿勢がある限り，サムスン電子の強力で圧倒的な力は続く。実際2005年9月には，半導体の回路線幅が50ナノメートル（ナノは10億分の1），記憶容量が16ギガビットの大容量フラッシュメモリーを世界で初めて開発したことが公表された。

第2章　サムスン電子―国際ビジネスにおける決定的優位の追求―

＜サムスン電子のハードボール戦略(1)強力で圧倒的な力を爆発させる＞

```
              先行投資　＝ハンマーの一撃・狙い撃ち
                ↓
  内的要因　→　中核事業　←　外的要因
連続した技術開発   半導体    DRAM，フラッシュメモリー，
量産体制によるコスト削減      携帯機器などへのニーズ
                ↓
              新技術開発
                ↓
              高利益商品化
```

　これを用いて，最大32ギガバイト（8ビットで1バイト）のメモリーカードをつくることができ，DVDレベルの画質の動画だと32時間，新聞だと200年分の情報を記録できることが可能になる。

　フラッシュメモリーは電源を切ってもデータが消えない特徴を持っているから，携帯音楽プレーヤーやデジタルカメラ，携帯電話向けの需要が高い。2006年6月にはフラッシュメモリーを搭載したパソコンを他社に先駆けて販売して，フラッシュメモリーの市場占有率をますます強めることを進めた。

　2006年の半導体の市場規模は2,614億ドル（約31兆円，前年比11.3％増）と，ますます拡大する中で，サムスン電子の半導体売上高は206億ドル（前年比12.4％増）を記録して，インテル（313億ドル）に次ぐ第2位の位置に付いた（ガートナー調べ，速報値）。

3．特異な事態や状況を利用する

■ サムスン社員の意識改革

　企業が成長できる機会は，一見，事業とは何の関係もないような思いがけないところにも潜んでいる。顧客の特殊な好み，社員の一風変わった行動，他産業の動向を観察することといった「アノマリー」（不規則性，規範からの逸脱，特異な事態や状況）からのヒントが決定的優位をもたらすことがある。

これはサムスン電子にも見られる特徴であって，李淳東（イスンドン）構造調整本部副社長の次のような発言からも裏付けできる。

　「サムスン電子を含めたサムスングループは，知識と情報を扱う文化から他社とは違う。社員は新入社員時代から，報告として聞く全ての情報を整理して報告することが身についている。自分と直接関連のない他の事業分野やグループ全体と関連した話を聞いた場合にも，必ずその関連者に知らせるのが不文律となっている」。

　こんにちのサムスン電子ならびにサムスングループの好調さは，先代の李秉喆（イビョンチョル）の後を受けた，李健熙（イゴンヒ）会長が1988年に「第2の創業」を宣言して1993年，社員に「家族以外は全て変えよう」という呼びかけのもとに始められた「新経営」を起点とする。

　それまでのサムスングループは李健熙に偽りの報告をするなど，解決すべき問題が山積みだった。その頃には韓国内でトップレベルの企業グループとなっていて，業績も好調だった。

　しかし，かつてGMなどに蔓延していた大企業病（現状に満足して進化を拒むこと，惰性や人間関係でビジネスを続けること，ピラミッド型組織による情報伝達の不徹底など）がサムスングループを襲っていた。

　いくら韓国でトップの位置にあろうと，韓国だけの経済における事業機会に応えるだけでは，グローバル企業としての成長は見込めない。もっと成長するには，世界市場を相手に事業を展開して，世界から認められる必要がある。

　そうした思いが，「このままでは成長どころか，グローバル企業と競争できない。サムスンは潰れてしまう」という李健熙の危機感となって，サムスン大改革へとつながった。

　「新経営」によって，社員の意識を変えることは容易ではなかった。半ば強制的な面もあった。日本サムスン株式会社の李昌烈（イチャンヨル）代表取締役社長は，これについて次のように語る[13]。

　「1つの部署で10名の社員が新しい方向へ走り出すとします。中には1人

か2人，走らないで歩いている者もいれば，場合によっては反対へ行こうとする人もいる。そういう場合"走りたくないならば走らなくてもいい。座ってそのまま遊んでいてください。ただし，走っている人を邪魔しないでください。給料は払いますから"と言う」。

このような説得も行いながら，改革の反対方向に行こうとする者が規律や秩序を乱そうとすることを防いだのである。

■ アノマリーを創出した「7・4制」

改革に半信半疑の者たちには，「7・4制」というアノマリーが功を奏した。韓国企業は午前8時半頃に始業して，午後5時半頃に終業するのが一般的である。それをサムスンでは，午前7時から午後4時までの仕事時間（7・4制）にした。

出退勤時間を早めにずらすことで，朝の出勤ラッシュを避けたり，早く終わることで1日の残り時間を勉強，フィットネス，家族サービスなど有意義に使ったりできるようになった。

始めのうちは，午後4時に仕事を終えて帰らない者も多かった。そこで，会社の主電源を4時で切るようにして帰らせた。残業がなくなったことで，社員は勤務時間に集中して仕事をするように変わった。休憩を入れながら仕事をこなすこともなくなった。7・4制で，社員全員が自分から変化して，改革の効果を体感できた。具体的には次の5つの効果があったとされる。

① 朝，目を覚ましたときに，「変わらなければ生き残れない」という危機感を社員に感じさせた。
② 午後の時間を社員個人に返して，生活のクオリティを高めた。
③ 何より20万人の社員が他の人々より1時間も早く出社したため，交通渋滞を解消するのにも役立った。
④ ラッシュアワーを避けることで，物流費用を減らして，それがまた業務効率につながった。

⑤ 退社後はレジャー活動や勉強の時間に充てられ，家庭の平和が芽生えた。

つまり7・4制は社員に，①李健熙の方針を伝える，②個人の生活の質を向上させる，③自分で行動を変化させるということをもたらしたのである。社員が各自で未来の見通しを立てられるようになったところに，サムスン電子の競争優位の源泉がある。

また，それまでは自分の専門分野しか関心を持たない「I字型人間」が多かった。しかし，自己啓発の時間が増えたため，他の分野にも関心を持って知識を広げる「T字型人間」の育成につながって，アノマリーを増やすことにもなった。

自社分析によると，7・4制で61％が個人的な学習に用い，24％が家族とともに過ごすことに用いた。個人的な学習に関しては，7・4制導入後で外国語の資格取得者が1万4,200人から3万500人と倍以上に増えた。情報関連の資格取得者も1,900人から3万5,000人と18倍にも増えた。

午後4時以降で社員が仕事以外で費やした時間は，社員の立体的な思考能力を培い，その能力は何らかの形で会社のためにも役立つようになる。この7・4制は8年8ヵ月実施された。現在ではフレックスタイム制が定着してきたことで，全社で実施するということはなされていない。

サムスン電子をハードボール企業として捉えると，こうした企業文化は決定的優位追求のための戦略の文脈から理解できる。ただし，7・4制だけでは事業が成功するための必要条件ではあっても，十分条件ではない。他のハードボール戦略が伴わなければならない。

<サムスン電子のハードボール戦略(2)特異な事態や状況を利用する>

	韓国企業	サムスン	サムスン効果	成果
勤務時間	ノーマル	7・4制	アノマリー	社員の意識改革
始業	午前8時半	午前7時	朝の通勤ラッシュ回避	交通渋滞の解消
終業	午後5時半	午後4時	レジャーや勉学の充実	T字型人間の育成

4．ライバルの「利益の聖域」を脅かす

■競争心が生んだ，名品プラスワン

「利益の聖域」とは，企業が売上高を最大にできたり，資金力を蓄えたりできる事業・製品・地域のことである。この聖域を脅かすのは，もちろん合法的でないとならない。優れた製品を持ってして，他社の聖域に踏み込むのが正攻法である。ライバル社との技術の格差をなくして，さらにはそれを追い越す必要がある。これに関して李健熙は，よくこういう例え話をする。

「ドライバーショットで180ヤードを飛ばす人が，コーチを受けて200ヤードまで伸ばすことは簡単だ。さらに練習すれば220ヤードも可能だろう。しかし250ヤード以上を飛ばすには，グリップの握り方からスタンスの取り方などすべてのやり方を替えなければならない」。

飛距離をさらに伸ばすには，社員たちの士気を高める雰囲気作りがいる。1993年に開かれた「先進製品比較展示会」では，世界中のブランド製品とサムスン製の商品が並べて展示された。李健熙は製品を１点ずつ取り上げては，微に入り細をうがつように例えば次のようにコメントしていった。

「サムスンが生産するVTRの部品の数は東芝より30％も多いのに，価格は反対に30％も安い。これで競争になりますか。テレビの画面比が４：３，16：９ではない，独創的なワイド製品をつくらなければなりません。テレビのブラウン管が出っ張っていますが，これをフラットにする道を模索してみましょう。リモコンが複雑すぎます。これは，技術陣が使う人の便利さを考えなかったのが原因です。持ちやすく，簡単にオン・オフの機能だけで操作できるリモコンをつくる方法を研究してみましょう」。

こうした他社製品との比較から，サムスン社員は自社製品の現状を知って，危機感を現実のものとして持つようになった。

そして李健熙は，「ソニーのトリニトロンのように独自な標準のテレビが必要だ」，「既存の枠を破ったサムスンだけの，サムスンのアイデンティティ

を生かすことができるカラーテレビを開発せよ」と述べた。

　これによって,「世界に存在しないテレビの開発」というスローガンのもと,「名品プラスワン」が開発された（1996年）。このテレビは,従来のテレビ画面の横：縦の比率が4：3であるのに対して,12.8：9と横幅が長かった。いままで画面の両サイドに隠れていた,数センチの部分を映し出すことに世界で最初に成功したものだった[14]。

　また,ワイドテレビに発生してしまう左右の歪みや,電流が急変するときの画面の揺れを最小にした。他にも,節電スイッチを付けて,待機電力（スタンバイ・パワー）を減らすといった措置が取られた。

　こうしたものが装備されたにもかかわらず,一般のテレビと同じ水準の価格だったため,名品プラスワンは「隠れた1インチを探した」というキャッチコピーをもって大ヒットした。

　発売年の韓国市場における29インチの製品群の中で45％のシェアを占めた。1996～1998年の3年間で内需46万台,輸出53万台（輸出名：Vision Plus）と合計で約100万台が売られ,サムスンブランドの浸透に大きく貢献した。

■ 携帯電話の高価格戦略

　世界的IT不況でDRAMの価格が急落した2001年には,電子関連企業が軒並み純利益を下げた。日本企業の場合,当期純利益は下記の通り,全社とも落ち込んだ。

＜日本の電子関連企業の当期純利益：2000・2001年度＞ （単位：億円）

	2000年度	2001年度		2000年度	2001年度
日立製作所	1,043	－4,838	富士通	85	－3,825
ソニー	167	153	三菱電機	1,247	－779
松下電器産業	415	－4,310	三洋電機	422	17
東芝	961	－2,540	シャープ	385	113
NEC	566	－3,120			

第2章　サムスン電子―国際ビジネスにおける決定的優位の追求―

　その一方で，サムスン電子は情報通信事業（携帯電話など）で1兆3,741億ウォン，半導体事業で6,983億ウォン，デジタルメディアで2,928億ウォン，生活家電で1,829億ウォンの営業利益を出した。

　特に携帯電話は，2001年と2002年の第1四半期の出荷量比較で，ノキアが6.2%減少した一方，サムスン電子は46.2%も上昇した。しかも，ノキア製品よりも高価格で販売していることから，ブランドパワーが形成された。

　サムスン製の携帯電話が平均して191ドルの販売価格を保持した一方，ノキアは154ドル，モトローラは147ドルだった（テクノロジービジネスリサーチ調べ)[15]。営業利益率も27%と，ノキアの21%を上回っていて，名実ともにサムスン製の携帯電話は他社の聖域を侵し始めている。

　この携帯電話のブランドパワーの決め手は2001年にあった。2001年，サムスン電子は自社の技術力をカッコ良く示すことのできる製品である，携帯電話ならびにデジタルテレビの最上級ラインを新しく設定し直した。携帯電話はどこにでも持ち運びができ，テレビは家の中心に置かれるから，この2製品で，人々の暮らしの「モバイル」と「ステイ」のどちらにも登場できる。

　これに関して，サムスン電子の北米マーケティング・生活家電事業部長のピーター・ウィードファルドは，「私たちは24時間（1日中），そして7日間（1週間中）ユーザーが存在するブランドになりたい」と語る[16]。

　携帯電話は，フラット・パネルTVやメモリーチップとともにサムスン電子の「芸術的製品」として位置付いている。

　携帯電話の世界販売台数は2003年に5.1億台，2004年に6.7億台，2005年には8億台を越えた。その中で，サムスン製の携帯電話は2005年の世界販売台数で，ノキア（32.5%），モトローラ（17.7%）に次ぐ市場占有率（12.7%）を得ている。その後にはLG電子（6.7%），ソニー・エリクソン（6.3%）

＜サムスン電子のハードボール戦略(3)ライバルの「利益の聖域」を脅かす＞

```
a) フラット・パネルTV                    a) ステイ（室内）の脅かし
                      =  芸術的製品  →
b) 携帯電話                              b) モバイル（室外）の脅かし
```

43

と続く（米ガートナー調べ）。

5．アイデアを借りて自分のものとする

■ 他社の良い点を学ぶ

　ハードボール企業は，良いと思えるアイデアをすぐに取り入れ，それを優位性の確立のために用いる。アイデアに独創性は求めない。新しい発明も必要とはしない。すでに他のあちらこちらで存在しているアイデア，プラクティス（慣行），ビジネスモデルなどの中で価値あるものを認めて，自社にそのエッセンスを組み入れる。

　ただし，決して著作権や特許を侵害するような行為はしない。その意味では，NIHシンドローム（not invented here syndrome：自社開発主義症候群―自社で開発したものではないという理由から採用したがらないこと）では決してない。

　李健熙は，かつて東レがデュポンからナイロン特許を取り入れたり，ソニーがAT&Tのベル研究所から半導体特許を買ってラジオを作ったりしたことを引き合いに出しては，「1億ウォン出せば1週間で持ってくることができる技術を10億，20億ウォン注ぎ込んで3〜5年もかけて開発している」と檄を飛ばした。

　サムスン電子は技術導入に関して，これまで"fast follower"（すばやい模倣者）だった。DRAM自体を発明したわけではないが，それに価格と品質の面で付加価値を与えて，ナンバーワンの競争力を身に付けた。

　また，サムスングループは，日本を始めとする一流の企業をベンチマーキングした。電子ではソニー，松下電器，重工業では三菱重工業，繊維では東レ，新製品開発ではモトローラ，ソニー，3M，品質管理ではウェスティングハウス，ゼロックスなどからベストプラクティスを取り入れた。サムスングループは，他企業を調査し分析することに関しては上手だった。

第2章　サムスン電子―国際ビジネスにおける決定的優位の追求―

■ 技術導入の4原則

　もともとサムスン電子は,「未来社会は電子産業が主役になる」という信条のもと1969年1月,サムスン三洋とサムスンNECの持株会社として創設された企業である。この背景には,韓国政府が電子工業を輸出産業として育てるための「第2次経済開発5ヵ年計画」(1967～1971年)や「電子工業振興法」(1968年12月)の制定があった。

　政府からの支援を追い風にして,サムスン電子は三洋電機やNECなどの日本メーカーと技術提携を結び,テレビなどの家電を作り出した。1969年の三洋電機との合弁契約の1つに,「外国製機械,設備および原材料は三洋電機が斡旋・提供するが"世界的に競争できる価格"で提供する」というものがあった。すでにこの点に,「アイデアを借りて自分のものとする」姿勢が見受けられる。

　李秉喆は電子産業への参入において,次のような「技術導入の4原則」を立て,技術を単に受け入れるだけでなく,その後における技術の定着をめざした。

① CEOは率先垂範して積極的に技術を導入して,それを効率的に活かさなければならない。
② 導入拠点は東京に置き,特許などの高度な情報や資料を入手して活用する方法を研究しなければならない。
③ サムスン内部の力だけで全ての問題を解決しようとするのではなく,KIST(韓国科学技術研究所)やKORSTIC(韓国科学技術情報センター)といった韓国内の研究機関を積極的に活用すること。
④ ただ頭を下げて低姿勢でお願いするのではなく,技術導入の目的を明確にして,利益を考えなければならない。

　韓国には,教育水準の高い技術者や技能工が多かった。また,国土面積が

小さいため環境汚染の少ない産業が望まれていた。こうした条件にぴったり当てはまる数少ない産業の1つが電子産業だった。

　李秉喆は電子産業について，「初めから多くの投資が必要であるわけではなく，小さいことから始めて，少しずつ育てることのできる産業」と見なした。実際，ラジオやテレビなどの組立から始めて，徐々にものづくりの技術と知識を蓄え，事業の基盤を固めながら活動分野をテレビから電子レンジ，VCR（video cassette recorder），冷蔵庫，洗濯機などに広げていった。

■ OEM から OBN への移行

　こうした事業の拡大路線の中で，それまでの OEM（original equipment manufacture：相手先ブランド製造）という「匿名の輸出」を続けるのではなく，OBN（own brand name：自社ブランド）への自覚が強まった。

　OEM は技術力やマーケティング力が乏しいメーカーが，他社のノウハウに学びながら成長するには有効である。しかし，いったん技術力がつくと，メーカーは自らの製品を自らの名前で販売したいという欲望にかられる。そのほうが世界規模での市場機会により多く対応できる。

　そこで，サムスン電子は"SAMSUNG"[17]の名を製品に付け，自社ブランド戦略へと移行した。1980年代では半導体事業にも参入して，総合エレクトロニクスメーカーへと転身した。半導体への進出決定は李秉喆が，第二次石油ショックが起こっても，石油輸入に依存している日本があまりダメージを受けていないことを目の当たりにしたからだった。

　日本は石油ショックという世界経済の揺らぎにも耐え得るほど先端技術産業が発達している。韓国もこれに倣うべきだと確信したからだった。その中心に置いたのが半導体であった。

　こうして1983年2月8日，サムスングループが半導体産業（DRAM）に進出するという「東京宣言」が公表された。その10ヵ月後には早くも64キロ DRAM の開発を実現した。このとき，先進企業との技術格差は4〜5年だった。しかし1984年の256キロ DRAM の開発時には3年に，1990年の16

第2章 サムスン電子―国際ビジネスにおける決定的優位の追求―

<サムスン電子のハードボール戦略(4)アイデアを借りて自分のものとする>

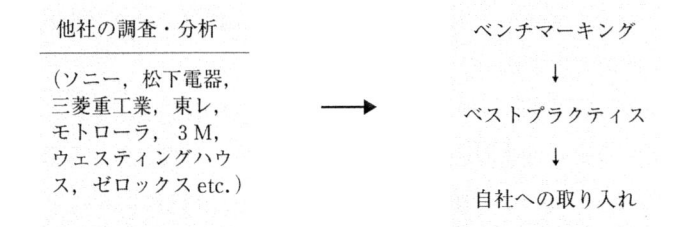

他社の調査・分析

（ソニー，松下電器，三菱重工業，東レ，モトローラ，3M，ウェスティングハウス，ゼロックスetc.）

→

ベンチマーキング
↓
ベストプラクティス
↓
自社への取り入れ

メガ DRAM の開発時ではゼロにまで，その差は縮まった。

サムスン電子の総売上げに対する R&D への出資比率も，1980年で2.1％，1985年で3.0％，1990年で4.2％，1995年で6.2％と伸びた[18]。

こうした R&D への投資を継続して，半導体を事業の主軸に置き続けたからこそ，2004年11月1日にサムスン電子が創立35周年を迎えたとき，その35年間でサムスン電子グループ（サムスン電子，サムスン SDI[19]，サムスン電機，サムスンコーニング）は実に250万倍の成長を遂げていた。

6．ライバルの後退を誘う

■ デザインによる付加価値

ハードボール企業は，自社が最も利益を得られる事業エリアからライバル社を退かせることもできる。ただし，これは6つの戦略の中でも最も複雑で高度なものである。1つの手法としては，ブランドパワーを構築することによる「同一市場からの押し出し」が挙げられる。

1996年をサムスン電子は，「デザイン革命の元年」としてOBNの強化を本格的に展開し始めた。1990年代に入ってから李健熙は，「ベンツやソニーのように遠くから見ても，ひと目で"サムスンらしさ"が分かる固有のアイデンティティを開発しよう」と促した。

そうした中で1996年，デザイナーの育成などを行う，デザイン研究院（IDS：innovative design lab of Samsung）が設立された。以来，例えば IDEA (industrial design excellence awards)20)において1997年〜2001年の間，計16のサムスン製品が優秀作として選ばれた。この受賞数はアップル社と並んで，IDEA の最多受賞を記録した。

2001年には CEO 直属のデザイン経営センターを設けて，全社のデザインを統括する CDO（chief design officer：最高デザイン責任者）を置いた。これが功を奏して2001〜2005年の間では IDEA で，計19のサムスン製品が受賞した。その5年間で区切ると，世界で最も受賞数の多い企業となった。アップル社（17製品）がこれに次いで，その後に IBM（15製品），ナイキ（13製品）と並ぶ。サムスン電子がアジア企業で初めて，このアワード・リストのトップに立ったのである。いまやサムスン電子は，「デザイン発電所」21)へと転身した。

デザインは人々が驚く要素（Wow！ファクター）をつくり出す22)。そうしたデザインをブランド形成の武器とするサムスン電子は1998年から「叩き売りしない運動」を始めた。サムスン製の商品を安く売らないということである。

例えば「ロープライス・エブリディ」をコンセプトとするウォルマートへの製品供給を次第に減らしていった。安く売らないことで，サムスン製の商品に高級感を演出したのである。

■ TOP を通じたブランドづくり

コカ・コーラがブランドづくりのために，オリンピックへの公式スポンサー（TOP：the olympic partners）に継続してなっていることと同様に，サムスン電子も1998年の長野冬季オリンピックの公式スポンサーとなった。

以後2000年のシドニーオリンピック，2002年のソルトレークシティ冬季オリンピックにも続けて公式スポンサーとなって，ブランドをワールドワイドに広めることに力を注いだ。これによって1998年には30億ドルだったブランド価値は，130億ドルにまで高まった。

さらに2004年のアテネオリンピックでは，WOW（wireless olympic

works）プロジェクトを展開して，オリンピック組織委員会に 1万4,000台の専用携帯電話を供給した[23]。

このように TOP になることは，ナイキのナイキタウンというショーケース・ストアなどと同じ効果がある。通常のメディア・チャネル以外のところで，巧みに自社アピールをして注意を引き，ブランドを世に知らしめることができたということである[24]。

こうしたブランド戦略は1996年に始まった。当時のサムスン電子の海外マーケティングは，個別製品の販売広告をするだけだった。海外で利用していた広告代理店は55社にも及び，サムスン全体のイメージをまとめあげるような CI が確立できないでいた。このときのサムスンブランドのイメージは，「低価格」，「低品質」，「模倣」といったものだった。

これを払拭するために，サムスン電子以外のグループ会社が海外でサムスンブランドを使うことを禁止した。使うためには，ブランド委員会での事前承認を求めた。

これに関して李淳東は，「欧米など先進諸国を最優先の投資対象として，デジタル企業のイメージを植え付けるため，正面突破の方法を採った」と述べた。こうしたブランド・マーケティングは，技術とデザインとともにサムスン電子がグローバル・リーダーシップになるために欠かせないものであった[25]。

<サムスン電子のハードボール戦略(5)ライバルの後退を誘う>

1996年	デザイン革命の元年／デザイン研究院設立
1997年〜2001年	IDEA で計16のサムスン製品が優秀作となる （アップル社とともに最多受賞数を記録）
2001年	デザイン経営センター(CEO 直属) 設立／CDO 設置
2001年〜2005年	IDEA で計19のサムスン製品が受賞 （同期間で最多受賞企業となる） → デザインを競争上の武器として，他社を市場から押し出していく

7．妥協を決してしない

■ 徹底した品質管理

　妥協とは，その業界でいつしか暗黙のうちに定められたルール（売り手側の論理）に，顧客が諦め半分で従っていることである。

　例えばホテル業界では，チェックインの時間は午後3時が一般的である。これは，客室スタッフの清掃の都合で決まったものだということに，宿泊者もだいたいの察しがつく。これがホテルに泊まる際の暗黙のルール（業界の標準）である。その制限に顧客は妥協している。

　しかしハードボール企業は，そのような妥協はいっさいしないで，現状に満足することなく，絶えず自己革新する姿勢を持つ。メーカーならば，ものづくりに徹するということである。

　1977年にTQC（total quality control：全社的品質管理）を本格導入したサムスン電子は1983年から，「全社の工程内不良率を1％に抑えること」をめざした「Q-1作戦」を開始した。

　翌1984年には，無欠点主義を宣言して，サムスン製品に欠陥があった場合，購入日から6ヵ月以内なら無償交換を約束した。現在では当たり前のことであるが，当時の韓国ではサムスン電子が初めて，これを行ったことは特筆すべき点である。

　1985年からはZD（zero defects：無欠点）運動も始めて，不良品率ゼロをめざした。しかし1990年代に入ってもサムスン電子は，「3万人が作って，6,000人が直す」と揶揄されるほど，まだアフターサービスがセールスポイントになるような企業体質だった。

■ グローバル化への「真実の瞬間」

　妥協を決してしないという決意が固まることとなった大きな転機は1993年に訪れた。その年の2月，李健熙がサムスン電子グループの重役23人とアメ

リカ・ロサンゼルスで,「電子部門輸出商品の現地比較評価会議」を開いたときのことだった。

ここで現地の量販店に行った李健熙は,サムスン製の商品は棚の中央ではなく,棚の後部や上部といった人目につきにくいところに積まれているのを見た。ソニーやパナソニック,東芝,日立,フィリップスなどの製品が陳列棚の前方に置かれ,サムスン製のテレビやVCRは,その後ろで「バーゲン・セール」というステッカーを貼られ,埃をかぶっていた。

これは,サムスン電子を自国から押し出して(プッシュ・フロム・ホーム),グローバル・ビジネスへと向かわせた「真実の瞬間」となった[26]。真実の瞬間は,自国という巣の中だけでの成功に満足している企業に,国際化への最初のステップを提供するものとなる。

自社製品に積もった埃をハンカチで叩きながら李健熙は,他社の人気のある製品を買って帰って,それを自らの手で分解してみた。その中身は,サムスン製のものより出来上がりが良く,使われている部品も少なかった。エンジニアでなくても明らかに分かるほど,品質の違いがそこにあった。

こうした実感も後押しして,1993年に打ち出された「新経営」は,質を重視した経営をめざして,サムスン製の商品をトップ・オブ・ザ・ラインに集中させるものとして開始された。この宣言は1993年6月にドイツのフランクフルトで,全役員(1,800人)を招集した上でなされたので,フランクフルト宣言と呼ばれる。

■「新経営」のエッセンス

フランクフルトで開かれた緊急会議で話された「新経営」の背景を同社では次のようにまとめている[27]。

① 世紀末的環境変化(21世紀を7年後に控えた状況)。
　・グローバル化と規制緩和の潮流:無限競争時代への突入。
　・技術の進歩,国際社会の変化など急激な環境変化。

② 国内版　第一主義。
　　・外見重視の文化：量的目標の達成に汲々とし，質を軽視。
　　・権威主義，他律と画一，部署間の壁。
　　・韓国1位という驕り，"井の中の蛙"。
　③ 持続的な革新の強調にも無感覚。
　　・"世紀末的変化が来る，一流にならなければ生き残れない，このままだと滅んでしまう"という危機意識。

　こういったものを背景に李健熙は，質を重視する経営に移行した。質の経営とは，それまで大量に物を作って安く売っていたことを止めて，世界レベルで通用するような高品質でグッドデザインの製品やサービスを，サムスン電子の信念や情熱，プライドといったものと合わせて提供していくということである。
　つまり質の経営とは，①商品の質だけでなく，②経営の質，③人間の質という3つの側面のいずれをも重視するというものである。
　李健熙は，「製品の品質はサムスンの顔である。サムスンは不良品の生産を犯罪に等しいものと考えている。量重視の経営を果敢に捨てて質重視の経営を始めよう」と述べ，①社員の考え（people），②過程（process），③製品（product）を刷新する「3P革新」を進めた。
　象徴的なのは，不良品を大量に生産して安い値段で販売していたことへの戒めとして，不良品の多いモデルの携帯電話の在庫を全て回収して燃やしたというエピソードである[28]。回収した携帯電話と同じモデルをすでに持つユーザーには，新しいものと交換した。
　こうした不良品は1993年の夏，全社員に配った携帯電話で判明した。社員に配られた15万台の携帯電話のうち，25％が不良品だった。その「不良品の火刑式」は，サムスングループの全社員に最大の危機意識を持たせた。携帯電話の他にも，業務用電話機やファクシミリなども壊され，燃やされた。
　これには莫大な費用がかかったが，それほどまで徹底したから，品質確保

に裏付けされた，こんにちのサムスンブランドが築かれたのである。

「新経営」宣言後，139の家電製品の生産ラインには，ラインストップ制が導入された。不良品が発生したときは直ちにラインを止めて，改善されるまでは稼働しないようにした。ラインストップ制によって，例えばVTRでは，11％だった不良品率が1年後には7％に低下した。

また，経営の軸足を「量」から「質」に移す「新経営」という方針が定まっていたからこそ，1997年の韓国通貨危機[29]においても，サムスングループは企業間の絆を強めた経営を行うことで，危機をしのげた。

通貨危機は，韓国の財閥（チェボル）の中でも，1997年に起亜，ニューコア，1998年に眞露，韓一，巨平，1999年に大宇，ヘッテ，新湖といったところが軒並み経営破綻したほど威力あるものだったのに，三星（サムスン）は持ち堪えた。

現在，サムスングループは主に，①電子（エレクトロニクス），②重工業，③化学，④金融・保険，⑤その他（サムスン物産，サムスンエバーランドなど）の5分野に分かれている。韓国通貨危機をはさむ，1993年の「新経営」開始時からの10年間で，サムスングループの売上高は3倍となって，純利益は約13倍にもなった。

<サムスン電子のハードボール戦略(6)妥協を決してしない>

1977年	TQCの本格導入
1983年	Q-1作戦（全社の工程内不良率を1％に抑えること）の開始
1984年	無欠点主義宣言
1985年	無欠点運動の開始
1993年2月	「真実の瞬間」に出会う（ロサンゼルス）
1993年6月	「新経営」宣言（フランクフルト） → 質を重視する経営へ

8．これからのサムスンマネジメント

　企業が決定的優位を失うのは，現状に自己満足した場合か，事業環境の変化への適応に失敗した場合が多い。そうならないために，CEOは次の3つに留意しなければならない。

① 地に足がついていること：物理的にも個人的にも市場（顧客，競合他社，サプライヤー）と関わり合うこと。
② どんなことでも分からないことは，そのままにしないで思いきって質問すること：立場上，知らないことがあっても質問し難い。しかし，そこで「知らない」と言えることがブレークスルー（突破口）となる場合もある。
③ 本音で話し合えるネットワークを持つこと：事実を包み隠さず伝えることのできるチームをつくること。

　サムスン電子，さらにはサムスングループにおいて，李健熙は1人で経営の方向と戦略を決定して実行するオーナー（国でいうところの大統領）である。
　この意思決定のための資料を提供するのが，構造調整本部（国でいうところの大統領府）である。ここは，①未来の見通しを良くする「パス・ファインダー」（道案内），②経営環境が急変した際に警鐘を鳴らす「早期警戒機」，③グループ会社の経営の「管制塔」といった役割も果たす。
　実際の経営を指揮するのが，グループの各会社の社長（国でいうところの各省庁長）である。
　サムスンの経営は，この三者（オーナー，構造調整本部，グループ会社の社長）のトライアングル構造によって，リスクを最小化できる仕組みになっている。サムスン電子が決定的優位を保持するためには，このトライアングルが上記3点に意を払ったマネジメントを果たさなければならない。

第2章 サムスン電子―国際ビジネスにおける決定的優位の追求―

　実際，近年になって李健熙は,「現在の業績を自慢していたら，いつでも危機に陥ってしまう」という危機意識を再び持ち始めていて,「準備（シナリオ）経営」(10年後に何をすべきかを真剣に考え，それに備えること）を主張する。そして嫌いなCEOのタイプとして，次の10項目を挙げる。

　①量と数値ばかり重視して，細かなことにこだわる，②嘘をつく，③同じ失敗を繰り返す，④発想のレベルが低い，⑤肩書きに安住しようとする，⑥自分に忠誠を尽くすように要求する，⑦失敗した場合に備えて，言い訳を考えておく，⑧部下や他人の手柄を横取りする，⑨社内の勢力争いにうつつを抜かしている，⑩人を育てない。

　また，サムスン電子の尹鍾龍（ユンジョンヨン）副会長は,「いまや誰もが同じ技術を手に入れることができる。しかし，だからといって誰もが前進した製品をつくることができるわけではない」とR&Dの重要さを強調する[30]。そして,「1番良いときは1番危険なときだ。自分たちが危機の中にいて，明日にも倒産する恐れもあると思っていなければならない」と警告する[31]。

　2003年6月，サムスン電子は「新経営第2期」のスタートにあたって，①天才経営，②未来の成長エンジン発掘，③中国市場の戦略強化という3つのキーワードを掲げた。それは次のようなものである。

① 天才経営は，ソフトウェアに関するもので，類い希な才能を持つ天才が会社に1人いれば，1万人の組織を導くことができるから，そうした人材を育てるということである。
② 未来の成長エンジン発掘は，コンテンツに関するもので，ワールドベストな製品を作ることで収益性を高めるということである。
③ 中国市場の戦略強化は，ハードウェアに関するもので，世界の市場となった中国でのビジネスチャンスを最大限に活用して，中国市場でも競争優位を追求し確保するということである。

このように，サムスン電子の決定的優位のあくなき追求には終わりがない。

注

1) Kogut, B., "Designing Global Strategies : Comparative and Competitive Value-added Chains," Edited by A. K. Gupta and D. E. Westney, *Smart Globalization*, John Wiley & Sons, 2003.／「グローバル戦略のデザイン：比較優位および競争優位の付加価値連鎖」諸上茂登監訳『スマート・グローバリゼーション』同文舘，2005年，3ページ．

2) ここでいう付加価値連鎖とは，「技術が原材料および労働の投入と結合され，それに続いて，加工された投入物が組み立てられ，市場に流通されるプロセス」のことである（同上訳書，3ページ）。

3) 「ウォークマン」，「プレイステーション」といった独自の名称を持つ製品のあるソニーと比べて，サムスン電子にはそうした製品（household-name products）がないのも特徴である．

4) *Fortune*, July 25, 2005, p.56, F－1.

5) *Business Week*, September 5/12, 2005, p.61. サムスン電子は，この年のランキング100社の中で，ブランド価値の前年度からの上昇率が3番目に高かった．1番高かったのはアメリカのネット競売最大手 eBay（2005年，55位）で，オンラインマーケティングのブランド価値が上がったことによる．2番目に高かったのはロンドンに本社を置く金融グループの HSBC（Homgkong and Shanghai Banking Corporation, 2005年，29位）で，その3年前からの"The world's local bank"という世界的キャンペーンが功を奏した．2004年時点でHSBCグループは，世界で3番目に資産が大きな商業銀行となり，80ヵ国以上に7,000のオフィスを持ち，17万人の従業員を抱える．一方で，この年のランキング100社の中で，ブランド価値が最も落ち込んだのがソニーだった．ただし翌2006年ではブランド価値を9％高めて，ランクを2つ上げた．

6) Nussbaum, B., "Get Creative!" *Business Week*, August 1, 2005, p.64.

7) McGregor, J., "The World's Most Innovative Companies," *Business Week*, April 24, 2006, p.64.

8) Shamsie, J., "Samsung Electronics," G. G. Dess, G. T. Lumpkin, and A. B. Eisner, *Strategic Management : Text and Cases*, 2nd Edition, McGraw-Hill/Irwin,

2004, p.809.

9) 以下，ハードボール企業の戦略については Stalk, G. and R. Lachenauer with J. Butman, *Hardball : Are You Playing to Play or Playing to Win?* Harvard Business School Press, 2004.／ボストンコンサルティンググループ監訳，福嶋俊造訳『「徹底力」を呼び覚ませ！―圧勝するためのハードボール宣言』ランダムハウス講談社，2005年を参考にしている。

10) 以下，サムスン電子については，韓国経済新聞社編，*SAMSUNG RISING*, The Korea Economic Daily & Business Publications, 2002.／福田恵介訳『サムスン電子』東洋経済新報社，2002年。／キム・ソンホン，ウ・インホ，*10 Years of Lee Kun Hee-Led Drive for Innovation*, Cheil Communication, 2003.／小川昌代訳『サムスン高速成長の軌跡―李健煕10年改革』ソフトバンクパブリッシング，2004年。／曺斗燮・尹鍾彦『三星の技術能力構築戦略』有斐閣，2005年を参考にしている。

11) ここでの数値は，藤田徹「韓国の政治経済情勢の見方」『日本貿易会月報』2004年7・8月合併号（62～63ページ）を参考にしている。

12) 韓国では1年間の最終利益が10億ドル（約1兆ウォン）を越えれば一流企業だと見なされ，「1兆ウォンクラブ」と呼ばれる。2004年で最終利益が10億ドルの大台に達した韓国企業は，次に挙げる12社であった（韓国証券取引所調べ）。①サムスン電子：108億ドル，②ポスコ：38億ドル，③韓国電力公社：29億ドル，④ハイニックス半導体（旧現代グループ）：20億ドル，⑤ウリ銀行：20億ドル，⑥現代自動車：18億ドル，⑦SK（石油精製会社）：16億ドル，⑧LG電子：15億ドル，⑨LGフィリップス：15億ドル，⑩SKテレコム：15億ドル，⑪ハナ銀行：13億ドル，⑫KT：13億ドル。

13) 『日本に根付くグローバル企業研究会』Newsletters, April 2005, No. 7, ケーススタディ：日本サムスン株式会社，第1回，7ページ。

14) テレビは放送局が送出する画面の80％しか映すことができないと言われる。

15) Shamsie, J., *op. cit*, 2004, p.806.

16) Berner, R. and D. Kiley, "Global Brands," *Business Week*, September 5／12, 2005, p.58.

17) "SAMSUNG"のロゴマークの基本色である青は安定感，信頼感を与える色で，ロゴマークの形である楕円形は宇宙，世界のシンボルである。

18) Kim, L., "Samsung's Semiconductors," I. Chow, N. Holbert, L. Kelley, and J. Yu,

Business Strategy : An Asia-Pacific Focus, 2nd Edition, Pearson/Prentice Hall, 2004, p.303.

19) サムスン SDI は，それまでサムスン NEC（1969年～），サムスン電管（1974年～）という名称だった。サムスン SDI に変わったのは1999年からである。SDI は "Samsung display interface component" の略である。

20) ビジネスウィーク誌が後援して IDSA（industrial designers society of America：アメリカの産業デザイナー学会）が選定するアワード。

21) Ihlwan, M., "Design for Success," *Business Week*, July 11, 2005, p.64.

22) Nussbaum, B., "The Best Product Design of 2005," *Business Week*, July 4, 2005, p.52.

23) 洪夏祥，*Sam Sung STAR CEO*，Vision B & P, 2005. ／福田恵介訳『サムスン CEO』東洋経済新報社　2005年，54ページ。

24) Aaker, D. A., *Strategic Market Management*, 7th Edition, John Wiley & Sons, 2005, pp.167-168.

25) Lewis, P., "The Perpetual Crisis Machine," *Fortune*, September 5, 2005, p.40.

26) Bartlett, C. A. and S. Ghoshal, "Going Global : Lessons from Late Movers," *Harvard Business Review*, March-April 2000, pp.136-137. この論文は Bartlett, C. A., S. Ghoshal, and J. Birkinshaw, *Transnational Management : Text, Cases, and Readings in Cross-Border Management*, 4th Edition, McGraw-Hill, 2004, pp.80-90にも収録されている（参考箇所は p.84.）。

27) 『日本に根付くグローバル企業研究会』Newsletters, May 2005, No.8, ケーススタディ：日本サムスン株式会社，第2回，2ページ。

28) これに似たエピソードが，ハードボール企業であると見なされるフリトレー（ポテトチップスなどの塩味スナックメーカー）にもある。1980年代に，この塩味スナック市場（サルティ）に参入したアンハイザー・ブッシュ（バドワイザーなどを擁するビールメーカー）からの追い上げにあった1990年代初めに，ロジャー・エンリコ（ペプシコから招かれた CEO）が，品質向上にどれだけ本気であるかを示すために，3,000万ドル分のポテトチップスを廃棄したのである。

29) 韓国経済を支えていた円高と半導体特需の消滅によって，韓国経済が縮小して大企業が相次いで倒産した。中堅財閥グループにまで不渡りの危機が迫ったことで，金融機関が貸出金の回収に乗り出したために起こった危機である。1997

年7月に変動相場制に移行したタイでのバーツ下落も大きく関与した。
30) Edward, C., M. Ihlwan, and P. Engardio, "The Samsung Way," *Business Week*, June 16, 2003, p.64.
31) Brown, H. and J. Doebele, "Samsung's Next Act," *Forbes Global*, July 26, 2004, p.22.

第3章

国際ビジネスとブランド
―差異化戦略―

1．約束された「最高の品質」

　クルマならこれ，衣服ならこれ，飲み物ならこれでないとならないという消費者がいる。ブランドへの忠誠心が極めて高い，そうした人々をどのように捉えたらよいだろうか。

　ひとえにブランドとは，どの商品を買おうかという選択の余地のないところにまで，消費者の購買行為を内部化した状態である[1]。こうしたブランドについて，まずは身近な製品から考えてみたい。例えば時計ブランドは，次の4つに分類できる[2]。

① 生産コストが高く，革新性が高い（差異化しやすい）時計
　…ロレックス，オメガ[3]。
② 生産コストが低く，革新性が高い（差異化しやすい）時計
　…スウォッチ[4]。
③ 生産コストが低く，革新性が低い（差異化しにくい）時計
　…セイコー，カシオ。
④ 生産コストが高く，革新性が低い（差異化しにくい）時計
　…日用品としての時計。

　こうした時計の中でも，ロレックスやオメガを好んで買う人々がいる。ブランドへのWTP（willingness to pay：その製品やサービスに喜んで対価を

支払おうとする意欲）の高い人々が多い国は，GNC（グロス・ナショナル・クール：国民総文化力）と呼べるものも高い。

　高いものを買う人の多い国のほうが，文化力が高いといっているわけではない。商品に対する意識の点で，違いがあるということである。

　人々はブランドを購入して消費することで，"I feel…." 例えば "I feel elegant." "I feel energized." といった感情を得ることができる。あるいは，"I am …." 例えば "I am successful." "I am young." といったことを周りに示すこともできる[5]。

　ここでは消費者が満足することが重要である。周りの人がそのブランドに気づいてくれて，その価値を認めてくれることで満たされる。ブランドがイメージの連想で消費者を主観的に満足させるようになったのである。ここでの主観的というのは，周りからの同意を得ることで感じられるもの，いわば社会主観である。

　このようなイメージブランドは，コカ・コーラやマクドナルドなどの規格品ブランド（一定の品質と機能を保証することで消費者に安心感を与えるもの）とは種類が異なるもので，価格帯も極めて高い，いわゆる高級ブランドである。

　コカ・コーラを飲んだり，マクドナルドのハンバーガーを食べたりしたことは周りから羨ましがられないが，ロレックスやオメガを腕にはめていると誇らしげな気持ちになる。平たく言えば，そういった違いである。

　では，高級ブランドを買う者が何を消費しているのかというと，そのブランドイメージやデザイン，販売店の雰囲気といった知恵の値打ち（知価）である[6]。そうしたイメージブランドは，「最高の品質」を約束する。

　例えばルイ・ヴィトンの製品は高額であるが，その価格にふさわしい品質（丈夫で長持ち，壊れないこと）を保障する。「壊れにくい」ではなく，「壊れない」ということで知られる（もちろん扱い方によるが）。高品質の最大級である。

　ルイ・ヴィトンの高品質は，全製品を自社工場で製造することでもたらさ

第3章　国際ビジネスとブランド―差異化戦略―

<ブランドの2タイプ>

```
┌─────────────────────────────┐  ┌─────────────────────────────┐
│ 規格品ブランド  →  安心感   │  │  満足感  ←  高級ブランド   │
│ コカ・コーラ      を得る    │  │  を得る       ロレックス    │
│ マクドナルド                │  │    ↑          オメガ        │
│                             │  │  知価の付加   ルイ・ヴィトン│
└─────────────────────────────┘  └─────────────────────────────┘
```

れる。工場のほとんどがフランス国内に置かれ，工場は工房に近い形で，手作業で進められる。工房には縫製ミシン以外，機械がほとんどない状態である。

2．ルイ・ヴィトンブランド[7]

■ 贅沢という神話の一部

　インターブランド社が2006年に発表したグローバル・ブランドのランキングでルイ・ヴィトンは，前年よりブランド価値を10％高めて17位に入った。

　LVMHグループ[8]のトップ，ベルナール・アルノーは，本物のスターブランドの条件として，①永続性，②強力なキャッシュ・フロー，③長期にわたる安定成長の3つを挙げる。世界でこの条件を満たすのはごくわずかで，カルティエ，ルイ・ヴィトン，ドン・ペリニヨンくらいだという。

　イタリアのグッチでさえ，ベルナール・アルノーによれば，①モードに偏りすぎている，②キャッシュ・フローが弱い，③経営に波があると見なされるほどである。

　また，自社グループのルイ・ヴィトンやクリスチャン・ディオールなどが，アメリカのスポーツ系ブランド（ポロ・ラルフ・ローレン，カルバン・クラインなど）と違うところは，「神話的な存在感がある」，「贅沢という神話の一部である」点だと見なす。ルイ・ヴィトンなどにはアメリカにはない歴史があって，それが夢を与えているということである。

　ブランド・マネジメント研究においても，こうした違いは指摘される[9]。

ヨーロッパのブランドには，製品製造の技巧（プロダクション・クラフト）に基づいた，歴史性を含んでいるものが多い。その一方で，アメリカのブランドには，消費する経験（ショッピング・エクスペリエンス）を通じた，物語性を強調しているものが多い。

　また，アメリカのブランドでは，創業者が逝去した後でも生き残ることができる能力があるかどうかが分からないところも多い。

　このように，ヒストリーを基軸にするブランドであるのか，ストーリーをブランドに宿すのかという違いが，米欧間では確かにある。

　その中でも，ヒストリーを基軸にするルイ・ヴィトンの創立は1854年，パリにおいてであった。レティエ・アンバルール（荷造用木箱製造兼荷造職人）だったルイ・ヴィトンが，パリのオペラ通りに近いヌーブ・デ・カプシーヌ通り4番街に，世界で初めてとなる旅行鞄専門店（ルイ・ヴィトン・マルティエ）を開いたことに始まる。

　マルティエとはトランク職人のことで，ルイ・ヴィトンは王室や貴族階級が旅行に出かけるときに使うクリノリン（大きく広がったドレスなどの衣類を収納する木箱）をつくっていた。

　一方，クリスチャン・ディオールの創立は1946年，パリ（アヴェニュー・モンテーニュ30番地）においてだった。確かに，どちらも歴史の長い企業である。

<欧米ブランド比較>

ヨーロッパ・ブランド		アメリカ・ブランド
製品製造の技巧に基づく　（プロダクション・クラフト）歴史性を含む　（ヒストリーを基軸とする）創業者逝去後も存続する	⇔	消費する経験を重視する　（ショッピング・エクスペリエンス）物語性を強調する　（ストーリーを宿す）創業者逝去後も存続する？

第3章　国際ビジネスとブランド―差異化戦略―

■ リアル・ブランド・マネジメント

　ルイ・ヴィトンが日本に進出を決めたのは1970年代後半のことだった。このとき直営店は，フランスにしかなかった。しかも，パリとニースの2店舗だけだった。アメリカにはサックス・フィフス・アベニューとライセンス契約をして，製造から販売まで一任していた。

　こうした中，日本に1978年3月，5店舗（高島屋日本橋店，高島屋サンローゼ赤坂店，西武百貨店渋谷店，西武ピサ大阪ロイヤル店，アンロワイヤル阪急17番街店）をオープンして，同年9月には大阪高島屋に出店した。

　初年度は6店舗で，在庫切れという状態が続いたにもかかわらず，12億2,000万円の売上げを記録した。1店舗あたり20～30坪の広さで，月間平均売上げが2,300万円にも達した。

　1980年にはフランスの工場での生産量が増えたこともあって，6店舗で初年度の2倍以上の24億6,000万円という売上げとなった。2002年では，1店舗あたりの月間平均売上げが約2億6,000万円と，初年度の10倍以上である。この数値だけでも，いかに日本でルイ・ヴィトンブランドが支持され，根強いものであるかが分かる。

　こうした日本への進出では当初，①ディストリビューション契約，②マネジメント・サービス契約という2つの契約を基本とした。

　①ディストリビューション契約は，パリのルイ・ヴィトンと日本の販売店（百貨店・小売店）が直接，商品を取引するものである。日本の主な百貨店の支店がパリにあったので，その支店がルイ・ヴィトンの倉庫まで商品を受け取りに来るようにした。ルイ・ヴィトンは倉庫から商品を出荷するだけで，その後の日本への流通は百貨店が行った。

　②マネジメント・サービス契約は，ルイ・ヴィトンの日本支店と日本の販売店が結ぶものである。日本支店が日本でのブランドイメージの維持，商標の保護，宣伝・広告などを担うという内容のもので，本社は流通のみならず，こうした実際のマネジメントにもかかわらずに済んだ。

この手法は，フランス国内での取引の仕方と全く同じものだった。ただし，ブランドイメージの徹底のために，百貨店との契約書には次のようなことが盛り込まれた。

① 百貨店内のルイ・ヴィトンと合意した場所に，ルイ・ヴィトン仕様の店舗を百貨店側でつくる。
② 販売業務は，全て百貨店の従業員によってなされる。
③ 包装用など販売に関する全ての備品は，ルイ・ヴィトン指定のものを使用する。
④ 価格については，値崩れしないよう協力する。
⑤ 販売員は，ルイ・ヴィトン指定のユニフォームを着用する。
⑥ 宣伝はルイ・ヴィトンが行い，その費用は折半とする。
⑦ その他の宣伝は，百貨店の費用といえども事前の合意なしに行わない。
⑧ ルイ・ヴィトンの商品の販売はルイ・ヴィトンの店舗内のみで行い，店外催事，外商では行わない。
⑨ 商品の注文数に関しては，契約書に書かれたミニマムを同時にマキシマムとして，供給側は，それ以上の商品を提供する義務を持たない。

　このようにこだわったのは，ルイ・ヴィトンの名前だけでなく，ルイ・ヴィトンが提供する価値を正しく理解してもらうためだった。その理解を得てこそ，真の意味でブランドが構築されると，当時ルイ・ヴィトンジャパン（LVJ）のトップを勤めた秦郷次郎は見なしていた。
　秦は，リアル・ブランドの要件として，次の6つを挙げる。①長い歴史，②一貫した伝統，③独特の技術とノウハウ，④ブランド独自の考え方・哲学，⑤独自の美意識，⑥高品質と保証。これらの点が，ルイ・ヴィトンには備わっているということである。
　1981年，銀座の並木通りに直営店を開いたときには，ルイ・ヴィトンジャパンが直接，本社から商品を輸入して各店舗に供給するという形式に改まっ

た。上記2つの契約も一本化されて，ルイ・ヴィトンジャパンが在庫を持つという直営店の形式と変わった。

1982年には，それまでに開いていた6店舗もこの手法を採った。現在も，この形式は保たれている。こうした直接的な商品の流れは，リアル・ブランドであり続けるために必要なマネジメントである。

1980年代後半には，それまで百貨店の2階かそれ以上の階に出店していた店舗を1階に移すこと，いわゆる「囲われた店舗」（百貨店1階のラグジュアリー・ブランド店）に変えることがなされた。

1998年からは，パリ本店がマルソー通りからシャンゼリゼに移ったことから，グローバルストア（大型店舗）への移行が始まった。以後，2000年までに，ロンドンのニューボンドストリート，大阪・心斎橋，名古屋・栄，松屋銀座，表参道などで，グローバルストアが展開された。

2003年には，六本木ヒルズにもグローバルストアを開店するなど，世界で49店舗のグローバルストアが姿を見せた。グローバルストアに変わってから，1997年から2002年の5年間で，640億円も売上げが増加となった。

それ以前の1991年から1996年の5年間での売上げ増加分が220億円だったことから，グローバルストア（人目を引く立地展開）がルイ・ヴィトンブランドの宣伝効果を生んでいることが分かる。

このルイ・ヴィトンブランドは，日本で好調を続ける。海外ブランド日本法人の2004年度法人所得では，第1位がLVJグループ（364億円，前年度も1位）だった（帝国データバンク調べ）。

以下には，②エルメス（124億円），③ギャップ（108億円），④ナイキ（94億円），⑤アディダス（90億円），⑥ティファニー（60億円），⑦グッチグループ（46億円），⑧ロレックス（44億円），⑨リシュモン（43億円），⑩シャネル（41億円）と並ぶ。

ルイ・ヴィトンは創業以来，その長い歴史の中で一度もバーゲン（安売り）をしていない。ライセンス契約もほとんどしていない。それなのに，この圧倒的な地位にあるのは，やはり驚異的なことである。

堺屋太一によると，日本でルイ・ヴィトンが好評である理由の1つには，日本人の中流意識（中庸の妙，気軽なプライド）が関係しているという[10]。女性にとってルイ・ヴィトンを持ち歩くのは，プラダを持つ者よりも年上であるが，エルメスを持つにはまだ早い年代であると見なされる。

　つまり，プラダ＝10代からの若い女性向けブランド，ルイ・ヴィトン＝大学に入ってから持つもの，エルメス＝お金持ちの中年女性が使うものという認識である。このようにルイ・ヴィトンが，「プラダより上，エルメスの前」という位置で日本女性に受け止められているところが，中流意識を大いに刺激しているというわけである。

　また，アメリカやヨーロッパと比べて，日本の消費者の贅沢品（luxury）の捉え方が異なっているという興味深い調査結果がある[11]。西洋で贅沢品とは，「特に優れている」（exceptional），「稀少である」（rare）ということを示す一方で日本では，「巧妙である」（artful），すなわち，ほとんど芸術作品であることが贅沢品には求められる。

　これらの点（中流意識であること，芸術作品を求めること）を，日本でルイ・ヴィトンが高い支持を受けている理由とするのは説得的であろう。

<ルイ・ヴィトン出店小史>

1978年	日本に6店舗オープン
1981年	銀座・並木通りに直営店オープン
1980年代後半	百貨店内の店舗を1階に移し，「囲われた店舗」とする
1998年～2000年	パリ本店をシャンゼリゼに移し，グローバルストア化へ ロンドン・ニューボンドストリート，大阪・心斎橋，名古屋・栄，松屋銀座，表参道においてグローバルストア展開
2003年	六本木ヒルズにグローバルストア・オープン

3．高級車ブランド[12]

■ プレミアムとは？

　ここで改めて、高級品というものについて考えてみたい。誰よりも職人にとって、高級品は自分自身を定義することにつながる。エルメスのジャン＝ルイ・デュマ社長は、そうした高級品の概念が、流れる時間と深く結び付いていると捉える[13]。

　例えば、インドの若い娘が着る金糸の刺繍が施されたサリーには、10世代にわたって母から娘へと伝わってきたものがある。高級品とは、そのようなものだというのである。その意味でジャン＝ルイ・デュマは、「高級品とは、自分自身よりも長く続くものである」と見なす。

　これにならうと、例えばファッションブランドにおいて、創業者がすでに亡くなっているのに、その名前のブランドがまだ市場で支持を受ける状態にあると、それは高級品ということになる。

　では、クルマのブランドについてはどうか。クルマは、その会社のイメージ（コーポレートブランド）と、商品のイメージ（プロダクトブランド）の双方が作用し合う。

　そうしたクルマのブランドは、メルセデス・ベンツ、BMW[14]、アウディ、ロールスロイス、ジャガー、ボルボ、キャデラック、リンカーンなどの高級ブランドと、VW[15]、クライスラー、オペルなどの大衆ブランドに大別できる[16]。

　かつて行われたフォードによるジャガーやボルボなどの買収は、高級ブランドという無形資産への関心が自動車メーカーにおいて高まっていることを示す。ここでの高級（luxury or premium）の決め手になるのは、値段は高くなるが、それに見合う価値（品質、スタイル、操作性、安全性、頑丈さといったもの中での幾つか）が、ちゃんと約束されることである。

　プレミアムという点から考えれば、単に「もの」を売るのか、それとも経

<クルマブランドの2タイプ>

大衆ブランド
　クルマは「もの」（移動手段）として見なされ，
　手頃な値段や燃費効率などのコスト面が重視される

⇔

高級ブランド
　クルマは「ものごと」（イベントのアイテム）として捉えられ，
　高品質，スタイル，頑丈さなどの価値が重視される

験価値までを含めて「ものごと」として売るのかが分かれ目となる。これについては，モーター・ジャーナリストのボブ・スリーヴァが，寿司を例えにして分かりやすく示している[17]。

つまり回転寿司で普通のネタを提供するのはディスカウント・ブランド，回転寿司で良いネタを提供するのはバリュー・ブランド，高級な寿司屋の雰囲気も提供するのがプレミアム・ブランドという解釈である。こうして捉えると，一口にブランドと言っても，特にプレミアム・ブランドには，他とは違う決定的な何かが宿っているということになる。

プレミアム・ブランドが成功するためには，次の5つを達成する必要がある[18]。①革新的で魅力的なプレミアム・ブランドを発展・促進する，②産業内での有能な人材を継続的に雇う，③需要を下回る限定生産をする，④最良のサプライヤーとの協同関係を密にする，⑤柔軟でコスト効率の良い生産を行う。

■ 高性能ブランド―BMW

以上のような成功要因を満たすプレミアム・ブランドにBMWがある[19]。BMWの車種はいずれも，「信頼性」（authenticity）と「地に足の着いた確実さ」(a sure-footedness)を持つ。どのBMWの製品も信頼できるのはBMWが，「自分が何者であるのか」を理解しているからである。

BMWが自らをどのように理解しているのかは，同社トップのヘルムート・パンケの「BMWが性能の高い製品をつくるのは，BMWが性能の高い組織だからである」（BMW builds high-performance products because BMW is a high-performance organization）という言葉に凝縮される。

　BMWは1960年代までは，航空機用エンジンやオートバイを主力商品としていた。BMWの青と白と黒のロゴは，会社のルーツである「バイエルンの青空を飛ぶ飛行機のプロペラ」をイメージしたものである。

　1960年代以降，BMWは技術とデザインを滑らかに，クルマという製品と融合させることで，今日のブランドを築いた。とにかく運転していて楽しいと思えるクルマだけを一貫してつくり続けてきた。

　そこには，メルセデス・ベンツへの対抗心も確かにあった。例えばドイツで成功したビジネスマンが，それを周りに示したいならメルセデス・ベンツに乗る。しかし成功はしたが，別に自慢する必要はないという場合にはBMWに乗るという間合いの取り方だった。

　これをBMWは，「気取りのない上質」（unpretentious exclusivity）と呼んだ。それは次第に，「ニュー・クラス」という捉え方へと変わった。ニュー・クラスは特に1960年代後半，BMWを支持した。30歳以下の若者たちが，自分のブランドとしてBMWを受け入れたのである。ちょうど彼らの親の世代が，メルセデス・ベンツをブランドとしていたことと対称をなした。

　1960年代，まだアメリカ市場でBMWは，「通」（in the know）の乗り物という扱いだった。メルセデス・ベンツやポルシェは誰でも所有できた一方で，BMWは流行好きの者からも，「シック」（chic）だと見なされていた。

　しかし次第にアメリカでもBMWは浸透していき，1979年には世界総売上台数35万台のうち3万5,000台，つまり1割をアメリカで売上げた。この時期にはドイツのみならずアメリカでも，「究極のドライビングマシン」（The Ultimate Driving Machine）[20]という言葉が定着していた。

　ヨーロッパでも，「フロイデ・アム・ファーレン」（Freude am Fahren），「完璧な走りの歓び」（Sheer Driving Pleasure）といった表現で展開された。このときのBMWの社長，フォン・キュンハイムは自社製品を「走りに完璧な歓びを求める人の欲望を満たす高速・高性能のクルマ」と見なした。

　こうしたクルマづくりが可能だったのは，1970年代から1980年代にかけて

のBMWが,「なすべきことが明確な方針として示されていたから,社員が一丸となって働くことができた」ことによるものだった。これは当時の製造担当役員,ヴォルフガング・ライツレの言葉である。

1970年代にBMWは,開発費のほとんどを健全なキャッシュ・フローからまかない,負債を増やさなかった。

また2000年ではGMやフォード,ダイムラー・クライスラー,VWよりも売上げは低かったものの,それらの企業の2倍以上の利益を上げた。この年の営業利益率9.9%というのは,ポルシェに次いで高いものだった。

製造コストも1999年では売上高の84%を占めていたが,2002年では75%にまで落とした。同時期では販売・管理費も売上高の14%から10%にまで絞り込んだ。このようにBMWは,「成長回廊」(growth corridor) を着実に渡って,スマートな成長を遂げている企業だと言える[21]。

2002年と2003年ではアメリカでの売上高が,メルセデス・ベンツを上回った。2005年1〜9月の間では,アメリカでBMWは19万3,631台売れた[22]。そのとき,メルセデス・ベンツは15万6,379台,アウディは5万9,656台という販売実績だっただけにBMWのアメリカでのブランドパワーは比較的強い。

この差は「性能の高い組織」が「性能の高い製品」をつくっていることから導き出されている。

<ドイツにおける2車の支持層>

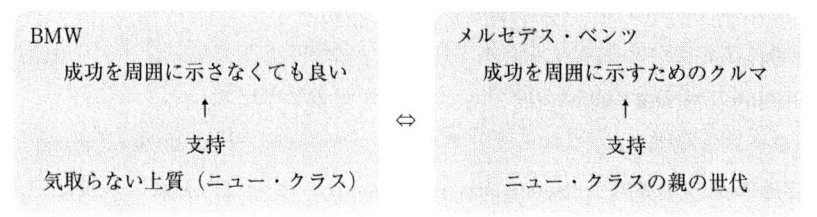

BMW		メルセデス・ベンツ
成功を周囲に示さなくても良い		成功を周囲に示すためのクルマ
↑	⇔	↑
支持		支持
気取らない上質(ニュー・クラス)		ニュー・クラスの親の世代

第3章　国際ビジネスとブランド―差異化戦略―

■ 品質すなわちレクサス[23]

　改めて考えたい。人々はブランドをなぜ求めるのか。例えば前掲したライツレは，ヴェブレンの「誇示的浪費」（conspicuous consumption）という用語を支持する。「高級な商品を消費することは富の証明であって，栄誉ある行為となる。逆に当然の量と質を消費できないなら，劣等性と欠点の証明になる」とヴェブレンは述べている。

　したがって下層階級は，上流階級に手を伸ばそうとする。上流階級の存在が，下層階級にとっての見本や目的となるのである。高級車を求める理由に「安全であるから」と同時に，そうした心理（誇示的浪費）が少なからずあるのも確かである。

　日本では，この心理に基づき，どのようなクルマが売れているか。2005年，日本の輸入車市場において，乗用車新車販売のブランド別首位はVW（約5万3,000台，前年比3.5％減）で，2位がメルセデス・ベンツ（約4万6,000台，同4.0％増），3位がBMW（約4万5,000台，同16.2％増）と並んだ。とりわけドイツの高級車が支持されている。

　2005年の外国メーカー車の国内販売台数全体も，24万8,993台と4年振りに前年を上回るほど好調である（日本自動車輸入組合調べ）。翌2006年でもVWは5万4,384台（前年比1.8％増）を売上げ，首位を7年連続で保った。

　2位もメルセデス・ベンツ（4万9,681台，同8.4％増），3位もBMW（4万9,014台，同9.0％増）と堅実な位置を占める。以下にはアウディ，ボルボ，プジョーなどの外国車が日本での人気を集める。

　また，日本メーカーのもので高級車（luxury car）のカテゴリーに入るのは，レクサス（トヨタ），アキュラ（ホンダ），インフィニティ（日産）のクラスである。

　JDパワー・アンド・アソシエーツ（アメリカの調査会社）による「2004年・自動車品質調査」で，18部門中7部門のトップに，また翌2005年には10部門のトップに立ったのはトヨタだった。この年（2005年）のブランド別で

は，レクサスがトップであった。

　また，2002年に JD パワー・アンド・アソシエーツが初めてドイツで行った調査でも，地元の強力なドイツブランド車を抑えて，レクサスが1番の支持を得た。レクサスは，「完全への飽くなき追求」（The Relentless Pursuit of Perfection）をスローガンに，トヨタがトヨタの名前を表に出さずに，アメリカで1989年に発売した高級車である。

　トヨタとして初めて，「ワールドクラス・カー」（同クラスのライバルから比較対象とされるクルマ）を狙ったものでもあった。レクサスの発売前（1986年）のアメリカ市場では1,500万台のクルマが売れていた。そのうち高級車は92万5,000台だった。最も売れていたのは，キャデラックで30万台以上が販売された。その次はリンカーンで，この2車で高級車市場の55％を占めた。

　ただし，いずれも3万ドルを超えない価格のものだった。その他ではメルセデス・ベンツが9万3,000台，BMW が9万2,000台を販売した。この2車の販売合計18万5,000台のうち，3万ドルを超える4ドア・セダンは8万5,000台しかなかった。それ以外ではジャガー，アウディ，サーブ，ベントレー，ロールスロイスなどで市場シェアは占められていた。

　レクサスは，こうした市場参入に名乗りを挙げた。アメリカは高級車メーカーにとって，「豊饒の地」（the land of milk and honey）とも呼ばれるほど重要な市場である。

　レクサス事業部ゼネラルマネジャーを勤めた J. デイビス・イリングワース Jr. は，この豊饒の地での攻略法として，①3万ドル以上の高級4ドア・セダン市場を自ら拡大していく，②メルセデス・ベンツや BMW といった，すでに確立されたブランドの顧客の半分以上を奪い取る。この2つのどちらかは必要だと見ていた[24]。

　ターゲットとしたのは，「ブルジョア・ボヘミアン」（bourgeois bohemians）略して，「ボボズ」（Bobos）と呼ばれる人々だった[25]。ボボズは，「高度な教育を受けていて，片足は創造性を追求するボヘミアン的世界に置き，もう片足を野心と世俗的成功というブルジョア的領域に置く人々」のことで，

平たく言うと,「にわか長者」(nouveau riche) であった[26]。

実際,アメリカ市場に投入されたレクサスは,メルセデス・ベンツやBMWをすぐさましのぐほどの勢いだった。発売イヤーの1989年9月～12月の間には,1万6,233台のレクサスが売れた。通年販売で初年となる1990年には,6万3,534台を販売した。

これには,一部の顧客がレクサスの「アドヴォケイト」(Advocate：自分は顧客の立場であるのに,積極的に周囲へと宣伝する人)となったことも大きかった。

一方で日産のインフィニティは,このとき2万3,960台であって,以来インフィニティはレクサスを追い越せないでいる。1991年にJDパワー・アンド・アソシエーツは,①顧客満足度,②初期品質,③セールス満足度という品質の三冠王にレクサスを位置付けた。

こうしたレクサスに,メルセデス・ベンツは1990年代半ばに製品改良で対抗した。ウォールストリート・ジャーナルは,メルセデス・ベンツ,BMW,ジャガーがレクサスから2つの重要な教訓を学び,反撃したと伝えた。それは,価格を低く抑えることと品質を向上させることだった[27]。1995年には再びメルセデス・ベンツが,輸入高級車のベストセラーの座に返り咲いた。

それに対して,レクサスはSUV(スポーツ・ユーティリティ・ビークル)を始めとしたラインナップの拡大(新型車の連続投入)をすることで1998年にメルセデス・ベンツから,その座をまた奪い返した。

この1998年にレクサスは,ホンダ・アキュラのフランチャイズの年間販売台数も上回った。さらに1998年は,レクサスが高級車全体におけるベストセラーブランドとなった年でもあった。

以後,アメリカのクルマ市場における高級車のシェア自体が1990年半ばの8％から2003年には11％へと上昇するとともに,そこにおけるレクサスのシェアも1998年の1.5％から2003年では14％へと大躍進を遂げた。

実数で見ると1989年,アメリカで111万台の販売台数だった高級車が2003年には190万台へと増えていた。その一方で,アメリカ製高級車(キャデ

<レクサス小史>

1989年9月～12月	1万6,233台販売
1990年	6万3,534台販売（インフィニティ2万3,960台販売）
1991年	顧客満足度・初期品質・セールス満足度の三冠王獲得
1995年	品質向上によるメルセデス・ベンツの巻き返し
1998年	ラインナップ拡大によるレクサスの首位奪取 高級車全体におけるベストセラーブランドとなる
2000年	22万3,983台販売（アキュラ17万469台，インフィニティ7万1,365台販売）

ラック，リンカーン）の自国での販売量が1989年の46万5,844台から2001年には28万9,422台に落ち込んだ。

2000年では，レクサスのアメリカでの販売台数が22万3,983台，アキュラが17万469台，インフィニティが7万1,365台だった[28]。こうした数字にレクサスブランドが，いかに強力なものかを見て取れる。

■ 個性で市場に位置付く

2005年，韓国の輸入車登録台数でレクサスが初めて1位になった。BMWの5,786台（前年比5.0％増），メルセデス・ベンツの4,012台（同25.8％増）を上回って，レクサスは5,840台（同8.9％増）を記録した。

翌2006年でもレクサスは6,581台（同12.7％増）を販売して，2年連続で首位を保った。この年は，韓国での全体の輸入車販売台数が4万530台（同31.2％増）と好調で，その中でレクサスが大きな支持を集めた。

アメリカや韓国に見るように，なぜレクサスは国際的に成功したのだろうか。レクサスは，"The best overall quality"という価値を顧客に提案する。

そのレクサスの成功理由には，「初めから品質をコンセプトの基本にした」，「そのコンセプトを伝えることでブランドになった」，「新しく築いたディーラーネットワークが買い手を楽しませるような経験を与えた」，「徹底した完璧主義がレクサスブランドの代名詞になって，それが時を越えた普遍的な

メッセージとなった」といったことが挙がる。

　ただし，確かに品質の点では秀でてはいるものの，「究極のドライビングマシン」としてハンドルさばきやエンジン効率で違いを見せるBMWや，乗り心地や贅沢さに重きを置くメルセデス・ベンツ，他にはないスタイリングを強調するジャガー，クラッシュ・テストのCMを通じて耐久性（長持ちすること）を売りにするボルボなどと比べるとレクサスは，個性（personality）を打ち出す点で弱さが残る。

　これについて松本謙悟レクサスデザイン部長は，「レクサスが大変な成功を収めてきたのは，デザインにどぎつさがないからだ。しかし裏返して言えば，ビジュアル面での魅力が足りないということでもある」と見なす[29]。2005年夏から日本で発売されたレクサスの販売が伸び悩んでいる理由の1つには，この裏返しの部分（魅力の欠如）がある。

　レクサスの国内販売実績は2006年1〜6月で1万1,486台だった（自社発表）。販売不振を受け，レクサスの3車種は発売開始から1年満たない2006年7月に一部改良された。通常ならトヨタは発売2年目に一部改良，4年目に全面改良という商品戦略を採るが，異例に早めの改良（ドアロックと連動してドアミラーを格納するなど）をすることで，個性を追求した。

　個性を出すことは，各社の戦略的ポジショニングとなる部分である。個性とは，例えばハーレーダビッドソンやティファニーなどが強く持っている。

　オフィシャル・ファンクラブ，HOG（ハーレー・オーナーズ・グループ）を持つハーレーダビッドソンのバイクに乗ることでライダーは，「自分が何者であるのか」（Who I am）を感じることができる。その点で，ハーレーのバイクは単なる移動手段以上のものを人々に提供する存在となっている。

　また，ティファニーのコーポレートカラーであるダーク・ブルーは，イタリア・ルネッサンスの時期に発見された色で，塗装工にとっては仕上げるのが難しく，コストもかかる色である。

　そうしたティファニー・ブルーの箱に入って，シルクのリボンがかかった包装を解くことは，例えばチョコレートなどの包装紙を開けることよりも意

<レクサスの個性追求>

品質 ←少ない― 魅力 ―大きい→ 個性

レクサス　　　　　　　　　　BMW，メルセデス・ベンツ，ジャガー，ボルボ
↓　　　　　　　　　　　　　／ハーレーダビッドソン，ティファニーなど
早期改良　→　個性追求へ

味深い行為である。さらに，その箱の中に入っているティファニーの装飾品を身に付けることは，露店などで購入したアクセサリーを身に付けることと意味合いが全く異なる。

4．さらなる差異化へ

■キャラクターブランド[30]

　本章のテーマであるブランドについて，付け加えて触れておくと，キャラクター商品もブランドパワーの強いものである。ミッキーマウス，スヌーピー，ハローキティなどは，国際ビジネスで成功しているキャラクターブランドの代表格である。

　2005年，日本でのキャラクター商品販売額では，くまのプーさんが4年連続で首位（市場占有率6.72％）となった。以下にハローキティ（6.09％），ミッキーマウス（5.06％），それいけ！アンパンマン（4.89％），ポケットモンスター（4.05％）という並びとなる（キャラクター・データバンク調べ）。

　この中でハローキティは特異である。ミッキーマウス，あるいはスヌーピーには，映画やコミックといったストーリー性がある一方，キティにはそうしたストーリー設定がなかったまま浸透したという点で他と異なる。

　キティは1974年，サンリオ[31]のデザイナーによって作られた。設定では，出生地はロンドン，体重はリンゴ3個分，趣味は森で遊ぶこと，ピアノを弾くこと，パンを焼くこととされている。これ以外の主な設定はなく，デザインも「丸顔で口なし」という極端に要素が削り落とされた，ミニマルアートのキャラクターである。

第3章　国際ビジネスとブランド―差異化戦略―

<キャラクターグッズ比較>

| ハローキティ
ストーリー性なし
グッズ
↓
子どもどうしの贈り物に使用 | ⇔ | ミッキーマウス、スヌーピー
ストーリー性あり
グッズ
↓
テーマパークのお土産として購入 |

　キティの付いたキャラクターグッズ（文房具など）の単価は安い。これによって，子どもどうしなら贈り物をし合い，友情を深めることができる。キティが子どもたちのソーシャル・コミュニケーションを促す重要なツールとなっているのである。

　それだけでなく，キティは企業広告にも使われる。2006年4月から三菱自動車は日本国内での広告や販売促進で，キティを用いた。キティのイラスト入りのポスターを作ったり，販売店でキティグッズを配ったりすることで，企業イメージを高めようとする狙いである。キティによって，企業と顧客とのコミュニケーションが促されている。

■ 広告・宣伝の新たな手法

　ナイキやシェルのロゴマークは，いまや社名の表記を伴わなくても通じるほどである[32]。ブランドの強さを図るには，こうした認知度の度合いが1つの目安となる。

　ブランドの認知度を高めるための重要な手法として広告がある。いまや広告は人々の感情に直接，訴えかけるものでないとならない。

　例えばGMは1990年代初頭，クッキーや石鹸のマーケティングを行ってきた人々をマーケティングの担当に置いたことで，アメリカのユーザーとクルマとのつながりへの深い理解を欠いた広告キャンペーンを展開してしまった[33]。感情への訴求が，これからの国際ビジネスで大事になることは間違いない。

　広告の一般的な手法としてAIDMA（アイドマ）というものがある。これ

は，①attention（awareness）：商品に注目させる（商品の知名度を高める），②interest：商品に関心を持たせる，③desire：商品を欲しいと思わせる，④memory：商品を記憶させる，⑤action：商品を買う行為を起こさせるという5つの頭文字を取ったものである[34]。

コカ・コーラやマールボロといった種類の商品（嗜好品）は，これまで30秒のテレビコマーシャルをブランド形成のための主な媒体としてきた。これは主に attention（awareness）の段階の広告である。いまでは，この段階の広告，つまりテレビコマーシャル（トラディショナル・アドバタイジング）を使う会社は少なくなっている。

例えば2005年7月，インターブランド社が発表したトップ・ブランド100にランクインしたグーグル（38位），eBay（55位），ヤフー（58位），アマゾン・ドットコム（68位）などは，主にウェブ（インターネット）を通じてブランドを形成する。オンライン・アドバタイジングと呼ばれる手法である。

また，ハーレーダビッドソン（46位）やスターバックス（99位）といった経験価値を与える商品を取扱うところは，テレビコマーシャルよりも雑誌媒体や店舗自体を通じて，自社商品を顧客の想像力や感情に関連付けて訴えかけるプロモーションを行う。

一方，ソニー（28位）やナイキ（30位）は独自のショールームを持っている。これは，自社商品を一括して一所で見せることで，自社について語るというライブ・イベント型のブランド形成である。

ルイ・ヴィトン（18位），グッチ（49位），シャネル（65位），ティファニー（81位），エルメス（82位），カルティエ（89位），プラダ（93位），ブルガリ（94位），アルマーニ（95位）といった百貨店1階に店舗を置くようなラグジュアリー・ブランドも，ライブ・イベント型に近い手法でブランド形成をしている。

これらに共通していることは，実際に商品に触れることのできる場（タッチポイント）に顧客を誘導して，そこでAIDMAを一括して行える広告をしていることである。実際に店舗やショールームを持たないオンラインのと

第3章　国際ビジネスとブランド―差異化戦略―

<ブランド形成パターン>

①	オンライン・アドバタイジング　＝　ウェブを通じたブランド形成	
	グーグル，eBay，ヤフー，アマゾン・ドットコム	
②	経験価値マーケティング　＝　テレビコマーシャルを行わないブランド形成	
	ハーレーダビッドソン，スターバックス	
③	ショールームブランディング　＝　ライブ・イベントによるブランド形成	
	ソニー，ナイキ	
③′	ラグジュアリーブランディング　＝　ライブ・イベントによるブランド形成	
	ルイ・ヴィトン，グッチ，シャネル，ティファニー，エルメス，カルティエ，プラダ，ブルガリ，アルマーニ	

ころは，自社サイトがタッチポイントになる。

　他にも，①会員カードを作っているところが携帯電話やパソコンに自社情報のダイレクトメールを送る，②自社のケータイ・サイト（モバイル・サイト）にアクセスしてもらう，③家電メーカーが映画のスポンサーになる（ソニーの『スパイダーマン』やサムスンの『ファンタスティック・フォー』など），④音楽を取扱う（スターバックスのミュージック・ディストリビューションなど）といったことも，新しい手法でのブランド形成である。

　実際，コカ・コーラやマクドナルドといった老舗ブランドのテレビコマーシャルへの投資は減ってきている。特にマクドナルドは2001～2005年にかけて，全宣伝費の80％をかけていたテレビコマーシャルへの予算を50％にまで減らした[35]。国際ビジネスにおけるブランド形成方法は現在，ターニング・ポイントを迎えている。これも関心を引かれるトピックスである。

注

1）　Vaid, H., *Branding*, Watson-Guptill, 2003, p. 8.
2）　Doyle, P., *Marketing Management and Strategy*, 3rd Edition, Prentice Hall, 2002, p. 196.
3）　オメガブランドの象徴的商品には，NASAの公認クロノグラフ（ストップウォッチ機能を持つ時計）となって，アポロ11号とともに月面に降り立った唯

81

一の時計「スピードマスター」などがある（磯山友幸『ブランド王国スイスの秘密』日経BP社，2006年，26ページ）。

4）スウォッチは，精密機械ではなくファッションとしての時計を低価格で販売する。正確さを売りにはせず，アクセサリーとして様々なデザインを楽しむというコレクターズアイテムとして差異化がなされている。このスウォッチはスウォッチ・グループの基礎セグメントに置かれ，その最高級セグメントにはオメガが位置付く。スウォッチ・グループは他にもスイスの有名老舗ブランド（小規模時計メーカー）を幾つか傘下に治める。

5）Aaker, D. A., *Strategic Market Management*, 7th Edition, John Wiley & Sons, 2005, p. 228.

6）堺屋太一『ブランドと百円ショップ―知恵働きの時代』朝日新聞社，2005年，280ページ。

7）ここでは，ベルナール・アルノー，イヴ・メサロヴィッチ著，LVMHモエヘネシー・ルイ・ヴィトン・ジャパン（株）協力，杉美春訳『ベルナール・アルノー，語る』日経BP社，2003年。／秦郷次郎『私的ブランド論』日本経済新聞社，2003年を参考にしている。

8）1987年，ルイ・ヴィトンとモエ ヘネシーが合併して，LVMHが誕生した。LVMHグループには，モエ・エ・シャンドン（シャンパン），ドン・ペリニヨン（シャンパン），ヘネシー（酒類），ルイ・ヴィトン・マルティエ（旅行鞄およびその他関連商品など），クリスチャン・ディオール（プレタポルテなど），ケンゾー・クチュール（紳士・婦人服など），フェンディ（コート，スカートなど），タグ・ホイヤー（時計）などがある。ワインスピリッツ（酒類），ファッション・レザーグッズ（ファッション・皮革製品），フレグランス・コスメティックス（香水・化粧品），ウォッチ・ジュエリー（時計・宝飾品），セレクティブリーテイリング（各種小売）などの分野で多種ブランドが揃っている。こうしたグループは，グループの中で安定している中核ブランドからの利益を「発展途上のブランド」に投資する形で形成されてきた。ユニクロを展開するファーストリテイリングが2005年12月に，アメリカのブランドを買収して主要事業に育てるという意向を示したことも，この手法（ブランド育成型投資）に近い。

9）Kapferer, J.-N., "The Two Business Cultures of Luxury Brands," Edited by J. E. Schroeder and M. Salzer-Morling, *Brand Culture*, Routledge, 2006, pp. 71-72.

10) 堺屋太一・東京大学堺屋ゼミ室『どうして売れるルイ・ヴィトン』講談社，2004年，26〜29ページ。
11) Kapferer, J.-N., *op. cit*, 2006, p. 70.
12) ここでは Aaker, D. A. *op. cit*. 2005.／Kiley, D., *Driven : Inside BMW, the Most Admired Car Company in the World*, John Wiley & Sons, 2004.／嶋田洋一訳『BMW物語――「駆け抜ける歓び」を極めたドライビング・カンパニーの軌跡』アスペクト，2005年を参考にしている。
13) ステファヌ・マルシャン著／大西愛子訳『高級ブランド戦争――ヴィトンとグッチの華麗なる戦い』駿台曜曜社，2002年，99ページ。
14) BMW は Bayerische Motoren Werke（バイエリッシュ・モトーレン・ヴェルケ），つまりミュンヘン地方バイエルンの発動機製作所（エンジン工場）の略である。
15) VW（Volkswagen）は国民車という意味である。社名には，説明的なものと抽象的なものがある。VW やブリティッシュ・エアウェイズ，アメリカン・エアラインズといった航空会社などは説明的な名前である。一方，コダックやスターバックス，ナイキなどは抽象的な名前である（Vaid, H., *op. cit*, 2003, pp. 25-27）。
16) 確かに VW は大衆ブランドという括りで，日本では「ゴルフ」や「ポロ」など小型車が9割を占めるが，最近では高級志向にもなっている。小型車中心路線からの変化として，2006年2月に高級小型車「新型ジェッタ」（セダン，289万〜359万円）を BMW 3 シリーズ（397万円〜）や，ベンツ C クラス（399万円〜）と競い合う車種として登場させた。このとき，フォルクスワーゲングループジャパンの梅野勉社長は，「レクサスの日本上陸が輸入車の価値を高めることになっている。これは我々にとって追い風になっている」と語った。また，2006年4月には中型車「新型パサート」（セダンとワゴン，319万〜439万円）を発売した。BMW 3 シリーズやベンツ C クラスより数十万安いという価格戦略を採る。
17) ボブ・スリーヴァ『「レクサス」が一番になった理由』小学館，2004年，64ページ。
18) Rosengarten, P. G. and C. B. Stuermer, *Premium Power : The Secret of Success of Mercedes-Benz, BMW, Porsche and Audi*, Palgrave, 2006, p. 137.
19) 同上書では，BMW の他にもメルセデス・ベンツ，ポルシェ，アウディと

いったドイツのプレミアムカーに共通の成功要因であるとされる。
20) このコピーは1970年代中頃に，アメリカの広告代理店が作ったもので，いままで変更なしで，世界各国で使われ続けている。
21) "growth corridor" と "smart growth" の用語については Raisch, S. and G. von Krogh, "Navigating a Path to Smart Growth," *MIT Sloan Management Review*, Spring 2007, pp. 65-72. を参考にしている。
22) Chon, G., "Revamped Audi Has a Big Goal: Matching BMW's U. S. Sales," *The Wall Street Journal*, October 7, 2005, B1.
23) ここでは Dawson, Ⅲ, C. C., *LEXUS : The Relentless Pursuit*, John Wiley & Sons (Asia) Pte, 2004./鬼澤忍訳『レクサス』東洋経済新報社，2005年を参考にしている。
24) J. デイビス・イリングワース Jr. は1987年，「レクサス契約」(The Lexus Covenant) という，顧客を第一とする哲学を成文化した。以下がその文書である。「レクサスは世界でも最も競争の激しい，そして威信ある自動車レースに参入します。50年を越えるトヨタの自動車製造はレクサス車の創造により絶頂点に達しています。レクサス車は自動車業界の歴史上，最高の車となります。レクサスはこのレースに勝ちます。なぜならレクサスは基本から正しくやり遂げるからです。また，レクサスは業界で最もすぐれた販売網を築き上げます。レクサスはお客様を自宅へご招待する時のようにお客様1人1人に接します。レクサスは最高の可能性を追求し続けていきます。私たちは自信をもって，目的を完遂いたします」。
25) ボボズの名付け親は，ニューヨークタイムズのコラムニスト兼作家のデイビッド・ブルックスである。トヨタ自らはボボズを「レクサス・バイヤー」とも呼ぶ。
26) ビル・ゲイツも販売後すぐにレクサス・バイヤーとなった。
27) Warner, F., "Lexus, Sales Skidding 10%, Hopes Campaign Can Retool Its Identity," *The Wall Street Journal*, November 11, 1994, B4.
28) 2000年に生まれた353人の女児が「レクサス」と名付けられたとされる（米国社会保障庁調べ）。高級ブランド名が人名にこれほど多く付けられるのはレクサスだけである（Kang, S., "Naming the Baby : Parents Brand Their Tot with What's Hot," *The Wall Street Journal*, December 26, 2003, B1.）。
29) Dawson, C., "Wanted : Toyotas That Say 'Toyota'," *Business Week*（*Asian Edi-*

tion), February 16, 2004, p. 48.
30) ここでは，Belson, K. and B. Bremner, *Hello Kitty : The Remarkable Story of Sanrio and the Billion Dollar Feline Phenomenon*, John Wiley & Sons, 2004.／酒井泰介訳『巨額を稼ぎ出すハローキティの生態』東洋経済新報社，2004年を参考にしている。
31) サンリオは，スペイン語で「聖なる河」を意味する。当時の辻信太郎社長は，世界三大文明（チグリス・ユーフラテス文明，エジプト文明，黄河文明）が大河のほとりで生まれているということも踏まえて，社名を考案した。
32) 1901年にできたシェルの最初のロゴはムール貝であったが，1904年からホタテ貝になった。1971年にレイモンド・ローウィがデザインしたものが現在のヴァージョンになっている。1999年には"Shell"の表記がなくなった。
33) Kiley, D., *op. cit*, 2004, p. 23.／前掲訳書，2005年，39ページ。
34) 信田和宏『勝てる！マーケティング　知価時代のブランド戦略』NTT出版，2002年，101〜104ページ。
35) Berner, R. and D. Kiley, "Global Brands," *Business Week*, September 5/12, 2005, p. 59.

第4章

ヴァージン
―非関連多角化での国際ビジネス―

1．リチャード・ブランソンの企業家精神[1]

■ ゆるい結合の組織

「宇宙旅行が特権階級だけのものでなくなる」。

これは2004年9月，ヴァージン・グループのリチャード・ブランソン代表が，2007年までに商用宇宙旅行を実現する意向であることを公にしたときの言葉である。この宇宙旅行は，米モハベ・エアロスペース・ベンチャーズの技術を用いて5機の宇宙船を作って，高度10万メートル以上の上空で無重力体験などを行うというものである[2]。

ブランソンにとって，こうした大胆な事業でさえ，それまで行い続けてきた挑戦という行為の流れの中での1つに過ぎない。

これまでに彼は，雑誌の刊行に始まって，音楽，出版，航空，鉄道，テレビ，ラジオ，映画・映画館，ソフトドリンク，個人向け金融サービス，さらにはナイトクラブ，アパレル，不動産，旅行代理店，ホテル，インターネット・サービス，婚礼，化粧品など，枚挙に暇がないほど多様なビジネスを，ヴァージンという企業の名の元で手がけてきた。

これらの事業の多くは，全く関連性のない分野どうしである。その組織の形は，自動車製造の企業間（ピラミッド構造）に見られるような相互依存性が高く，効率の良さを求める「密接な結合の組織」ではない。ヴァージンの組織は，どちらかと言えば，「ゆるい結合の組織」である。

<ヴァージンの組織体>

密接な結合の組織		ゆるい結合の組織	
相互依存度が高い ←┐		┌→ 事業的冒険をしやすい	
競争優位活用型	⇔	競争優位探索型	
例：自動車製造の企業間		例：ヴァージン・グループ	

　また，企業は競争優位を得るために通常，次の2つのどちらかを行う。1つは，いま持っている優位性を深めること，つまり，すでに行っていることをより良く行うのである。いま1つは，新しい優位性を求めること，つまり，いま行っていることとは違うことを行うのである。

　これは，競争優位性を「活用する企業」と「探索する企業」にタイプが分かれることを意味する[3]。競争優位性の活用は特に「密接な結合の組織」を持つ企業が，競争優位性の模索は特に「ゆるい結合の組織」を持つ企業が追求する。

　こう見るとヴァージンは，「ゆるい結合の組織」のもと，どんどん多角化していき，他の事業部門への影響をあまり考えることなく，常に事業的冒険ができるタイプの企業であるということになる。ヴァージンは，ベンチャー・ビジネスを絶えず始められる組織体で構成されているのである。

■ グローバル・ブランドへの途上

　ヴァージンの数多の事業は，ほとんどブランソンの旺盛な好奇心から始められた。それも既存の会社を買収して事業を行うのではなく，とにかく一から事業を始め，育て上げてきた。事業も外部から経験豊富な人材を招き入れるのではなく，初心者に任せた。彼にとっては，どの事業も単に電話を取って仕事を進めるだけのことだった。

　ブランソンは，公式の役員会議を開かない代わりに，自分のプライベートの電話番号を全社員に公表している。誰かが新規事業についての優れたアイデアや，既存事業の改善点への意見を持っていると，それをブランソンに電

話で直接，伝えることができる。

　その電話が，どのような職位の者からであるかは全く問わない。新しいビジネスのアイデアが，①顧客に対して価値がある，②競合他社より利益が出る見込みがあるものならば，彼はゴーサインを出して，その製品やサービスをヴァージンという名のもと（ヴァージン・アンブレラ）に入れる。

　また，提案される既存事業の改善点が鋭いものなら，その意見をすぐに取り入れる。ヴァージン・ビジネスは，その繰り返し，その積み重ねで成り立っているのである[4]。このことは，ヴァージン・グループのどの社員にも，意思決定権が委ねられていて，楽しんで働ける環境であることを意味している。

　実際にブランソンは，「好きなように事に当たりなさい。もしあなたの仕事と趣味とが同じならば，やる気が出るだろうから，長時間でも働くことができるでしょう」という[5]。

　そこには，「ビジネスとは要するに人をどうするかである。適任者をどこから見つけてくるか，従業員にどうやってやる気を出させるか」というブランソンの経営哲学を垣間見ることができる。

　彼は年に一度，スタッフ全員が集うパーティを開く。ヴァージン・グループには約7万人もの人が働いているので，パーティは実に6日間にわたって開かれる。その間，彼はできる限り，出席しているスタッフと握手を交わす[6]。そうした直接的な触れ合い（パーソナル・タッチ）を大事にして築かれたスタッフの忠誠心は根強い。

　こうした従業員ロイヤルティに加えて，①参入障壁の高い分野（航空など）の事業で成果を収めていること，②単独ではなく，そのビジネスを行うために欠かせないリソースやケイパビリティを持つ企業との合弁で行っていること[7]，③ブランソンが企業家のみならず，広報家として取材にはいつもすぐに，そしていつでもにこやかに応じること[8]などを通じてヴァージン・ブランドは，さらに強固なものとなっている。

　とは言え，前章までにも何度か引き合いに出したインターブランド社によ

るブランド・ランキングに，まだヴァージンの名前は100位内に登場していない（2006年現在）。それでもブランソンは，「ヴァージンが2010年までにグローバル・ブランド・トップ20に入る企業になるための機会を持っている」と信じている。

　その兆しは確かにある。2005年，ボストンコンサルティンググループが68ヵ国でシニア・エグゼクティブ940人に，「世界で革新的な会社は？」というテーマで投票してもらった結果，11位に入ったのが回答者率4％でヴァージンであった（1位はアップル，そして12位は本書第2章でも触れたようにサムスン電子だった）[9]。

　「ライフスタイル・ブランドとしてエア・トラベルの枠組みを捉え直して，そのブランドをリテール・ストア，携帯電話サービスなどに広げた」，「リスクをとっている」，「伝統的なサービス・プロバイダの弱点をついた攻撃をしている」という点が支持された。

　翌2006年の同調査（63ヵ国で1,070人のシニア・マネジャーへの調査）でも11位を維持した[10]。ヨーロッパだけの調査では7位に入るほど，他社の目には革新的な企業に映るのがヴァージンである。

　ブランドという点で，ブランソンが参考にしているのはウォルト・ディズニーであって，インターネット分野ではAOL（アメリカ・オンライン），アマゾン・ドットコム，マイクロソフトなどである。ブランドの面白さは，有名なブランドほど人々の話題になって，放っておいてもブランドがさらに強くなっていくことだという。

　ヴァージンの場合のブランドは，特定の分野に限定されないイメージがあ

<ヴァージンの事業化までの流れ>

社員 → アイデア Tel. 直接提案 → ブランソン → 顧客への価値 吟味 利益可能性 → OK → 事業化 ↓ ヴァージン・アンブレラへ

るところ，つまりライフスタイル全般（人間が生活していく上で必要なもの全て）にわたるブランドであるとブランソンは見なす。そこで本章では，ヴァージンのライフスタイル・ブランドがグローバルなものとなる見込みについて，国際ビジネスにおける多角化の在り方から考えることにしたい。

2．垂直的多角化：音楽事業

■ サード・プレイスとしてのレコード・ショップ

　1970年当時，イギリスの若者はローリング・ストーンズや，ボブ・ディランといったアーティストのアルバム・レコードを買って聴くことに，多くのお金と時間をかけていた。

　このときには，政府が小売価格維持契約を廃止していた。しかし，レコードをディスカウントして販売する店は，まだ無かった。そこでブランソンは，これを事業機会と捉え，自身が発行していた『スチューデント』[11]という雑誌に，メール・オーダーでレコードを安く売るという広告を出した。

　標準価格39シリング11ペンスするレコードを，37シリング6ペンスで売ると記したのである[12]。1970年，この事業にはビジネス初心者という意味で，ヴァージンという名が付いた。

　ヴァージン・メール・オーダー・レコードは先に代金を支払ってもらい，それを，レコードを仕入れる際の元手にする仕組みを採った。これには多くの注文があったため，ヴァージンは，①レコードをどこから仕入れるか，②レコードをどのように顧客に送るかということを組織化した。ただし，全てのレコードを大幅に割引いて販売していたため，必要経費を差し引いたら赤字となった。

　1971年にはヴァージン・レコード・ショップを，オックスフォード通りに出店した。当時のレコード・ショップのほとんどは地下にあって，品揃えが不確かで，店員の対応も良くなかった。客は欲しいレコード・ジャケットを棚から探して，それをカウンターまで持っていき，店員に代金を支払った後

で，ジャケットにレコードを入れてもらうという形をとっていた。

　レコード・ジャケットは売れるまで，いつまでも棚に置かれ続け，その中身のレコードはカウンター付近で眠り続けていた。そうした「くつろぎ感の全く無い空間」をブランソンは，「長く佇んで，時間をかけて自分に合うレコードを探し出す場所」に変えようとしたのである。

　ブランソンは当時，アメリカで新しいタイプのレコード店（タワーレコード）があることを知っていた。そこは，まず照明が明るく，密封包装されたレコードがアーティスト名のアルファベット順に並び，ほとんどのジャンルが揃っていて，在庫の回転も旧来のレコード・ショップよりはるかに速かった。

　ブランソンはヴァージン・レコード・ショップに，この新しいタイプのレコード店の手法を取り入れ，さらには試聴用のヘッドフォンやソファー，音楽雑誌，自由に飲めるコーヒーなどを置いた。

　このように店舗を「サード・プレイス」（家でも職場・学校でもない第三の場所）にするのは，「レコード・ショップは単なるレコード店では無く，趣味を決定するところである」という思想があったからだった。

　一方のメール・オーダー事業は，稀少なレコードを探す者（いわゆるマニア）を主に相手にすることもあって，先行きの成長に限りが見えていた。そこでヴァージンは，レコード・ショップ事業のほうを拡大する路線を取って，新規店舗の設立を進めた。その際には，レコードの仕入れに重きが置かれ，アルバム・レコードだけの取り扱いにしぼって，アメリカからの直接輸入も

<サード・プレイスとしてのヴァージン・レコード・ショップ>

従来のレコード・ショップ		ヴァージン・レコード・ショップ
地下に設置 　不確かな品揃え 　対応の良くない店員 　　　↓ 　くつろぎ感の全く無い空間	⇔	大通りに設置 　豊富なジャンルをアルファベット順に並べる 　視聴用のスペースを置く 　　　↓ 　長く佇んで，時間をかけて自分に合うレコードを探し出す場所＝サード・プレイス

第4章　ヴァージン―非関連多角化での国際ビジネス―

始めた。

　イギリスの大型レコード店である WH スミスやジョン・メンジスでは売られていないバンドでも，ヴァージンが大量に販売することができたのは，アーティストへの目利きが確かだったからである。

■ 音楽事業の垂直統合と国際化

　レコード・ショップを通じた販売事業を始めた後，ヴァージンは音楽の生産活動（レコーディング・スタジオの開設）に着手した（1972年）。アーティストがじっくりと腰を据えて，昼夜を問わず，自身のテンションに応じて録音ができるような環境を提供したのである。

　このスタジオは，オックスフォードを北に8キロいったところのシプトン・オン・チャーウェルという村にあるマナーハウス（庄園領主の館）を改造して作ったもので，そこには最高の機材が揃えられた。

　その次にヴァージンは，自社のレコード・レーベルをつくった（1973年）。これで，レコードの製作と流通はヴァージン・ミュージックで行い，販売はヴァージン・レコード・ショップが担うという，音楽産業の全ての面で収益を得ることのできる仕組みが整った。

　このように企業は通常，最初はいたずらに多角化はせずに，初めに参入した業界（オリジナル・インダストリー）での事業拡大を試みるものである。

　ヴァージンが最初に手がけたアーティストは，マイク・オールドフィールドだった。彼のアルバム『チューブラー・ベルズ』は大ヒットを記録して，映画『エクソシスト』のサウンド・トラックにもなった。

　ヴァージンがレコード・レーベルを立ち上げた1973年には，まだヴァージンは全英で販売する力量が無く，他社との契約による市場拡大を必要とした。このときヴァージンが採ったのは，単なるライセンス契約（生産と販売の権利を売り渡して，その後の印税の何割かを手にできるもの）ではなかった。

　提携相手のアイランド・レコードにレコードの製造と物流を委託して，自らはその販売に責任を持つという，プレッシング・アンド・ディストリビュ

ーション(P&D : pressing and distribution)契約だった。

　この契約によって、『チューブラー・ベルズ』の販売権はヴァージンの手元に残ることになった。このアルバムの売上げが伸びれば伸びるほど、ヴァージンの利益は増えたのである。

　1977年、ヴァージン全体での税引き前利益は40万ポンド、1978年には50万ポンドと堅実な成長を見せた。ヴァージンは、こうした利益を元手に新たなアーティストと契約ができた。最も有名なものは1977年に契約を結んだ、パンク・ロック・バンドのセックス・ピストルズである。

　このグループの作品のセールスからの収益は少なかった。その代わりに、彼らのように斬新的なバンドが契約する「かっこいいレコード会社」というイメージを創り出した。そうしたイメージを持ちながら、ヴァージンはフランスを皮切りに海外でレコードを販売し始めた(1980年)。

　ただし、その前年(1979年)には、イギリスは不況に陥ってしまい、レコード業界も売上げが過去20年間で初めて落ち込むという事態が訪れた。結果1980年、ヴァージンは90万ポンドの損失を出すことになった。

　しかし、その翌1981年には一転して、レコード・ランキングのトップ20の内、9作品をヴァージン・レーベルで占めた。さらに1982年末に発売された、カルチャー・クラブのアルバムが大ヒットを記録したことで、ヴァージンは

<垂直統合:ヴァージンの音楽事業>

音楽事業　=オリジナル・インダストリー

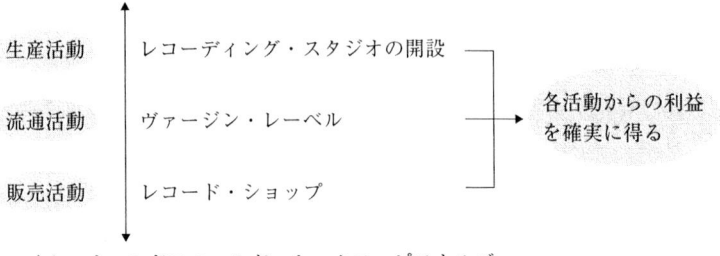

生産活動	レコーディング・スタジオの開設
流通活動	ヴァージン・レーベル	→ 各活動からの利益を確実に得る
販売活動	レコード・ショップ

マイク・オールドフィールド、セックス・ピストルズ、カルチャー・クラブ、フィル・コリンズなどの作品

勢い付き，1982年で5,000万ポンド，1983年で9,400万ポンドを売上げた。

利益のほうも200万ポンド（1982年）から1,100万ポンド（1983年）と大きな伸びを示した。この頃には，ヴァージンはイギリス最大の非上場企業の1社となっていた。

当時，ヴァージンはフィル・コリンズなどとも契約して，それらのアーティストの国内販売から海外展開までを手がけた。こうした音楽事業で蓄えた資金は，ヴァージンにとってグループの規模を拡大する機会を与えたのだった。

3．水平的多角化と地理的拡大

■ 航空事業への進出

ヴァージンが音楽事業以外の分野で活動（水平的多角化）を行うならば，音楽事業が落ち込んだときでも，他でカバーできる。他の事業が一種の保険となって，リスクが分散されるからである。また，水平的多角化によって，ヴァージンという名前の露出が増えるから，新しい事業自体が会社にとって最大の広告になる。

ブランソンは，そうした水平的多角化の具体化をすばやく行った。その1つが，映画とビデオの配給や，衛星通信で音楽チャンネルを24時間放映する，ヴァージン・ビジョンの形成である（1983年）。同年には，コンピュータ・ゲーム・ソフトウェアを発売する，ヴァージン・ゲームも開始した（これらの事業は後に，ヴァージン・コミュニケーションとしてまとめられた）。

さらに意表を突いた事業が，航空事業への進出であった。この奇抜なビジネス展開も「面白い」と思う，ブランソン独自の判断基準によって決定されたものであった。

ヴァージンが航空事業を行うきっかけは1978年，ブランソンが休暇先からプエルトリコに向かうフライトがキャンセルになったときに求められる。このとき，ブランソンはチャーター機の会社に電話をかけ，1機2,000ドルで

確保した。その値段を座席数で割って,「ヴァージン航空—プエルトリコまで39ドル」と黒板に書き,空港内を歩き回って全席を埋めた。

1984年には,これがロンドン—ニューヨーク間を行き来する,ヴァージン・アトランティック航空（Virgin Atlantic Airways：以下 VA と称す）の誕生につながった[13]。初めて運航認可を得たとき,当時国営だった BA（ブリティッシュ・エアウェイズ）が与えた発着の枠はニューヨーク行き午前2時というもので,集客がままならなかった。

そうした政府からの規制もありながら,ロンドンからマイアミ（1986年）,ボストン（1987年）,東京（1989年）,ロサンゼルス（1990年）と航路を拡げていった。この事業は,カットプライスを売りとした。

しかし,それよりもこのビジネスが支持されたのは,主に北大西洋のビジネスマン層を,より上等で革新的なサービスでもてなしたからだった[14]。例えば,エコノミークラス全てのシートバックに,自由に操作して楽しむことができるビデオ・スクリーンを付けた[15]。これは航空会社の中で,ヴァージンが初めて提供したサービスであった。

エコノミークラスでも並み以上の機内食が出て,座席の間隔も競合他社よりも広かった。総じて VA の成功は,いくつかの次元で戦略的ポジションを明確に採ったことでもたらされた[16]。

1つは,「並外れたサービスの質」（extraordinary service quality）である。1986年,VA は「睡眠用シート」（sleeper seat）を BA に先駆けて採り入れ,眠りたい乗客に「うたた寝ゾーン」をしつらえ,やわらかい枕と掛け布団を用意した。BA が同様の「揺りかごシート」（cradle seat）を導入したのは,この9年後だった。

他にもアッパークラスのラウンジにチェスなどのボード・ゲームを用意したり,子ども用の安全シートを据えたり,空港でのドライブ・スルー・チェックインなど様々な画期的サービスを行った。時間を急ぐ乗客には,ロンドンの中心部から空港までバイクで送ったり,無料でクロス社のボールペンや小型懐中電灯,アロマセラピーなどを配ったりもした。

第4章　ヴァージン―非関連多角化での国際ビジネス―

<水平的多角化：ヴァージン事業>

音楽事業 → リスク分散 水平的多角化 認知度向上 → 配給事業・ゲーム事業 ──── 航空事業
　　　　　　　　　　　　　　　　　　　　　　↓　　　　　　　　　　↓
　　　　　　　　　　　　　　　　　　　ヴァージン・コミュニケーション　ヴァージン・アトランティック航空

　こうしたサービスを基本にして，「価格に見合った価値の提供」（value for money）や，「BAに対する弱者の戦略」（the underdog）というポジショニングが採られた。そのためのアイデアの多くは，ブランソンが特に航空会社の専門業務について知識のない人と話すことから導き出したものである。これをヴァージンでは，「ヴァージン・サンプル・オブ・ワン」と呼んでいる。

　このようなサービスがビジネスマンから支持されて，1991年には利用者の10％，売上げの35～40％が彼らで占められていた。VAでは，支払った分の運賃に見合うサービスを確かに得られたのである。そうしてヴァージンは，「世界の小規模航空会社の中でも収益力のある企業」となった。

　この北大西洋市場での成功が，後にアジア（東京・香港・デリー），カリブ海諸国，北アフリカなどへの航路拡大につながることになる。ただしVAのサービスは，すぐに他社も真似できてしまう程度のものであった。

　貴重で稀少なサービス（競合他社のどこよりも顧客からの支持を受け，たやすくは真似のできないようなサービス）ではなかったため，VAは，いつまでも続くような競争優位を築くことはできなかった。

■ 提携を通じた日本市場への進出

　航空事業を始めて間もなく，ヴァージンは幾つか手がけていたグループ内の事業で小さなものは止めた。そして主要なものを，音楽・小売・映像の3部門に分け，株式公開に踏み切った（1986年11月）。

　「音楽市場（ロック・マーケット）から株式市場（ストック・マーケット）への進出」とも言われた，この株式公開はヴァージンがさらなる多角化を行う上で必要となる資金集めを大いに助けることになった。

1986年のヴァージンは4,000人もの従業員がいて，売上高は2億ドル，税引き前利益は1,400万ポンドであった。前年の売上高1億5,300万ドル，税引き前利益1,200万ポンドより確実に増えていた。そうした中での株式公開は，ヴァージンが銀行からの負い目無く，より自由に事業展開できることを意味した。

　また，始めたばかりの航空事業は，ナイトクラブや旅行事業（ヴァージン・ホリデーズ）などとまとめて，Voyager Group という別の非上場企業としてくくった。

　こうした組織変革の後，ヴァージンは株式上場によって得た資金で，アメリカでの音楽事業を本格的に行い始めるために，ヴァージン・レコード・アメリカを設立した（1987年）。

　このとき問題となっていたのは，小売部門だった。レコード・ショップはヴァージンのイメージ形成や，顧客が何を買っていくかということを調査できる場所としては貢献していた。しかし創業した1971年以来，この部門が利益を出したことは無く，常に赤字であった。その上，HMV やアワー・プライスという競合他社の台頭もあった。

　そこでヴァージンは，小型店舗を WH スミスに売却して，大型店舗（メガストア）だけに絞るという戦略に出て，1988年にヴァージン・メガストアをシドニーやグラスゴー，パリのシャンゼリゼ大通りに開いた。

　これに続いてヴァージンは，主要な4つの事業（航空・音楽・小売・コミュニケーション）を日本で開始するために，それぞれの部門について日本企業とタイアップした。

　VA は西武セゾン・グループと，ヴァージン・ミュージックはフジサンケイ・グループと，ヴァージン・メガストアは丸井と，ヴァージン・コミュニケーションはセガと提携して，地理的拡大を果たした（1989年）。

　中でも1990年，新宿・丸井の地階に姿を見せた，ヴァージン・メガストア・ジャパンは，当時の日本で最大のレコード・ショップだった。この店舗はヴァージンにとって，日本（東京）での代表店舗（フラッグシップ・スト

第4章　ヴァージン―非関連多角化での国際ビジネス―

<ヴァージン事業小史：1980年代後半>

1986年11月	株式公開（航空事業は非上場）
1987年	ヴァージン・レコード・アメリカ設立 アメリカでの音楽事業の本格化
1988年	小型レコード・ショップを売却し，メガストア化へ シドニー，グラスゴー，パリにヴァージン・メガストアオープン
1989年	各事業を日本企業と提携し，日本市場に進出＝地理的拡大 ①航空―西武セゾン・グループ ②音楽―フジサンケイ・グループ ③小売―丸井 ④コミュニケーション―セガ
1990年	新宿にヴァージン・メガストアオープン

ア）となった。この店には，差異化と販売促進のために，試聴コーナーとディスクジョッキーが置かれた。

　若者たちは，そこをサード・プレイスとして，多くの時間を過ごした。お金をかけずに充実した時間を過ごしてもらうことは，不変的なヴァージン・ビジョンである。実際，新宿のメガストアでお客が過ごす時間は約40分で，マクドナルドにいる時間よりも長いと言われた。

　一方で1990年は，イラクがクウェートに侵攻して，その後，湾岸戦争が勃発したことで，原油価格が急騰した年でもあった。これによって航空事業は，燃料コストの上昇を余儀なくされ，さらには乗客数の冷え込みが事業不振を後押しした。

　このときVAは，ロンドンから2ヵ国（米日）の数都市を飛んでいるだけであった。しかも，もともと東京路線は赤字だったため，この事業の採算性は，ますます取れにくい状態となってしまった。

　ただし，ヴァージンの航空事業以外のビジネスは好調だった。ヴァージン・コミュニケーションズはセガ製品の販売によって売上げが良く，レコードも英米のチャート・トップに作品を送り出していた。

　このときのブランソンは，「我々は，グローバル・エンターテイメント・

カンパニーになりつつある。そして，米国で成長しつつある」と述べていた[17]。また，ヴァージン・メガストアは秀でた利益こそ出していなかったが，損失にもなってはいなかった。

4．成長過程での選択：原点の売却

■音楽事業より航空事業

　以上のような状況の中，航空事業にも転機が訪れた。それまでBAとの競合等の関係で営業がままならなかった，ヒースロー空港からの発着ができるようになったのである（1991年）[18]。

　同年には音楽事業でも，ジャネット・ジャクソンがヴァージン・ミュージックと契約を結びたいと申し出ていた。ここで難点となったのは，彼女への高額な契約金の捻出であった。これを機に事業の売却が考えられ，実行されたのが，セガのコンピュータ・ゲームのヨーロッパでの販売権を，日本のセガ本社に売却することだった（1991年）。

　ヨーロッパでのセガの売上げは1988年の200万ポンドから，1991年には1億5,000万ポンドに急増していた。しかし，その地位の維持には広告費が7,000万ポンドかかるため，非常にリスクの高い事業だったことからの決断であった。

　その後のコンピュータ・ゲーム市場の失速を見ると，この売却は完璧なタイミングだったと見なされる。こうした資金繰りを経ながら，ジャネット・ジャクソンと契約を交わしたヴァージン・ミュージックも，その数年は新しいバンドを輩出できないでいた。

　この頃，ブランソンの一番の関心事は，エアラインにあった。ヴァージン・グループとしても，航空事業に中軸を置こうとしていた。1992年のエアラインの売上げランキングでは，VAは62位であった。1位はアメリカン航空，2位はユナイテッド航空，3位はデルタ航空で，直接の競合相手であるBAは6位だった。

第4章 ヴァージン―非関連多角化での国際ビジネス―

　しかしVAの従業員1人当たりの労働生産性は，そういった有力航空会社よりも高かった[19]。そこでヴァージンは，自社のヴァージン・ミュージックをソーン・EMI社[20]に10億ドル（5億6,000万ポンド）で売却して，その資金を航空事業に充てた（1992年：このうちフジサンケイ・グループが1億2,750万ポンドを受け取った）。

　そのとき，ヴァージン・ミュージックの売上げは3億3,000万ポンドで，2,100万ポンドの利益を上げていた（1991年度）。その翌年にはローリング・ストーンズとの契約もあって，4億ポンドの売上げと7,500万ポンドの利益を予想していた。ヴァージン・グループで唯一の黒字経営の音楽事業は，奇しくも，資金難で喘ぐ航空事業を救済できる唯一のチャンスだったというわけである。

　皮肉にも，ヴァージン・ミュージックを売却する唯一の理由が，この事業が大成功を収めていたからということであった。確かに，儲かっている事業の売却（ビルト・アンド・セル）から得られる利益は，グループ内における他事業の建て直しをすばやく行うことを可能にさせる。

　このときブランソンは，「ローリング・ストーンズとの契約は，ヴァージン・ミュージックで私がしたいと思っていた全てのことの頂点だった」として，「その頂点に達したとき，全てが終わった」と感じていた。

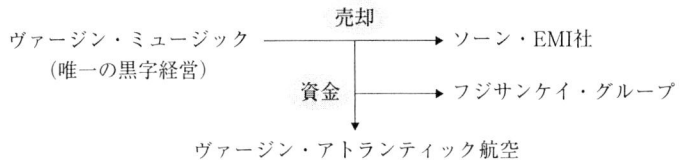

<ビルト・アンド・セル：ヴァージン・ミュージック>

```
                        売却
ヴァージン・ミュージック ───────→ ソーン・EMI社
　（唯一の黒字経営）      │
                        │資金
                        ├──────→ フジサンケイ・グループ
                        ↓
                 ヴァージン・アトランティック航空
```

■ ヴァージン・テリトリーの飽くなき開拓

　一方で，ブランソンの目の前には，いつもビジネスの処女地（ヴァージン・テリトリー）があった。

　1993年以降での多様な事業の開始，例えばヴァージン・コーラの販売（1994年），個人向け金融サービス（ヴァージン・ダイレクト，1995年），独立系レコード・レーベルＶ２の設立（1996年），スポーツクラブの展開（ヴァージン・アクティブ，1999年）や，事業の国際化，例えば香港での航空事業とメガストアの開始（1994年）も，彼のアイデアの具現化に他ならなかった。

　新事業の開始では，①既存企業との違いを出せるかどうか，②その事業に進出することでヴァージン・ブランドを高められるかどうかが鍵を握った。ただし，こうした新規事業や，そのエリア拡大が全てうまくいっているわけではない。

　ヴァージン・コーラは，ヨーロッパ市場にインパクトを与えることができず，1998年から販売を開始したアメリカでは，「単なる強がりだ」とも言われた。また，1997年から始めた衣服と化粧品の会社，ヴィクトリー・コーポレーションも振るわないままでいる。

　1990年代後半，ヴァージンは異業種分野への進出を矢継ぎ早に行った。しかし，ショットガン・アプローチとも言える，その速すぎるペースに，利益を出せる体制が追いついていないのが現状である。この時期のヴァージンの新規事業は，次の３種類の機会への対応だった[21]。

①**英国における民営化，規制緩和**

　1996年，航空分野の規制緩和に応じて，ヴァージンはユーロ・ベルギアン・エアラインズを買収して，ブリュッセルからイギリスや他のヨーロッパへのフライト業務を手がける，ヴァージン・エクスプレスを形成した。ヴァージン・エクスプレスは料金を75％安くして，乗客を２倍に増やした。

　また，オーストラリアで低運賃飛行を行う，ヴァージン・ブルーも始めた。

第4章 ヴァージン―非関連多角化での国際ビジネス―

1997年には，鉄道の民営化に際して，そのサービスを輸送会社（ステージコーチ）との合弁による，ヴァージン・レールで取り組み始めた。

ただしブランソンによると，既存の企業を買うよりも一から始めるほうがずっと楽であるという。既存の企業を買うと，良い面だけでなく面倒な問題も抱え込んでしまうからだった。

航空事業は1機の飛行機から始めて，その事業にふさわしい人を採用して，自社の方針に従って訓練をしたが，既存の鉄道網を買って始めた鉄道事業では従業員教育など経営の改善が大変だったという。

②消費者への製品・サービスの直接販売

代表的なものには1995年に，ノルウィッチ・ユニオン（金融サービス業者）と共同で始めた，ヴァージン・ダイレクトがある。これは，顧客となった者に，その環境に見合う「最も適した金融的選択」をアドバイスするサービスを提供するものである。

まず1995年にPEP（personal equity plan）をベースにしたサービスを行い，翌1996年からは生命保険や健康保険，年金についても取り扱い始めた。そうしたヴァージン・ダイレクトは，次の2つを主なコミュニケーション・ツールとした[22]。

1つは，「何について告げるか」ということである。顧客のために，彼らに関するあらゆることを，主張としてではなく，事実として説明するのである。いま1つは，「どのようにそれを告げるか」ということである。恩着せがましく，あるいは大げさにいうのではなく，明確に，率直に説明することである。

これらを踏まえてヴァージン・ダイレクトは，顧客が必要とする情報を正しく，分かりやすく与える（例えばPEPについて尋ねられたら，その情報パックを送る）ことで，彼らとの間に信頼を築いていった。その強い信頼は，すぐに実績と結び付いた。

同社は，2年間で最大の新ファンドに成長して，25万人が15億ポンド以上

を預けるほどになった。こうした金融サービスへの多角化は，ヴァージンのブランドネームに，顧客からの信頼を促す[23]。

他にも，新品の自動車や二輪車の割引価格での直接販売（ヴァージン・カーズ，ヴァージン・バイクズ）や，ワインの直接販売（ヴァージン・ワインズ）なども行い始めている。

③TMT（technology, media, telecom）ブーム

とりわけインターネットは，ヴァージンが消費者の接点を持つための新しいチャネルを提供した。ヴァージンはインターネット・サービス・プロバイダ（ヴァージン・ドット・ネット，1997年）や，携帯電話サービス（ヴァージン・モバイル，1998年）などに着手した。

こうしたインターネット分野や携帯電話事業を強化するために，ヴァージンは1999年に航空会社の49％の株式（約6億ポンド，約1,070億円）をシンガポール航空に売却した。もちろん，航空事業のさらなる強化（機材更新などに向けた投資）という意味合いも持っていた。これには約200億円を投じて，残りの約900億円をIT分野に投入した。

<ヴァージン事業小史：1990年代後半〜ショットガン・アプローチ〜>

1994年	ヴァージン・コーラ発売 香港で航空事業とメガストア開始
1995年	個人向け金融サービス開始（ヴァージン・ダイレクト）
1996年	独立系レコード・レーベルV2設立 ヨーロッパでのフライト事業開始（ヴァージン・エクスプレス） オーストラリアでのフライト事業開始（ヴァージン・ブルー）
1997年	衣服・化粧品会社設立（ヴィクトリー・コーポレーション） 鉄道サービス開始（ヴァージン・レール） インターネット・サービス・プロバイダに着手（ヴァージン・ドット・ネット）
1998年	アメリカでヴァージン・コーラ発売 携帯電話サービス開始（ヴァージン・モバイル）
1999年	スポーツクラブ展開（ヴァージン・アクティブ）

なぜ売却先がシンガポール航空だったかというと，路線が重複してなく，顧客サービスの質の高さで定評があって，収益力も高いものだったからである。そうしたシンガポール航空から VA が得るものが大きいと見込んでの提携であった[24]。

5．ヴァージンの多角化の論理

■ 非関連多角化の典型としてのヴァージン

以上のようなヴァージンの様々な事業の株は，ヴァージン・グループ・インベストメント・リミテッドが所有している。この傘下では，主に次のようなビジネス・カテゴリーに分かれる。

- Transport[25]―Virgin Atlantic, Virgin Blue, Virgin Express, Virgin Rail
- Mobile―Virgin Mobile UK, Virgin Mobile Australia, Virgin Mobile USA
- Financial Services―Virgin Money[26]
- Retail/Leisure―Virgin Megastores, Virgin Active, Virgin Drinks[27],
   Virgin Cosmetics, Sound & Media
- Music―V 2
- Internet&com.―Virgin. Net, Virgin Cars,thetrainline. com[28],
   Virgin HomePhone, Virgin Wines, Virgin Student[29]

こうした形は，「ブランドを持ったベンチャー・キャピタル組織」として捉えることができる。このように企業が複数の事業を同時に営んで，競争優位を得ようとするために取る行動は，全社戦略となる[30]。全社戦略のもとに，幾つものビジネスを企業が同時に手がけることが，多角化という状態である。

通常，多角化には次の3種類がある[31]。1つは，限定的多角化である。これには，総売上高の95％以上が1つの事業のものから成る「単一事業型」

と，総売上高の70％以上95％未満が1つの事業から成る「主要事業型」がある。

ただし，このような形を実行している企業は，自社のリソースやケイパビリティを1つの事業の枠を越えては活用しておらず，全社戦略というよりは事業戦略を採っていると言える。

また1つは，関連多角化である。これには，1番大きな事業が総売上高の70％未満で，a) 他の事業が同じリソースで営まれている「関連限定型」と，b) 他の事業と共通のリソースがわずかであるか，事業によっては異なるリソースで成り立つ「関連連鎖型」がある。

いま1つは，1番大きな事業が総売上高の70％未満で，それぞれの事業が全く異なるリソースで営まれている，非関連多角化である。

現在のヴァージンの多角化を見ると，稼ぎ頭でグループ利益のもととなっているのは，航空会社を含むヴァージン・トラベルである。ここが強力なキャッシュ・フローを生み出しているときは，ヴァージン・グループ内の他

<ヴァージンの主要事業の財務状況：1999年>

(単位：百万ドル)

	収入	利益
Virgin Travel	1,800	173
Virgin Entertainment Group[32]	1,300	12
Virgin Direct	900	-25
Virgin Rail	800	42
Virgin Express Holdings	300	-6
Virgin Trading[33]	100	-6
V 2 Records	53	-55
Victory Corporation	40	-24
Virgin Hotels	40	7
Virgin Bride	30	-0.4
Virgin Net	20	-7

＜多角化の3タイプ＞

①	限定的多角化	＝	事業戦略
	a) 単一事業型	…	総売上高の95％以上が1つの事業のものから成る
	b) 主要事業型	…	総売上高の70％以上95％未満が1つの事業から成る
②	関連多角化	＝	全社戦略
	a) 関連限定型	…	1番大きな事業が総売上高の70％未満で，他の事業が同じリソースで営まれている
	b) 関連連鎖型	…	1番大きな事業が総売上高の70％未満で，他の事業と共通のリソースがわずかであるか，事業によっては異なるリソースで成り立つ
③	非関連多角化	＝	全社戦略
	ヴァージン社型	…	1番大きな事業が総売上高の70％未満で，それぞれの事業が全く異なるリソースで営まれている

の事業も問題ない。

　ヴァージンではヴァージン・トラベルが最大の事業であって，他の事業は資金とブランドでつながっている形の多角化である。事業の内容が多岐にわたるため，ヴァージンのタイプを非関連多角化として見なすのは容易であろう。

　1999年での主なヴァージン事業の財務状況は，左の通りである[34]。これを見ても，ヴァージン・トラベルの総売上高が70％未満であるのは明らかであるから，定義にしたがうと，形式上は非関連多角化となっている。

■ ヴァージンのドミナント・ロジックとコアコンピタンス

　一般に，企業が多角化をしようとする理由は，経営環境に事業機会の隙間を見つけてそこに魅力を感じるからという外的なものと，自社内で持っているリソースがまだ十分に使いきれていないからという内的なものとがある。

　そのどちらの場合でも，多角化しようと考えることのできる企業は，同じ活動で別の事業を展開できるほどの余剰の能力を持ち合わせている。同じ技術から違う製品を作ることができたり，同じマーケティングの方法で違う製品を流通させたりできるのである。

また，コアコンピタンス（その企業しか持ち得ない強み）の共有も，多角化の理由に挙がる。コアコンピタンスは，その企業のドミナント・ロジック（どの事業にも共通する，戦略の思考パターン）を提供するものでもある[35]。

　あるいは企業が，その事業の有する市場支配力を他の事業に用いることができるのも，多角化の理由となる。1つの事業の利益を，他の事業運営の資金（補助金）として使えるのである。このように，企業の金融能力が高い状態（自由に用いることができる資金を多く持っていること）を，「ディープ・ポケット」（裕福な金持ちの懐）とも言う。

　以上3つの多角化の理由（活動の共有，コアコンピタンスの共有，市場支配力の活用）は，いずれも関連多角化を呼び起こす。その中で，市場支配力の活用だけは，非関連多角化も引き起こす。また，別の見方をすれば，活動の共有は他社に真似されやすいが，他の2つは他社からの真似が難しいものである。

　ヴァージンは形式上では，非関連多角化の業態であると先ほど示したが，以上のような多角化の理由を踏まえると実際には，そうとは言い切れない部分がある。

　例えば，ある国でVAの航空路線が引かれた場合，その国でのリテール事業の機会がヴァージンに芽生える。それが映画館の設立であると，そこで作品の上映から，ヴァージン・コーラや，V2で取り扱うミュージック・ソフトの販売などが可能になる。

　これに関してブランソンは，ビジネスに対して複雑な考えを持っていないという。まず自分自身や家族がそのサービスを気にいるかどうかを想像するだけ，といった極めてシンプルなものとしてビジネスを捉える。

　ヴァージン・グループの事業はどれも，ブランソンの頭でつながりを持つという意味では関連多角化であって，そのそれぞれに，「面白い」という彼流のドミナント・ロジックが横たわっているのである。

　これについて，ヴァージンの事業開発のリーダーを勤めるゴードン・マクカルムは，「どの事業をヴァージンがすべきで，どれをすべきではないかと

いう取り決めはない」としていて，新しい事業を行う際には次の4つが決め手となるという[36]。

①既存のルールに挑戦すること，②より良い変化を顧客に与えること，③もっと面白くなるようにすること，④自己満足している現代社会に疑問を投げかけること。

あるいは，次に挙げる5つのうちの4つが満たされていなければ，ヴァージンは新しい事業への進出はしないとも言われる[37]。

①最高の品質であること，②革新的であること，③お金に見合った価値があること，④現存する代替物に挑むこと，⑤面白い，あるいは図々しさといった感覚。

実際にVAは，「料金以上の価値がある，最高級の革新的サービスを，全ての乗客員に与えること」を約束している。これに従うと，ヴァージンのコアコンピタンスは，「革新的サービス」に求められる。ただし，そのサービスは競合他社にたやすくは真似されないものでなければならない。

ヴァージンの売りである「革新さ」が持続可能な競争優位をもたらすよう

<企業の多角化理由>

```
                    支配的な理由
                  ドミナント・ロジック

                  コアコンピタンスの共有
                          │
  外的な理由        活動の共有    企業    活動の共有     内的な理由
経営環境における  ←──────  余剰能力  ──────→  自社内で未利用な
  事業機会の隙間      魅力              欲望       リソースの有効活用
                          │
                    市場支配力の活用
                          ↓
                  ディープ・ポケット
                    資金的な理由
```

になって初めて，ヴァージンの名前はブランド・ランキングに顔を覗かすこととになるのは明らかである。

6．ヴァージン・ブランドという傘の下で[38]

■ 求められる原点回帰

　ブランドパワーのある企業の提供するものが，経験財（使ってみなければ価値が分からない商品）であるならば，これから同じ分野に参入してくる企業に対して大きな優位性を持つことができる[39]。

　例えば頭痛薬は人それぞれに効き目が違うから，服用しない限りは合うかどうか分からない。ヴァージンの飛行機も一度は乗って見なければ，その乗り心地は分からない。ヴァージン・メガストアにも一度は行って見なければ，快適なスペースであるかどうか知ることはできない。

　ヴァージン・ブランドの確立のためには，まずはヴァージンの経験財を味わってもらうことである。その商品やサービスに対する経験が豊富だと，意思決定のコスト（これを買おうと決心する心理的コスト）が下がる。商品やサービスの内容が予想でき，日常的に慣れ親しんでいれば消費者は買いやすい[40]。

　いまヴァージンは様々な事業で，同じブランドネーム（ヴァージン）を使っている。これは，アンブレラ・ブランディングという手法である。この手法によって，それぞれの製品やサービスのクオリティを保証するとともに，それを力強く顧客に訴えかけることができる[41]。

　その傘にどれだけの者が入って留まるか（どれだけヴァージンの製品・サービスに喜んで出費するか）が，ヴァージン・ブランドの程度を決定する。こうしたヴァージン・ブランドの向上に，これから必要なことは原点回帰（何屋であるのかを確認すること）であろう。

　1つのブランドを他の事業に展開していくことは，ブランド・ストレッチ（ブランド拡張）と呼ばれる。ヴァージンの場合は，これが顧客本位ではな

<経験財のブランディング>

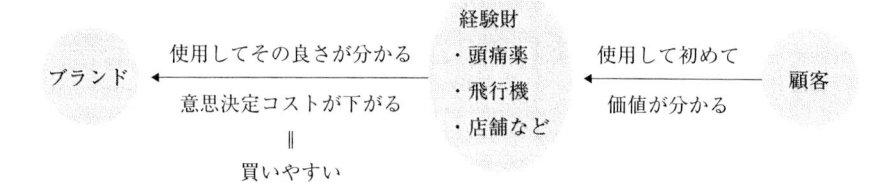

ブランド ← 使用してその良さが分かる / 意思決定コストが下がる ＝ 買いやすい ← 経験財・頭痛薬・飛行機・店舗など ← 使用して初めて価値が分かる ← 顧客

く，企業（自分）本意のブランド拡張であって，自己中心（わがままな）ストレッチであると見なされている。

多岐にわたるヴァージンの事業は，「価値を追求する，大胆不敵で陽気なファイター」という共通のアンブレラ・コンセプトで展開されてきた。このコンセプトのもとでは，人々を他の航空機からVAに乗り換えさせることはできた。しかし，そのコンセプトの持続には，常にサービスの革新性が問われる。

1993年時の大西洋路線の乗客アンケートでは，エコノミークラスに関するVAと競合他社との差は縮まっていた。それは，航空運賃を引き下げるために，より多くの客を運ぼうと，機体の後部座席を増やしたことで，シートの前後間隔が狭くなったからである。

実際，ロンドン―ニューヨーク路線では，シートとシートの間を1インチ（2.54センチ）詰めると，乗客は約9ポンド節約できた。安くなるのは良いことであるが，その代わりに座り心地が悪くなってしまったのである。これは，サービス業の抱えるジレンマである。

■ 真の革新的サービスとは？

ヴァージン・ブランドという傘の下で，ヴァージンはコカ・コーラを飲むことを止めさせて，その代わりにヴァージン・コーラを飲ませることや，リーバイスよりもヴァージン・ジーンズをはかせることができないでいる。ヴァージン・ブランドの傘の大きさにも限りがあるということである。

取扱製品を増やすことは，まるで『ファンタジア』でミッキーマウスが掃除を楽にすませようと，ほうきの数を増やすことに似ている。楽になるどころか，それぞれのほうきが勝手に動き出して，かえってまとまり具合が悪くなるのである。
　これはヴァージンのブランディングになぞられることができる。ヴァージンのブランド拡張がなぜ上手く行かないのかについて，次のように考えることができる。

① 「何屋であるか」を見失いつつある。
② 航空や金融の業界で価格に見合ったサービスをできていない企業に対して挑戦していったことが，ヴァージンが支持された理由であることを忘れている。ヴァージンの成功理由の1つは，顧客が不満足に思っている市場に進出して，顧客の利益のために戦う「白馬の騎士」となるところにある[42]。
③ コカ・コーラやリーバイスにおける感情的価値は，ヴァージンの代替品が安いからといって簡単に切り替えができるようなものではないということ（市場競争や顧客という真の意味）を理解できないでいる。

　もともとヴァージンは，音楽事業で成長の機を見た企業である。そのヴァージン・ミュージックを売却したのは，ウォルト・ディズニーがアニメーション映画製作を絶つことと同じくらい，基軸から離れる行為であって，やはり判断ミスではなかっただろうか。
　現にヴァージンは後になってV2という会社を立て，再び音楽事業を行い始めた。ヴァージンの原点は，音楽好きな若者のためにレコードを安く，そして心地良く売るというものである。
　いまヴァージン・メガストアは，そのサービスを受け継いでいるだろうか。他のレコード・ショップと同じような雰囲気の店作り，ありきたりのサービス（メンバーズ・カードでのポイント制など）に留まっていないだろうか。

第4章　ヴァージン―非関連多角化での国際ビジネス―

　より安く売るということなら，日本ではRECO fanが割引販売を行っている（2006年3月まで，商品によるが新作ソフトでもキャッシュ払いの場合，2割引にしていた。同年4月からはポイント券を商品に付け，次回にそのポイント分の値引きをするサービスへと切り替えた）。

　皮肉にも，RECO fanが行う割引販売のほうが，より当初のヴァージン的サービスとなっていた。他社でも簡単にできてしまうようなサービスの提供では，持続する競争優位は築けない。

　ヴァージンがブランド・ランキングに入るには，ブランディングを単なるイメージづくりのために行うのではなく，「ヴァージンにしか提供することのできない，貴重で稀少なサービス」を通じて行わなければならない。そうした真の革新的サービスを顧客と約束して，それを厳守することで，顧客からのプリファランス（優先的選択）を受け続けることができる。

　ヴァージン・ブランドの向上には，コアエッセンス（自社が何屋であるのか）を理解して，イノベーション（何か別のことをすること）ではなく，リノベーション（より優れたことをすること）によって顧客との関係を深めることが欠かせない[43]。

　これについてブランソンは当然，熟知している。様々な事業に進出しているように見えるが，例えば，たばこ事業は展開していない。それはヴァージンが「若々しいブランド」であるから，たばこ事業の開始は若者に喫煙を勧めることになりかねないからである。

　コアエッセンスを間違えると，かつてコカ・コーラがメキシコとハワイでエビの養殖事業に進出したり，マクドナルドがゴールデンアーチ・ホテルを建てたりしたようなことになる。

　人々がコーク・ブランドとエビの養殖を結びつけることは困難である。また，早く食事を済ませるためのマクドナルドと，ホテルに人が求めるもの（ゆったりと過ごすこと）は全く反対のもので，これも人々がマクドナルド・ブランドから連想するものとは大きくかけ離れていた。

　もっと言えば，エヴィアンがバーで置かれていても，グラスに注がれて出

＜コアエッセンスの理解と誤解＞

```
                         理解
コアエッセンス ─────────────→ ・ヴァージンのたばこ事業不参入
      │
      │誤解
      ↓
・コカ・コーラのエビ養殖事業
・マクドナルドのホテル事業
・グラスに注がれて出てくるエヴィアン
```

てくるのでは意味がないことも，コアエッセンスの問題である。人々は，エヴィアンのラベルの付いたボトルで飲みたいのである。それがエヴィアンのコアエッセンスであって，応え続けなければならないものとなる。

　人々がブランドから連想するものを大事にしなければならない。PSとXboxの違いもそこにある。PSは遊ぶものとして認識されている一方で，マイクロソフトは仕事や学校で使うものというイメージがある。だからゲーム機のスイッチを入れる瞬間からPSはドキドキするが，X boxでは気持ちがいま1つ昂ぶらない。そうしたことになる。

　こうした顧客の感情を確実に捉え，それに的確に応じていくことが，非関連多角化で国際ビジネスを進めてきたヴァージンのブランド向上の課題として指摘できる。

注

1）　ヴァージンの歴史については Branson, R., *Losing My Virginity : How I've Survived, Had Fun, and Made a Fortune Doing Business My Way*, Three Rivers Press, 1998およびその新版となる Branson, R., *Losing My Virginity : The Autobiography*, The MUST-R-EAD Updated Edition, Virgin Books, 2002.／植山周一郎訳『増補版　ヴァージン—僕は世界を変えていく』TBSブリタニカ，2003年を参考にしている。また，『日経ビジネス』1997年12月15日号，同2000年2月7日号のリチャード・ブランソンへのインタビュー記事も参考にしている。

第4章　ヴァージン―非関連多角化での国際ビジネス―

2）　発表時では，3時間の宇宙へのフライトで約11万ポンド（2,200万円），最初の5年間で3,000人の顧客を予定しているとされた。

3）　Saloner, G., A. Shepard, and J. Podolny, *Strategic Management*, John Wiley & Sons, 2001, p. 103.／石倉洋子訳『戦略経営論』東洋経済新報社，2002年，126ページ。

4）　ブランソンは，常に黒いA4判のノートブックを持っていて，そこにはビジネスに使えそうなアイデアの他，人の名前や電話番号，会話内容のメモ，行うべき業務のリストが書きとめられている。1日の業務項目は普通30内外で，それに番号をふっていて，重要なものから先に消化している。ヴァージンの多くの幹部もそれにならっている（ティム・ジャクソン著／守部信之訳『ヴァージン・キング　総帥ブランソンのビジネス帝王学』徳間書店，1996年，16ページ）。

5）　Dess, G. G. and G. T. Lumpkin, *Strategic Management : Creating Competitive Advantages*, McGraw-Hill, 2003, p. 398.

6）　Smith, S. and J. Wheeler, *Managing the Customer Experience : Turning Customers into Advocates*, Prentice Hall, 2002, p. 176.

7）　例えばVirgin RetailはWH Smithと，Virgin MobileはT-mobile（英），Sprint（米）とともに行っている。またVirgin ColaはCott Beveragesによるライセンス下で作られている（Dobson, P., K. Starkey, and J. Richards, *Strategic Management : Issues and Cases*, 2nd Edition, Blackwell, 2002, p. 96）。

8）　ブランソンの回答は率直で，自分の失敗談も聞かれる前に話し始めたり，記者が述べる意見で興味をひくものをノートに書き取ったりすることで，記者は快い思いになる。その結果，好意的記事が多くなるのである。

9）　Nussbaum, B., "Get Creative!" *Business Week*, August 1, 2005, p. 64.

10）　McGregor, J., "The World's Most Innovative Companies," *Business Week*, April 24, 2006, p. 64.

11）　若者の声となるために1968年1月26日に創刊された16才～25才を対象とした雑誌。ミック・ジャガーやジョン・レノンのインタビュー記事などが載った。ブランソンの最初のビジネスであるとされる。しかし彼は12歳のときにクリスマス・ツリーを販売している。これが事実上，彼にとって初めての企業家的事業であるともいわれる。

12）　1971年初めまで1ポンドが20シリング，1シリングが12ペンスだった。

13）　VAの組織体制は，ブランソンをチェアマンとして，①技術，②マーケティ

ング，③金融の3分野それぞれにディレクター（トップ・エグゼクティブ）を置くものである。

14) Grant, R. M., "Richard Branson and the Virgin Group of Companies in 2002," R. M. Grant and K. E. Neupert, *Cases in Contemporary Strategy Analysis*, 3rd Edition, Blackwell, 2003, p. 297.
15) VAの座席のクラスは，①アッパー，②ミッド，③エコノミーの3つに分かれる。特にミッドは一流の感触（ア・タッチ・オブ・クラス）を提供するもので，帰りの日時や経路をいつでも変更できる柔軟性が欲しい者や，中年の富裕層などに向けたものだった。
16) Aaker, D. A., *Strategic Market Management*, 7th Edition, John Wiley & Sons, 2005, pp. 216-217.
17) Bower, T., *Branson*, Fourth Estate, 2001, p. 60.
18) 1993年，ヒースロー空港にオープンしたヴァージンのビジネスクラス・ラウンジ（クラブハウス）には，ファックス，バー，シャワー室の他，セガのテレビゲーム機，フィリップスの対話式コンピュータなどが置かれた。さらには，美顔術，マニキュア，ペディキュア，髪のカットをする各種専門家がいた。
19) Larreche, J.-C., "Virgin Atlantic Airways : Ten Years After," Edited by P. Doyle and S. Bridgewater, *Innovation in Marketing*, Butterworth-Heinemann, 2000, p. 59. また，1993年時でのヨーロッパのエアラインでは，VAは20位である。1位はルフトハンザ，2位はエア・フランス・グループ，3位はBAと並ぶ。
20) ソーン・EMI社傘下のレコード会社には，HMVがある。
21) Grant, R. M., in *op. cit*, 2003, pp. 291-292.
22) Bridgewater, S., "Virgin Direct : Personal Financial Services," Edited by P. Doyle and S. Bridgewater, *op. cit*, 2000, pp. 121-122.
23) Doyle, P., *Marketing Management and Strategy*, 3rd Edition, Prentice Hall, 2002, p. 18.
24) 2005年9月にVAは，航空燃料の精製事業に乗り出す意向を示した。航空会社にとって燃料は，経営破綻になるかどうかを決定付けるほど大きなファクターであるため，精製事業を自社で垂直統合することは競争力強化につながる。
25) 1997年，ヴァージンのトップ層は，自社のコアビジネスを，この"Transport"（ヴァージン・ブルー以外の3事業）と，小売・映画の国際化に定めてい

26) ローン，ファンド，ストック・トレードなどのオンライン金融サービス。
27) ヴァージン・ブランドのソフトドリンクの流通。
28) 鉄道乗車券のオンライン販売（予約も可）。
29) イギリスの学生に向けた，ワン・ストップ・ショップ。
30) Barney, J., *Gaining and Sustaining Competitive Advantage*, 2nd Edition, Prentice Hall, 2002, p. 368.／岡田正大訳『企業戦略論（下）全社戦略編—競争優位の構築と持続』ダイヤモンド社，2003年，5ページ。
31) *Ibid*, pp. 405-406.／同上訳書，62～64ページ。
32) ヴァージン・メガストアなど小売は，ここに入る。
33) ヴァージンの完全出資による子会社で，ヴァージン・コーラは，ここに入る。
34) Grant, R. M., in *op. cit*, 2003, p. 302.
35) ドミナント・ロジックは，中核事業の経験を通じて創られる，トップマネジャーの「頭の中の地図」，「心構え」，「世界観」といったものである（Prahalad, C. K. and R. A. Bettis, "The Dominant Logic : A New Linkage between Diversity and Performance," *Strategic Management Journal*, Vol. 7, 1986, pp. 485-501）。トップマネジャーが，1つのコアビジネスで経験したことから培われる事業観によって，次にどのように多角化していくのかが決まるいうことである。その意味で企業の事業史には，その経営者のドミナント・ロジックが貫かれていると言える。
36) Harrison, J. S., *Strategic Management of Resources and Relationship : Concepts*, John Wiley and Sons, 2003, pp. 216-217.
37) Kunde, J., *Corporate Religion : Building a Strong Company through Personality and Corporate Soul*, Prentice Hall, 2000, p. 23.
38) ここでは，デビッド・テイラー著／グロービス・マネジメント・インスティテュート訳『ブランド・ストレッチ—6つのステップで高めるブランド価値』英治出版，2004年を参考にしている。
39) Saloner, G., A. Shepard, and J. Podolny, *op. cit*, 2001, p. 226.／前掲訳書，278ページ。
40) 堺屋太一『ブランドと百円ショップ—知恵働きの時代』朝日新聞社，2005年，216ページ。
41) Collis, D. J. and C. A. Montgomery, *Corporate Strategy : A Resource-Based Ap-*

　　　　proach, Irwin/McGraw-Hill, 1998, p. 65.／根来龍之・蛭田啓・久保亮一訳『資源ベースの経営資源論』東洋経済新報社，2004年，109ページ。
42）　Hang, M., *Brand Royalty : How the World's Top 100 Brands Thrive & Survive*, Kogan Page, 2004, p. 185.
43）　ここではセルジオ・ジーマン著／中野雅司監訳，山本暎子訳『そんな新事業なら，やめてしまえ！―既存の資産と能力を活かす６つの原則』ダイヤモンド社，2005年を参考にしている。

第 5 章

国際ビジネスと世界三大市場
―北米, ヨーロッパ, アジア―

1. 国際ビジネスの市場

　企業が海外に進出する動機は主に次の3つであると, これまでの国際ビジネス研究では捉えられてきた[1]。

① 　重要な天然資源の供給先を確保したいという欲求（the need to secure key supplies）…タイヤ製造会社ならゴム栽培農園を開きたい, 石油会社なら新しい油田を開発したいという願望から, より良いリソースを海外で探す。
② 　市場を開拓しようとする行動（market-seeking behavior）…自社の技術やブランドに競争上優位性があると見なす場合, 海外市場への拡大を試みる。
③ 　低コストでの生産を実現しようとする意欲（the desire to access low-cost factors of production）…総コストの中で労働コストが大きな部分を占める場合, 効率性を求めて, より労働コストが安い国への工場を立てて, 部品や完成品の生産活動を始める。

　FDI も, これに呼応する形で, ①資源獲得のため（resource seeking）, ②成長市場追求のため（market seeking）, ③低コスト実現のため（efficiency seeking）という3つの目的別に分けられる[2]。

　企業の海外進出には他にも, 危険の回避, 競争相手に対抗するためという

<FDIの目的>

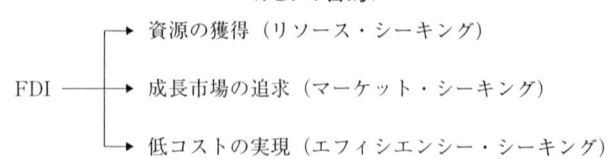

```
         ┌→ 資源の獲得（リソース・シーキング）
FDI ─────┼→ 成長市場の追求（マーケット・シーキング）
         └→ 低コストの実現（エフィシエンシー・シーキング）
```

理由がある。そういった動機を行動に移す企業は，本著第1章で捉えたようなMNE（多国籍企業）へと変わる。

現代のMNEの特徴は，上記のような動きによって，国境を越えてリソースを移転するところにある。これは，「インターナショナル・モビリティ」(international mobility：国際的に動くことができること）と呼ばれる3)。この移動可能性は企業の能力であって，競争優位をもたらすものとなる。

ただし，インターナショナル・モビリティに基づいて海外進出をした企業が，「国際ビジネスを上手く行っている」という場合，本著第1章で見たように，少なくとも北米，ヨーロッパ，アジア（本章ではアジア太平洋と同義で使用する）の世界三大市場で活動していて，それぞれの市場で一定の業績を収めていることが条件となる。

さらには，「国際ビジネスが成功し続けている」という場合，それぞれの市場で，ある程度の市場占有率を保持していることが条件となる。例えば日本の自動車メーカーは，アジアと北米市場では一定の業績を収めているが，ヨーロッパではどうであろうか。

2005年のヨーロッパ主要18ヵ国での新車登録台数（乗用車）1,449万5,791台の内訳を見ると右上の通りである（欧州自動車工業会調べ）。

10位の日産に続くのは，現代自動車2.1％（29万9,505台，前年比0.8％増），ホンダ1.7％（23万9,292台，同10.3％増）である。このように市場占有率で見ると，トヨタ，ホンダの伸び率は堅調であるが，ヨーロッパ市場での占有率からすると，日本自動車メーカーの国際ビジネスは未だ発展途上にある。

2005年3月期での日本の主要自動車メーカー5社のヨーロッパでの売上高は，6兆1,000億円であった（大和総研調べ）。これは北米の約3分の1で，

第5章　国際ビジネスと世界三大市場—北米，ヨーロッパ，アジア—

<ヨーロッパ主要18ヵ国での新車登録台数（乗用車）ランキング：2005年>

1位	VW（フォルクス・ワーゲン）	18.9%	274万5,245台	前年比4.6%増
2位	プジョー	13.7%	198万4,685台	同 2.5%減
3位	フォード	10.9%	157万6,094台	同 3.0%減
4位	GM	10.6%	153万9,334台	同 0.2%増
5位	ルノー	9.8%	141万9,661台	同 4.7%減
6位	フィアット	6.5%	94万9,075台	同10.2%減
7位	ダイムラークライスラー	6.2%	90万2,775台	同 0.9%減
8位	BMW	5.3%	77万 759台	同 9.6%増
9位	トヨタ	5.3%	76万3,873台	同 4.9%増
10位	日産	2.4%	34万2,123台	同 6.5%減

営業利益だと5分の1となる。地域別（日本，北米，ヨーロッパ，アジア他）で見ると，ヨーロッパでの売上高は全体の11.8％にとどまる。

一方で，生産の現地化は進んでいる。日本自動車メーカーの海外生産台数は，2005年度に前年同期比10.6％増の1,092万9,918台で，初めて国内生産台数（1,089万3,529台）を上回った（日本自動車工業会調べ）。特に1999年度から統計を始めたアジアでの生産が417万4,624台（同15.2％増）となって，初めて北米（409万2,193台，同5.0％増）を越える生産台数を記録した。

いまや企業は，こうした海外活動を拡大することで，グローバルなビジネス環境に身を置くことになる。この環境は，①ダイナミックである，②複雑である，③乱気流の中にあるといった性格を持つ[4]。そうした環境下で，企業は世界三大市場を制することをめざす。以下では，その最近の状況に迫ってみたい。

2．世界三大市場を制するビジネス

■ アパレル業界[5]

ユニクロを展開するファーストリテイリングは2006年，コントワー・デ・

コトニエ（CDC：フランスで約200店舗を持つ女性カジュアル衣料店）ブランドの店舗を銀座に開いた。ユニクロのスカートが1,900円〜3,000円であるのに対して，CDCは1万6,000円〜2万円という5倍以上の価格帯である。

　海外市場においてユニクロは，中国や韓国に出店している一方，2001年からはイギリスに4店舗を開いた。

　それまでのファーストリテイリングの経常利益は，1996年に45億円，1997年に55億円，1998年に63億円であった。それが東証1部に上場した1999年には141億円となって，2000年では604億円と急増した。フリースがブームになったことも大きかった。

　イギリスに進出した2001年には，売上高が4,000億円を越えるとともに，経常利益も1,032億円と高まった。しかし，その後すぐに，2002年には上場後で初の減収減益となって，経常利益は511億円にとどまった。イギリスでも2002年末までには21店舗へと増やしていたが，急速な出店ペースが逆効果となって，そのうちの16店舗を閉店してしまった。

　以後，経常利益は2003年で415億円，2004年で641億円，2005年で586億円と一進一退を繰り返した。イギリスでは2004年に黒字に転換して，8店舗を経営するまでに至った。

　2005年には，カジュアル衣料の聖地であるアメリカへと進出した。同年9月15日に，ニュージャージー州エディソン（マンハッタンの西40キロにある街）のメンロパーク・モールにアメリカ第1号店となるユニクロストアを開店した。

　このとき，ジーンズが39.50ドル，カシミア・セーターが69.50ドルと設定

<ファーストリテイリングの経常利益>

フリース・ブーム　上場後で初の減益
↓　　　　　　　　　↓

1996年	1997年	1998年	1999年	2000年	2001年	2002年	2003年	2004年	2005年
45億円	55億円	63億円	141億円	604億円	1,032億円	511億円	415億円	641億円	586億円

　　　　　　　　　↑　　　　　　↑
　　　　　　東証1部上場　　イギリス進出

第5章　国際ビジネスと世界三大市場—北米，ヨーロッパ，アジア—

された[6]。多彩なカラーを取り揃えたリバーシブルのフリースは，12.99ドルとされた。

ただし，ユニクロの競合他社と比べると，まだまだグローバル化の程度（国外店舗数）は低い。2005年末時点で，スウェーデンのH&M（ヘネス・アンド・モーリッツ，1947年設立）は国外店舗数と国内店舗数の割合が89.4%対10.6%，スペインのザラ（1975年設立）が68.6%対31.4%と，いずれも国外店舗数のほうが多い。

H&Mは，欧米を中心に24ヵ国で1,300店舗以上を設けた状態の2007年3月に，アジア第1号店を香港に開いた。このとき，マドンナをデザイナーに起用した「M by Madonna」を世界に先駆けて販売したことなどが話題に上った。

また，ザラは1988年末にポルトガルに進出したことを皮切りに，1989年にはパリとニューヨークへと出店して，世界三大市場を押さえ始めた。

ザラの主だった進出先国を挙げると，1992年にメキシコ，1993年にギリシア，1994年にベルギー，1998年に日本（当初はビギグループとの合弁で，後にザラ本社が子会社化した），2002年にシンガポール，2003年にマレーシア，2005年にフィリピンに店舗を構えた。まずヨーロッパと北米に進出して，21世紀の変わり目からアジアへの出店に力を入れ始めている。

2004年1月段階での各国店舗数を見ると，本国スペイン（221）以外で最も数が多いのはフランス（76）で，他に店舗数が多い国はポルトガル（40），メキシコ（33），ドイツ（26），イギリス（25），ギリシア（25）で，このと

<アパレル業界各社の国内外店舗比率：2005年時点>

	本国	国内店舗	国外店舗	グローバル化の程度
ユニクロ	日本	96.7%	3.3%	低い
ギャップ	アメリカ	78.7%	21.3%	↕
ザラ	スペイン	31.4%	68.6%	
H&M	スウェーデン	10.6%	89.4%	高い

き日本では 9 店舗を数えた。2006年 2 月時点では，ザラは世界59ヵ国に約850店舗を持つに至っている。

　こうしたザラを始めとするヨーロッパ系企業は，ベーシックな服を提供するユニクロとは違って，「ファスト・ファッション」(fast fashion：数日か数週間単位で最新スタイルを低価格で提供する，いわば超高速のサプライチェーン) をグローバル戦略の中心に置く。

　これに対して，シーズン前に 8 割以上ないし全量を生産するギャップ・インターナショナル（以下，ギャップと称す）[7]の売上高は2006年 1 月期で160億2,300万ドルとなっていて，ザラを主要ブランドとするグルポ・インディテクス[8]（同87億5,300万ドル）よりも多い。しかしギャップの営業利益率は10.8%で，グルポ・インディクスの16.2%より劣る。

　こうしたギャップを第一世代として，ザラや H&M を第二世代とする見方がある[9]。現在の主役は第二世代であって，その次にユニクロが第三世代を確立できるかどうかは現時点では定まりを見ていない。

　第二世代の顔役であるザラは，「片手を工場に，もう一方の手は顧客に触れておく」（顧客が購入するまで商品を自社管理する）というスタンスで，「ファッションの民主化」，「アイデア，流行，好みを飾り付ける」(dressing ideas, trends and tastes) といったコンセプトのもとに，ファスト・ファッションを展開する[10]。

　価格は約2,000円〜 3 万円台で，店舗への新作の入荷が週 2 回ある。在庫は 1 つの商品につき 4 〜 5 点しかなく，新作が次々と展開され， 3 週間で全商品が一巡する形となる。通常，この業界ではデザインから製造，販売までのリード・タイムが 9 ヵ月であるのに対して，ザラでは，それを22〜30日間

<アパレル業界　第二世代の時代>

第一世代	第二世代	第三世代
ギャップ	ザラ，H&M	ユニクロ（?）
	‖ ← ファスト・ファッション	
	現在の主役	

に縮めている。

　INSEADのケーススタディでは，その内訳はファイナル・デザインに1日，製造に3～8日，配送に1日，そして17～20日間を販売期間とすることが一般的であるとされる[11]。このようにザラは，かなりハイスピードな製品ライフサイクルを戦略として採る。その際には，流行志向の顧客の選択肢を増やすために，野菜の出荷のように頻繁に品出しをして，鮮度を重視する。

　ジョージタウン大学等でのケーススタディでは，これを実現するには，デザイン・販売・製造といった多様な活動を首尾良くまとめ上げることが必要であるから，デザイナー・マーケター・バイヤーのチームを早期の段階で統合していることが明らかにされる[12]。

　また，各店舗の端末はスペイン本部に直接つながっていて，発注は決められた締め切り時間（デッドライン）遵守で，全てスペイン語でなされる。スペインと南ヨーロッパの店舗は水曜日午後3時と土曜日午後6時，その他の店は火曜日午後3時と金曜日午後6時の週2回がデッドラインとなる。期限までに発注ができなかった場合には，その次の締め切り時間まで注文ができない。

　この厳しさは，ITを用いた在庫管理の手法では普通，あまり見られないもので，この点をハーバード・ビジネススクールでは，ザラがITを「非常に特殊なビジネス・ニーズ」のために社内で用いることで，完全な運営につなげていると見なす[13]。

　ザラでは，本国のスペイン最北西部のラコルニャに製造活動が集約されていて，デザインから完成まではすでに触れたように最短で1週間と非常に早く，スペイン工場から世界各地へとトラック便か航空貨物便で直接配送される。ヨーロッパの店舗には24時間，アメリカの店舗には48時間，日本の店舗には72時間で納品される。

　入荷商品にはすでに値札が付いていて，ハンガーに吊るされているので，再度アイロンがけをしなくても良く，そのまますぐに陳列できる。こうしたファスト・ファッションの姿勢について，ザラ・ジャパンの門田剛社長は，

<ザラ:ファスト・ファッション>

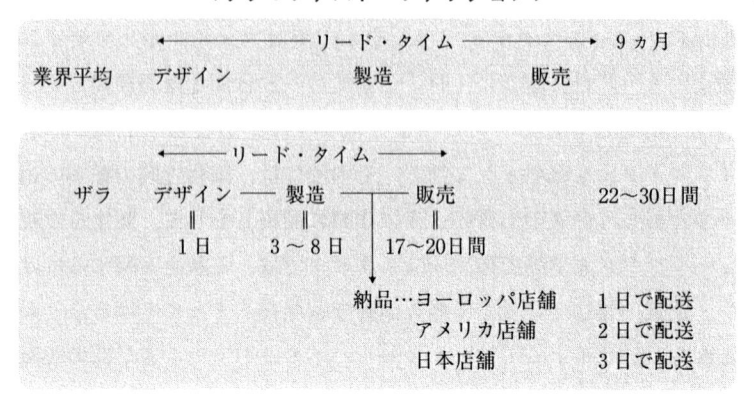

```
                ←――――― リード・タイム ―――――→ 9ヵ月
業界平均   デザイン         製造         販売

           ←―――― リード・タイム ――――→
   ザラ   デザイン ――― 製造 ――┬― 販売       22〜30日間
          ‖        ‖      │   ‖
          1日      3〜8日  │  17〜20日間
                           │
                           納品…ヨーロッパ店舗    1日で配送
                                 アメリカ店舗      2日で配送
                                 日本店舗          3日で配送
```

「ビジネスへのアプローチが早いのは,スペイン人の気質が出ている」,「良いと思ったものに行くスピードが日本人より数段早い」という。

　成果として,ザラを含むグルポ・インディテクスは売上高利益率が2001年で10.5%と同業他社より高い。H&Mが9.5%,ベネトン・グループが7%,ギャップに至っては0%だった。売上高在庫率も約10%で,他の3社の14〜15%と比べて,売れ残りは少ない。

　2003年でもグルポ・インディテクスの総売上高は45億9,890万ユーロ(対前年比15.7%増)で,売上高利益率も9.7%を保った。このうち,ザラの総売上高だけで32億1,960万ユーロを占めた。

　また2006年,インターブランド社によるグローバル・ブランド・ランキングで,ザラはブランド価値を前年より14%高めて73位となった。ユニクロは同ランキングで,まだ100位にも姿を見せていないので,世界でのブランド形成という点からでもザラやギャップ(2006年52位)に遅れをとっている。

　特にザラはアパレル業界では珍しく,正式なマーケティング部を持っておらず,マーケティングにかける費用は売上げの0.3%ほどだと言われる。ということは,ザラの主な宣伝方法はスターバックスやハーレーダビッドソンなどテレビCMをしない会社と同じく,「口コミ」ということになる。

　そのため,店舗内で得られる経験価値に注目することで,ザラの戦略に触

れることができる。こうした宣伝費をほとんどかけない企業が，ブランド・ランキングのチャートを賑わしている。本著第3章の最後にも述べたが，現在はブランド形成の手法がターニング・ポイントを迎えているので，これら企業のブランディングを探るのは，国際ビジネスの興味深い研究の1つとなる。

■ ザ・ボディショップ[14]

　天然物から作ったスキンケアおよびヘアケア製品を販売するボディショップ・インターナショナル（以下，ザ・ボディショップと称す）は，イギリスのグローバル・リテーラーとして最も成功したと見なされる。

　ザ・ボディショップは，1976年にブライトン（イギリス南部にある海水浴場のある保養地）で創業された。1978年に初めての海外店舗をベルギーのブリュッセルに構えた。当初のフランチャイズは全て女性がオーナーとなっていた。

　それは，男性が主に経済理論に基づいて科学的に損益を考える一方で，女性のほうは人の扱いやケアがより上手く，情熱的に仕事を考えるので女性に任せたいと，同社創業者のアニータ・ロディックが感じていたからである。

　1980年代には，その成長は目覚ましいもので，売上高と利益は年に平均50%で伸びた。1984年には138店舗を構え，そのうち87店舗はイギリス国外にあった。

　アメリカに初めてザ・ボディショップが進出したのは1988年のことだった。最初は新しい市場に慣れるため，直営店をニューヨークに開いた。ここが利益を出した後，1990年の秋からアメリカでのフランチャイズ展開を始めた。

　1990年には東京にも開店して，1993年には世界で1,000店舗を数えた。その1993年にアメリカでの売上高は前年より47%増の4,460万ドル，利益も同63%増の190万ドルに及んだ。

　しかし1年後には，アメリカでの販売の伸びは急に失速してしまった。ザ・ボディショップのような倫理観（動物実験の反対など）を持たずに，新

製品を矢継ぎ早に市場へと出す企業との競争が激化したからだった。倫理観が負担になっているのではないかという声が，アメリカのフランチャイズ経営者から上がった。

　これを受けてアニータ・ロディックは，「競合相手の顔色ばかり窺い，創造性を欠いている。創造性こそが私たちを際立たせるものだ」，「製品開発は進んでいるが，人材開発はどうか」，「新製品のアイデアはあるが，マーケティングで差異化を図ることができているか」などの疑問を現地経営者に投げかけ，アメリカでの再活性化を促した。

　アメリカの店舗数が290となった1998年2月，ザ・ボディショップの世界各地での売上高と利益は下の通りであったと，アニュアルレポートは伝えた[15]。

　1998年，世界での店舗は1,594で，その内訳はアメリカの290の他，イギリスで263，ヨーロッパで527，アジアで308（日本だけでは116），アメリカ（USA以外）で130，オーストラリアとニュージーランドで76店舗をそれぞれ数えた。

　下の数値の中，USAだけが赤字であることに関して，ザ・ボディショップのゴードン・ロディック会長は，「私たちに最大級の挑戦をさせ続けるUSAは，世界の中でも手ごわい市場の1つだ」と語った[16]。

<ザ・ボディショップの地域別売上高と利益：1998年>

（単位：100万ポンド）

地域	売上高	操業利益
イギリス	165.0	11.2
ヨーロッパ	148.0	8.0
アジア	108.3	15.4
USA	98.5	(1.7)
アメリカ（USA以外）	50.0	3.4
オーストラリアとニュージーランド	33.8	1.8
全体	603.6	38.1

同社は,「ケアリング・コスメティック」(Caring Cosmetic) ないし「スペシャリティ・バス・プロダクト」というコンセプトをどこよりも早く打ち出したところに比較優位があった。

しかしアメリカでは,イギリスで経験したことのないような競争の激しさや高コストの立地などの問題に直面した。ペンシルバニア州の店舗では,直接の競合相手が実に8社も存在していた[17]。

アメリカでは,ザ・ボディショップが出店されてから類似店が多く姿を見せた。そのほとんどがナチュラル志向を売りにして,フルーティなトイレタリーを格安価格で提供した。コピーキャット(模倣)マーケティングという手法に,同社はアメリカ進出で初めて出くわしたのだった。

他にも,①ザ・ボディショップは原材料の動物実験に反対するのに,アメリカでは市場に出回っている原材料の半分は動物実験をしていたため使用できなかったので,製品供給の手立てがなかった,②ザ・ボディショップはバーゲンセールをしたことがないのに,アメリカではディスカウント販売や,おまけ付き商品(商品に無料提供品を付けて売ること)を期待された,③ザ・ボディショップは広告をしない会社だったのに,宣伝広告の聖地・アメリカではそれをしない限り市場拡大は困難だったという状況が続いていた。

そうしたアメリカにおいてザ・ボディショップは,コミュニティ活動を通じて,地域に根ざすことで再浮上のきっかけをつかんだ。ザ・ボディショップは,貧困にあえぐコミュニティに手を差し伸べる活動をグラスゴーで進めていて,それをアメリカでも展開した。

貧しいコミュニティと取引をして,彼らの生活を向上させるという企業の社会的責任(CSR)を果たしながら,その地域に受け入れられていく。そこにはアニータ・ロディックの哲学が横たわっていた。

彼女は,ビジネスに必要なことは,①優しさに立ち返ること,②CEOへの巨額な報酬など,あくどいものを排除することだという。

①についてザ・ボディショップは,ゲリラ・マーケティング(注意をひくために,従来とは違う低コスト戦略を使うこと)を行う。

<ザ・ボディショップ小史>

1976年	イギリス・ブライトンで創業
1978年	ベルギー・ブリュッセルに初の海外店舗オープン
1984年	店舗数138（そのうち国外店舗87）
1988年	ニューヨークにアメリカ第1号店オープン
1990年	東京に日本第1号店オープン
1993年	店舗数1,000到達

　例えば，イギリス内を移動する搬送トラックのボディに行方不明者の情報を顔写真とともに描き，ヘルプラインの電話番号（フリーコール）も記載したところ，多数のコールがあって，何人かが発見された。優しさに立ち返って，コミュニティとつながるというのは，そういうことである。

　②については，自分が死んだら，それまでに稼いだ全ての財産は1ペンス残らず人権活動家たちに譲ると子どもたちに言い残している。「肩書きなどは何の意味も持たず，明日も昨日と同じように正確に仕事をするだけだ」というアニータ・ロディックの考えが，ザ・ボディショップという企業を通じて世界三大市場を貫いている。

■トイザらス

　『アマゾン・ドット・コム』，『ノードストローム・ウェイ』などの著作で知られる小売業ジャーナリストのロバート・スペクターが2005年に出版した本は，『カテゴリー・キラー』だった[18]。そのサブタイトルには，「小売革命が消費文化に与える影響」と付けられた。昨今の消費文化を変えている大きな勢力は，カテゴリー・キラーと呼ばれる企業群である。

　カテゴリー・キラーは，特定の商品分野だけを専門的に取り扱い，低価格や品揃えの面で他社の追随を許さず，その業界を支配して，そこでの競争相手をつぶしていく存在のことである。低価格を実現するため，セルフサービス（May You Help You？：自分のことは自分でしていただけますか）を基本とする。

第5章　国際ビジネスと世界三大市場―北米，ヨーロッパ，アジア―

　トイザらスは玩具業界のカテゴリー・キラーである。同社は，ワシントンDCでベビー用家具店を経営していたチャールズ・ラザラスが，「おもちゃも置いてほしい」という顧客の声に答えることをきっかけにしてできた玩具専門店である。

　ベビー用家具で，使い古されてぼろぼろになるものはほとんどない。玩具なら磨耗するか，飽きて捨てられることもあるから，また購入されることがある。そこにラザラスは事業機会を見出した。

　玩具を取り扱い出して，店の名前を「チルドレンズ・スーパーマート」と変えた。後に，これでは社名として長いという判断から，簡潔でありながら鮮烈な印象を与える名前が付けられた。それがトイザらスである。

　この名称は"Toys are us."（おもちゃといえば私たち）と，ラザラスの名前をかけたものである。Toys "R" Usの "R" は左右反転の鏡文字になっている。

　これは，文字を習い始めた子どもが，アルファベットを逆さに書いてしまうことがあるから，「子どもたちに親しみを持ってもらえる店になるように」という意味が込められている。

　1957年に「子どものスーパーマーケット」として創業したトイザらスが，カテゴリー・キラーとなることを支えたのは，大量一括仕入れとコンピュータによる在庫管理だった。それによって玩具の値引きが可能となった。価格を引き下げて，多くの玩具を消費者が買えるようにした。これこそ，「消費文化の民主化」だった。

　カテゴリー・キラーとしてのトイザらスは1984年，カナダとシンガポールに初めての海外出店をした後，すぐさまヨーロッパ，香港へと進出していった。特にイギリスでは玩具店自体が少なかったから，競合他社との競争はほとんどなかった。ドイツ，フランスにも支配的な玩具専門店がなかったため，海外進出はしやすかった。

　アメリカ国内に451店舗を抱えた1991年には，海外に97店舗を持ち，全体の売上げの14％を海外から得た[19]。97店舗数の内訳は，カナダ33，イギリ

ス29（香港3含む），ドイツ19，フランス10，マレーシア2，シンガポール2，台湾2となる。

　1991年12月には，日本マクドナルドとの共同出資（トイザらス80％，日本マクドナルド20％）で日本（茨城県・荒川沖店）にも初めて進出して，ワンストップ・ショッピングを定着させることに貢献した。

　この店舗には1992年1月，当時のブッシュ大統領が視察に来て，「日本の流通に横たわる障壁を除く取り組みが成功した。これはアメリカにとってだけではなく，日本の消費者にとっても成功である」と述べた。玩具は家電と比べて，製品の仕様を国別に変えなくても済むことも国際展開を支えた。

　ここで2000～2004年におけるトイザらスの総売上高とアメリカでのトイザらス（Toys"R"Us-U.S.），海外でのトイザらス（Toys"R"Us-International）双方の店舗数を見ると，下の通りであった[20]。

　この表からも分かるように，近年のトイザらスの総売上高は安定しており，店舗数は国内が微減した反面，海外では着実に数を増やしてきている。

　最近では2006年12月に，上海に中国本土1号店を開き，高い需要のある教育用玩具の品揃えを武器にして，大都市中心の店舗展開を図り出した。

　また，関連会社としては，1983年からKids"R"Us（2004年で閉店）が，1996年からはBabies"R"Usが展開されている。

　そうしたトイザらスは1999年に，店舗のレイアウトをＣ3（customer-driven, cost-effective concept）を重視したものに変えた。これによって，通

<トイザらスの総売上高と店舗数：2000～2004年>

	2000年	2001年	2002年	2003年	2004年
総売上高	118億6,200万ドル	113億3,200万ドル	110億1,900万ドル	113億500万ドル	115億6,600万ドル
トイザらスU.S.	710店	710店	701店	685店	685店
トイザらスインターナショナル	462店	491店	507店	544店	574店

第5章 国際ビジネスと世界三大市場―北米，ヨーロッパ，アジア―

<トイザらスのマーチャンダイズ：「ワールド」>

①	R Zone	…	ビデオゲームなど
②	Action and Adventure	…	アクション・フィギュアなど
③	Girls	…	人形など
④	Outdoor Fun	…	野外で遊ぶもの
⑤	Preschool	…	玩具など
⑥	Seasonal	…	クリスマス，ハロウィン用など
⑦	Juvenile	…	赤ちゃん用
⑧	Learning Center	…	教育用
⑨	Family Fun	…	ゲームやパズルなど

　路が広くなって，売り場面積が18％拡大した。2000年末までには4分の3の店舗が，このC3レイアウトを取り入れ，より快適な売り場空間へと変わった。同じく1999年には，マーチャンダイズに「ワールド」と称されるものを導入した。

　ワールドでは，主に上の9つの分野に商品を分け，店舗内での消費経験を高めることがめざされる。

　特にアメリカの玩具産業は，2001年に341億ドル（トラディショナル・トイ247億ドル，ビデオゲーム94億ドル），2002年に316億ドル（トラディショナル・トイ213億ドル，ビデオゲーム103億ドル），2003年に307億ドル（トラディショナル・トイ207億ドル，ビデオゲーム100億ドル）と大きい。

　これに応えるためトイザらスは，「子どもの心に喜びを，親の顔には笑顔を」（Put joy in kids' hearts and a smile on parents' faces）をビジョンとして掲げ，「全ての顧客を幸せにすることへの関与」（A commitment to making each and every customer happy）をミッションとする。

　その上で，ゴールを「子どもと家族，そして楽しさの世界的権威」（worldwide authority on kids, families, and fun）になることに置く。

　そうしたトイザらスの国際的フラッグシップ・ストアとなっているのが，2001年11月にオープンしたニューヨーク・タイムズスクエアの店舗である。

<トイザらス小史>

1957年	子どものスーパーマーケットとして創業
1983年	Kids"R"Us 展開（～2004年）
1984年	初の海外店舗をカナダ，シンガポールにオープン
1991年	国内店舗451，海外店舗97，茨城県に日本第1号店をオープン
1996年	Babies"R"Us 展開
1999年	C3（カスタマードリブン，コストエフェクティブ・コンセプト）を重視した店舗レイアウトに転換
2001年	フラッグシップ・ストアとなるニューヨーク・タイムズスクエア店オープン
2007年	大阪にトイザらスセレクトオープン

同店舗は毎年，クリスマス商戦初日の開店前になると行列ができるなど，トイザらスのイメージを伝える役割も担う。

他方，トイザらスは2006年1月時点で，日本国内で148もの店舗を数えた。

しかし，この2006年1月期での日本トイザらスの連結最終損益は2000年のジャスダック上場以来，初めて赤字に転落した。

これを受ける形で同社は2007年4月，なんばパークスに新業態となるトイザらスセレクトを開いた。親と子が楽しめることをコンセプトとして，初めて台所用品を取扱った。商品数は約7,000点として，既存店の約4割にまで抑えることで，百貨店レベルでの接客対応ができるようにした。これはアメリカ式の量的販売から日本式の質的販売への転化の試みである。

■ スターバックス

コーヒー業界のカテゴリー・キラーであるスターバックスも，トイザらスと同じく北米の企業で，アジアとヨーロッパという他の世界三大市場に出店している。1996年，北米以外で初めて進出したのは日本市場だった。

日本進出から10年たった2006年，スターバックスコーヒージャパンは新CEOとして，マリア・メルセデス・エム・コラーレス（2001年～2005年，リーバイ・ストラウスジャパン社長）を迎え，人事の面でも国際化を遂げつ

第 5 章　国際ビジネスと世界三大市場―北米，ヨーロッパ，アジア―

つある。

　このスターバックスは1998年，イギリスへの出店を開始した。2005年10月時点で，イギリスにスターバックスの店舗は466あって，ロンドンだけでも約200ある。この数は，ニューヨークの190店舗を凌ぐほどで，その浸透度が窺える。

　イギリスでは，スターバックスやローカルチェーンのコーヒーショップ（カフェ・ネロ，コーヒー・リパブリックなど）の店舗数が21世紀に入ってからの数年間，右肩上がりで伸び続けた。2004年では合計2,250店舗を突破した。

　実際，著者が2007年3月にロンドンを訪れた際も，市街のあちらこちらにスターバックスの店舗を目にした。旅行客が「あっ！ここにもスタバがある」と指をさす光景を何度となく見かけた。

　主要駅の周りには複数の店舗が立ち，さらには人気の少ない駅を降り立ってもすぐにスターバックスの店舗があったことは驚異的ですらあった。そのくらい目を見張るほどのクラスタリングがイギリスで展開されている。

　ロンドンの地下鉄にはトイレの設置が無いため，駅近くの店舗立地はトイレ代わりにもなる。そうした休憩所としての機能に，ソフトパワー（強制無しで受け入れられることができるチカラ）が宿っている。

　実際，イギリスでは顧客の約8割が店舗内でコーヒーを飲む。アメリカの顧客の8割が，コーヒーをテイクアウトすることと対照をなす。このことで，イギリスでのスターバックスは，コーヒーとともにフードも販売する機会がアメリカより多く生じる。

　ただし，こうしたコーヒーの普及にしたがって，イギリスでの紅茶の販売量が，2001年から2005年までの間に12％も落ち込んだ[21]。「イギリス＝紅茶」という伝統が破壊されそうなほど，イギリスでのコーヒー文化は高まりを見せている。

　日本市場に目を転じると，スターバックスは2005年9月，日本の1都3県（東京，神奈川，千葉，埼玉）のコンビニエンスストアで，プラスチック・

135

カップに入ったチルド・コーヒーをプレミアム価格（210円）で販売し始めた。これはRTD（ready to drink）市場への進出だった。

サントリーとの共同事業で，「スターバックス・ディカバリーズ」という名称として，「ミラノ」（エスプレッソ）と「シアトル」（ラテ）の2種類を売り出した[22]。これは発売と同時に大ヒットして，供給体制が間に合わず，一時的にエスプレッソを製造中止して，市場性の高いラテだけを販売することになったほどである。

コンビニエンスストアでも，スターバックスのトレードマークであるセイレンが目に付くようになったことで，日本でのスタバ・ブランドの浸透は進む。2006年以降には名古屋，大阪など主要都市での販売も始まって，2007年にはキャラメル味も投入された。

さらにスターバックスは，繁華街の路面店よりも投資コストが約半額で済む病院（順天堂大学病院，岡山大学病院，香川大学病院，独協医科大学病院など）への出店を始めた。また，東京大学工学部にも店舗を構えた。病院や大学には直接の競合相手の存在がなく，安定した売上げが見込める場所として，その後も出店が強化される。

また2006年には，高速道路のサービスエリア（SA）内にも出店した。まず東名高速道路の足柄SAと東北自動車道の蓮田SA（ともに上り線）に2店同時オープンして，その後も店舗数を増やした。これまでドトールコーヒーや珈琲館などの出店はあったが，シアトル系カフェでは初めてのSAへの出店となった。

2006年度3月期単独決算で，スターバックスジャパンは経常利益が前期比43％増の37億6,600万円と過去最高に達した。売上高も前期比10％増の679億3,700万円，既存店売上高も2％増と堅調さを告げた。果たして行き着くところは，「日本＝緑茶」の伝統の破壊となるのだろうか。

2006年，インターブランド社によるグローバル・ブランド・ランキングで，スターバックスは前年よりブランド価値を20％も高めて91位となった。この上昇率はランクインした100社のうち，グーグル（46％）に次いで大きなも

第5章　国際ビジネスと世界三大市場―北米，ヨーロッパ，アジア―

のであった。

3．世界三大市場を制するための3要素：1L2R

　ある市場では圧倒的存在であるのに，他の市場では伸び悩む企業も当然ある。例えばサンリオは，日本のファンシーグッズ市場で80％以上のシェアを占めるが，アメリカでは進出してから四半世紀過ぎても，1％のシェアしか築けていない[23]。

　VW（フォルクス・ワーゲン）もそうである。VWのアメリカでの販売を見ると，最も売上げが良かったのは1970年の56万9,696台だった。しかし1974年には1970年時の28％も売上げが落ち込んだ。以後，販売数は浮き沈みを繰り返したが，結局1970年のピーク時に戻ることは無く，2004年での売上げは25万6,111台だった。この数値は2001年と比べると40％も低い。

　アメリカでVWは自動車の中でも，「文化の遅れたところ」（backwater）として見なされている[24]。VWのほうもアメリカ人を「あなどる」ことが，会社の伝統として根付いている。このような状態では，北米事業の進展は難しい。

　一方でVWは中国への進出については，どこの自動車メーカーよりも早かった。1984年，上海汽車と合弁でつくった「サンタナ」が，中国での乗用車市場を切り拓いた。以来，「サンタナ」は現地での生産台数が2001年で22万台，2002年で20万台という最良の実績を残した。

　2003年での中国における国内自動車メーカーの販売数のシェアでも，1位が上海VW（39万6,000台，20.1％），2位が一汽VW（29万8,000台，15.1％）という圧倒的強さを誇った。

　国際ビジネスの成功の1つは，こうしたVWの中国事業のように優れた生産システムを，いち早くローカライゼーション（現地化）することが欠かせない。

　しかしVWの北米事業を見ると，それだけでは足りないことが分かる。成功した中国事業システムのレプリカ（複製）[25]を北米にも作ること，もし

137

くは「あの会社は本当に良いクルマをつくっている」といったレピュテーション（名声）づくりに努めることも，国際ビジネスには必要となる。

　これらは，ブランドにも関わってくる重要な要素である。2005年，インターブランドによるグローバル・ブランド・ランキングでは，他のドイツ自動車メーカーのランクが11位にメルセデス・ベンツ（前年11位），16位にBMW（前年17位），79位にアウディ（前年81位）と堅調であるのに対して，VWだけが前年48位から56位へと後退した。

　しかも，このときVWの前年度比の落ち込み率はランキング100社のうち，3番目に大きなものだった（1番落ち込み率が大きかったのはソニー，2番目はモーガン・スタンレー）。

　これについてVWのブランド・チーフ，ウォルフガン・ベーンハードは，「フォルクスワーゲンは現在の不備に十分，気づいている」と自社の危機的状況を把握する[26]。VWのCEO，ベルンド・ピスチェトスリエダーも，「最大の問題は，顧客志向でないことだ」と見なす[27]。

　こうしたVWが危機を克服するための処方箋は，①ローカライゼーション，②レプリカ，③レピュテーションの3要素（頭文字を取って，本著では「1L2R」と称す）を万全にすることにある。

<フォルクスワーゲンの世界市場>

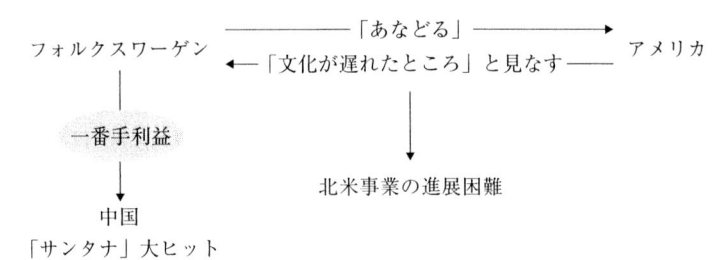

フォルクスワーゲン ──「あなどる」──→ アメリカ
　　　　　　　　　←「文化が遅れたところ」と見なす──

↓一番手利益　　　　　　　　　↓
中国　　　　　　　　　　　　北米事業の進展困難
「サンタナ」大ヒット

第5章　国際ビジネスと世界三大市場—北米，ヨーロッパ，アジア—

■(1)ローカライゼーション（現地化）
トヨタの北米，北フランスでの貢献

　トヨタはミシガン州アナーバーに研究開発拠点となる，トヨタ・テクニカル・センターを持っている。

　2005年4月，ミシガン州のグランホルム州知事は，「私たちはミシガン州でのトヨタの未来に期待している。この施設が拡張されることは大歓迎である」，「私には州を発展させる義務がある」，「私たちが頼りにしているのは，アメリカの自動車メーカーだけでなく，世界である」と述べた[28]。

　ミシガン州にとってトヨタは，有権者に働き口を提供してくれる点で，GMとは異なるのだった。実際，トヨタは北米に11の工場を持ち，3万7,351人を雇用している（2005年6月時点）。

　対米投資額でも140億ドルと，ホンダの63億ドル，日産の42億ドル，マツダの19億ドル，三菱自動車の14億ドル，富士重工業の12億ドルと比べても群を抜いている。それゆえトヨタには3,900万ドルの税優遇措置などが与えられるなど，現地に迎え入れられている。

　こうしたローカライゼーションが追い風となって，2004年の利益は110億ドルを記録した。これは，ビッグ・スリーであるフォードの35億ドル，ダイムラークライスラーの33億ドル，GMの28億ドルの合計額よりも多いことになる。

　それを反映するかのように，フォーチュン誌が2007年3月に発表した「世界の最も称賛される会社」の第2位にトヨタが選ばれた（1位はGE）[29]。同時に発表された「アメリカの最も称賛される企業」でもトヨタは3位で，しかもトップ20で唯一の外国企業だった（1位はGE，2位はスターバックス）[30]。

　トヨタの雇用への貢献は北米だけでなく，いま1つの大市場であるヨーロッパでもなされている。北フランスに持っている完成車工場で1,000人の従業員を追加採用した（2005年）。新規採用者は，「ヤリス」（日本名：2代

139

目ヴィッツ)のモデルチェンジに伴う,年間生産能力の増強(年24万台から27万台へ)に充てられる。

　地元の雇用政策の責任者であるボルロー社会連帯相は,「フランスでの投資を続ける決断は,産業分野での我が国の底力と労働者の能力への認識を示している」と歓迎モードで捉えた。これまで同工場への総投資額は約9億ユーロ(1,200億円)に達していて,2,900人を雇用している(2005年9月時点)。

　こうしたローカライゼーションは,グローバリゼーションにも作用する。従来,トヨタ本社の役員は全て日本人であったのに,2005年6月に発足された新体制では,48人中6人が外国人で,そのうち3人が北米出身となった。

■ (2)レプリカ(複製)

ディズニーランド in 中国

　2004年,オーランドのウォルト・ディズニー・ワールドには4,050万人,東京ディズニーランドおよびディズニーシーには2,540万人,アナハイムのディズニーランドおよびカルフォルニア・アドベンチャーには1,890万人,ディズニーランド・パリには1,020万人もの人々が訪れた[31]。

　この年,世界で延べ1億人にも迫る人々が,ウォルト・ディズニーのテーマパークで時を過ごしたということである。その翌年2005年9月12日には,「眠れる森の美女の城」をシンボルとした香港ディズニーランド(HKD)がオープンした。

　このオープン日は縁起が良いとされる日取りで,アトラクションや建物の全ての配置からテーマパークやホテルの入り口に至るまでも風水に従っている。HKDの開園によって,本国アメリカ以外では日本(東京),フランス(パリ)に続く3ヵ国目(中国)への進出となった。

　このパークの宣伝のために,ディズニーワールドを中国人に教える「マジカル・ワールド・オブ・ディズニーランド」というテレビ番組の中国語バージョンが中国南部で毎週土曜の夜に放映された。アナハイムに初めてディズ

ニーランドができたときと同じプロモーションが，中国市場でレプリカ（自社ビジネスシステムの本国以外の市場での複製）されたのである。

ウォルト・ディズニーにとってHKDは，中国市場参入への足がかりとなる。

中国という巨大市場でビジネスが成功を収めることで，ウォルト・ディズニーは真のグローバル・ブランドを手にできる。では，そのためのクリア・ポイントは何であろうか。

ナイキやフォードの中国進出の手助けをした広告代理店（WPPグループのJWT）は，「アメリカン・ドリームを感じさせないことだ」と見る[32]。言い換えると，「夢を感じさせるのは良い。しかし，それが"アメリカの"ではダメだ」ということである。アメリカのアイデンティティを打ち出して中国市場で成功した製品は1つもないという。

確かにユーロ・ディズニー（ディズニーランド・パリ）も開園当初，この問題で出遅れてしまった。「フランスにおけるアメリカのテーマパーク」ではなく，「フランスのためのテーマパーク」になる必要があった。

東京ディズニーランドでも，本家のメインストリートUSAに該当する部分が，ワールド・バザーという名称になっている。アメリカという1国だけを連想させない異国感を出すようにアレンジされたのである。

また，HKDの入場料は大人1枚（1日パスポート）が土・日およびピーク時で45ドル（350香港ドル，約4,900円）となっていて，パリの49ドル，東京の50ドルと比べると格安である。平日では大人1枚が295香港ドル（約4,130円）とさらに安い。これは，ウォルト・ディズニーが狙いとする客層の大部分が訪れやすい料金設定となっている。

特にHKDは香港政府の熱望もあって，観光都市再生の切り札として，空港のあるランタオ島の東岸の埋立地に誘致された。

敷地面積は126ヘクタール（この内，パーク面積が20ヘクタール）で，東京ディズニーリゾートの200ヘクタール（このうちランドが51ヘクタール，シーが49ヘクタール）よりは狭いながら，ランド内のレストランにはチャー

シューバーガーなど中華風のメニューを充実させることで，アメリカ色を感じさせないようにしている。

市街地や空港から30分〜1時間弱といった好立地で，アクセスもしやすい。直営ホテルの香港ディズニーランドホテルには1,600香港ドル，ディズニー・ハリウッド・ホテルには1,000香港ドルで宿泊できる。東京ディズニーシー内にあるホテルミラコスタや，東京ディズニーランドの近くにあるディズニーアンバサダーホテルよりも安く泊まることができる点も魅力となる。

HKDの入園者数が公開リハーサル期間を含めて100万人に達したのは，2005年11月中旬のことだった。内訳は香港からの来園者が49％，中国本土からが26％，その他の地域からが25％となる。

こうしたHKDに続いて，上海へのディズニーランド建設が進められている。上海は一時，ユニバーサル・スタジオが進出を考えていた場所でもあった。それほど魅力的な上海でのテーマパークは，ウォルト・ディズニーが国際ビジネスを築く上での礎石となるほど重要なものである。

ウォルマート in 中国

このような中国へのレプリカは，ウォルマートも行っている。ウォルマートのデビッド・グラスCEOは，「世界の中でも中国はアメリカでの成功を"レプリカ"できる場所の1つである」と公言した[33]。レプリカといっても，それはウォルマートの企業文化の部分であって，中国人の好みのものを売るためのローカリゼーションも併せて必要となる。

アメリカとは違って，中国の消費者は自動車ではなく，主に徒歩や自転車で買い物に行くことが多い。家も比較的小さく，それゆえ冷蔵庫も小さいため，少量をほぼ毎日か2日に一度はマーケットに行く習慣がある。だから中国のウォルマート（スーパーセンター）は，食品にフロア・スペースの多くを当てている[34]。

一方で，こうしたレプリカが難しい産業もある。例えば医薬品産業の場合，日本へと参入する外国メーカーは，日本での流通慣行に従わなければならな

い。これはウォルマートにも当てはまる。日本の流通システムは複雑である。その中で，食料品の鮮度への要求が極めて高い日本の消費者と向き合っていかなければならない。

これについて2005年末に西友のCEOとなったエドワード・カレジェッスキー（元ウォルマート・インターナショナルCOO）は就任時に，「ウォルマート流を一律に押し付けるのではなく，日本国内の事情に配慮する」という姿勢を示した。

ウォルマート傘下で経営再建中の西友は2005年12月期連結決算で，4期連続の当期赤字となった。同期の売上高は9,971億円（前期比3.3％減）で2期連続の減収，営業利益は12億円（同87.1％減），当期損失が177億円（54億円増）だった。

これを受けてカレジェッスキーCEOは，「1億2,500万人もいる市場で西友の占有率は実力の割には小さい。日本で小売りを続けられることに，我々は楽観的だ」と述べた。今後，どのようにウォルマートが日本で展開するかを捉えることも，国際ビジネス研究にとって興味深いテーマである。

スターバックス in 中国

1999年1月から中国に進出して以来，中国の都市部にはスターバックス（星巴克珈琲）の店舗が目に付くようになった。2000年9月には，北京の故宮（紫禁城）内にも店舗を構えた。故宮は，中国の明・清両王朝の宮殿で，世界文化遺産でもある。

このときニューヨーク・タイムズは，「もしグローバル化の極地を成し得たというエンブレムがあるのなら，これがまさにそうだ。クレムリンのマクドナルド以上に，歴史上重要な場所に出店した」と評した[35]。紫禁城の雰囲気を台無しにしないように，スターバックスの商標などは店内に設置して，店舗自体も小さめで，2つの小テーブルと幾つかの椅子しか置かなかった。

こうした控えめな存在であったにもかかわらず，この出店については現地での論争に火をつけることになった。それは，やはり紫禁城という場所への

立地についてである。上海のピープルズ・デイリーが約6万人に調査したところ，7割以上の者がこの出店には反対としているということが明らかになった（Sima.com 調べ）36)。

反対の大きな理由は，中国の文化遺産ならびにその雰囲気にダメージを与えるということだった。例えるならば，日本の金閣寺や清水寺のすぐそばにスターバックスの店舗があるというニュアンスに近いだろうか。

京都では，三条大橋の袂の鴨川沿いにスターバックスの店舗がある。著者は学生時代，その付近で4年間住んでいたが，その景観を崩さない出店がなされているという印象があった。紫禁城でも，現地からの違和感が無くなったとき，そこにレプリカが成立したことになる。

■(3)レピュテーション（名声）

アディダスの得意市場，苦手市場

2005年8月3日，アディダスはリーボック・インターナショナルの合併が合意に達したことを明らかにした37)。リーボックは1980年代初頭にアメリカで起こったエアロビクス・ブームに，「フリースタイル」というシューズを販売することで上手く対応した。それによって，ライフスタイル・ブランドとしてのポジションをスポーツシューズ市場でとることができた。

ドイツ企業で職人気質の強いアディダスにとって，このリーボック・ブランドの持つレピュテーション（名声）は，世界最大のスポーツシューズ市場であり，世界中に影響を与えるような流行が生まれる場所である北米市場に浸透するための，さらには市場トップのナイキを攻略するための武器となる。

北米市場でアディダスは1984年，マイケル・ジョーダンと契約を結ぶ機会を逃したという苦い経験を持つ。アディダスはサッカーのフランチャイズ・ビジネスを強みとして，多くの国際市場を制している。しかし，北米市場では積極的な販売促進ができておらず，ゆっくりとした成長に留まっている。

そうした中，リーボックがNBA（ナショナル・バスケットボール・アソシエーション）やNHL（ナショナル・ホッケー・リーグ）とライセンス契

約を結んだり，2001年にはNFL（ナショナル・フットボール・リーグ）でプレイヤーがリーボックを履いたシーンがテレビ画面に目立って映し出されたりしたことなどは，アディダスにとっては魅力的に見えた。

アディダスやカメラメーカーのライカなどは，典型的なドイツ企業である。確かに優れた商品を作り出すことはできるが，それをマーケティングに上手く乗せることができないのである。

アディダスは特に中核の顧客にあたる，流行に敏感な若者に対しての訴求力を欠いている。実際，アディダスのチーフ・エグゼクティブであるH. ハインナーは，「アーバンな市場に進出することは私たちにとって簡単なことではない」ということを認めている（2005年5月）[38]。

ただし，このコメントは「発展途上の市場も苦手だ」とは言っていないところに注目すべきである。例えば中国市場へのアディダスのアプローチには目を見張るものがある。2008年の北京オリンピックでのスポーツウェア・スポンサーとなることが決まっている。

このイベントは中国を団結させる稀少なパワーを持っているだけに，ナイキと競い合った結果，スポンサーの座をアディダスが勝ち取ったことは，その宣伝効果は絶大なものだと予期できる。

アディダスは，かつてよりも早いペースで中国での出店を行っていて，2005年5月現在で1,300店舗を中国全土で展開している。非常に地味な佇まいの中国の町並みにおいて，自社の店舗が際立つようなアイ・キャッチング・プロモーションに狙いを定めている[39]。

一般に，市場に競争者がいる場合の戦略には，大きく分けて2通りある[40]。1つは，他社の良いところを学んで応用したり，他社を回避したりする戦略（benchmark and sidestep）である。また1つは，競争相手から逃げずに自ら競争の仕方を変えていき，新しいビジネスモデルを築いていく戦略（confront and challenge）である。

アディダスの中国でのアイ・キャッチング・プロモーションは，より攻撃的な後者の戦略（confront and challenge）と言える。実際，中国でのア

ディダスの売上げは過去2年間（2003年～2005年）で倍になった。

中国でのコカ・コーラ・ロードショー

　アディダスと同様の展開を2000年頃からコカ・コーラも行い始めている。コーク（Coke）の入ったクーラーボックスとアンブレラを中国の主要都市で多く目に付くようにしている。また，無料サンプルを配ったり，ルーラルな顧客にエンタテイメント性を伝えたりするなど，文字通りのロードショー（地方興行）を繰り広げている。

　アディダスやコカ・コーラといった種類の消費財は，受入国からのプル（pull：企業の進出を誘導するような国側からの要求）は少ないから，企業自ら働きかけること，つまりプッシュ（push）をしなければならない。

　プッシュを通じて，その国からのレピュテーションを得て，インサイダー（insider：国内の企業のように振舞える存在）になる必要がある。主要な市場でインサイダー化を図ることは，グローバルな成功に通じる道である[41]。

　ロードショーを行った成果は，ただちには出なかった。中国清涼飲料市場における販売量で，2000年の1位は確かに15.6％で可口可楽（中国）飲料有限公司だった（主要ブランド：コカ・コーラ）[42]。

　ロードショー展開では，この占有率を拡大することが期待される。しかし，2002年の結果を見ると，コカ・コーラの1位は変わりなかったが，占有率は15.5％と横ばいに終わった。このときの2位は広州娃哈哈飲料有限公司（中国，主要ブランド：娃哈哈，2000年8.1％，2002年10.8％），3位は百事（中国）有限公司（主要ブランド：ペプシ，2000年9.2％，2002年8.4％）であった。

　これに加えて，コカ・コーラの自国アメリカでも懸念すべき問題がある。2005年，アメリカでの炭酸飲料の総販売量は前年比0.2％減となった。ビバリッジ・ダイジェストがアメリカの飲料業界の動向を調査し出した1985年以来，初めての前年割れであった。1人が1年間で飲む炭酸飲料が2リットル減ったことになる数値だった。

第5章 国際ビジネスと世界三大市場―北米,ヨーロッパ,アジア―

<世界三大市場を制するための3要素:1L2R>

①	ローカライゼーション(現地化) 例:ミシガン州におけるトヨタ
②	レプリカ(複製) 例:中国におけるウォルト・ディズニー,ウォルマート 　　中国・故宮のスターバックス(賛否両論)
③	レピュテーション(名声) 例:リーボック合併によるアメリカでのアディダス 　　中国におけるアディダス,コカ・コーラ

　本著あとがきで記すようなレッドブルといったエネルギードリンクも統計上,同分類に含まれているため,コカ・コーラのアメリカでの総販売量はマイナス傾向にある。それゆえに中国でのインサイダー化は,今後の企業成長にとって必須のものとなる。

4.ディテールにこだわる[43]

　アメリカのデイトン百貨店の創業者であるジョージ・ドレイパー・デイトンは,ビジネスをこう定義している。「納得できることをする,納得できるときにする,やるべきことをする,それだけである」。

　ビジネスを納得したものにするためには,ディテール(細部)にまで配慮が行き届く必要がある。「リテール・イズ・ディテール」(小売とは細部にこだわること)とよく言われる。

　デイトン百貨店が1962年に設立したディスカウントストア,ターゲットはライバル社のウォルマートに対してスタイリッシュな商品を提供することで差異化を図ってきた。

　そのターゲットが2002年8月,「88」というマークが付いたショートパンツと野球帽を全店から回収した。なぜなら,アルファベットで8番目の文字はHである。つまり88はネオナチの間で"HH"(Heil Hitler:ハイル・ヒットラー)という意味をなす記号だったからである。

　異文化へ十分な配慮ができるかどうかは,国際ビジネスを展開しようとす

る企業の成長を大きく左右する。

注

1) Bartlett, C. A., S. Ghoshal, and J. Birkinshaw, *Transnational Management : Text, Cases, and Reading in Cross-Border Management*, 4th Edition, McGraw-Hill, 2003, p. 4. ／梅津祐良訳『MBA のグローバル経営』日本能率協会マネジメントセンター，1998年，8～9ページ（同訳書は1995年に出版された第2版のテキスト部分が訳出されたもの）。原書はテキストに加え，論文，ケーススタディが豊富に掲載された850ページの大著である。

2) Ghauri, P. N. and P. J. Buckley, "Globalisation and the End of Competition : A Critical Review of Rent-seeking Multinationals," V. Havila, M. Forsgren, and H. Håkansson, *Critical Perspectives on Internationalisation*, Pergamon, 2002, p. 17.

3) Roach, B., "A Primer on Multinational Corporations," A. D. Chandler, Jr. and B. Mazlish, *Leviathans : Multinational Corporations and the New Global History*, Cambridge University Press, 2005, p. 30.

4) Stonehouse, G., D. Campbell, J. Hamill, and T. Purdie, *Global and Transnational Business : Strategy and Management*, John Wiley & Sons, 2004, p. 140.

5) ここでは『ニューズウィーク日本版』阪急コミュミケーションズ，2005年11月23日，68～69ページを参考にしている。

6) Woods, G. P., "Fast Retailing Slows Rollout," *The Wall Street Journal*, September 28, 2005.

7) ギャップは他に「バナナ・リパブリック」（高級カジュアルブランド，2005年に日本進出）と「オールドネイビー」（ギャップ以上に低価格を追求するもの，2007年2月時点で日本未出店）という主力ブランドに持つ。2005年度での総売上げ（160億ドル）では，オールドネイビー（68億ドル）が最も多く，ギャップ（54億ドル），バナナ・リパブリック（22億ドル）と並ぶ。ギャップの国外店舗数と国内店舗数の割合を見ると21.3％対78.7％と，国内店舗数のほうが多いが，ユニクロの3.3％対96.7％よりは比率が高い。

8) グルポ・インディテクスはザラの他に Bershka, Massimo Dutti, Pull &Bear, Stradivarius, Kiddy's Class, Oysho といったブランドを持ち，1991年から2003年の間に，グループ総売上高を3億6,700万ユーロから46億ユーロ（12倍以上）

　　　　　　　　　　　　　　　　第 5 章　国際ビジネスと世界三大市場―北米，ヨーロッパ，アジア―

　　　へ，利益も3,100万ユーロから 4 億4,700万ユーロ（14倍）へと増やした。この
　　　グルポ・インディテクスは世界衣料専門店の2004年度売上高で 4 位（7,600億
　　　円）だった。このときの 1 位はギャップ（ 1 兆8,000億円），2 位はリミテッド
　　　（アメリカ，1 兆円），3 位はH&M（9,000億円），5 位はネクスト（アメリ
　　　カ，5,900億円），6 位はファーストリテイリング（3,400億円）であった（日
　　　本経済新聞調べ）。
9 ）　『週刊東洋経済』2007年 2 月24日号「米 GAP を悩ます販売不振　アパレルの
　　　巨人はどこへ行く」94～97ページ。
10）　以下，ザラについては Burt, S., J. Dawson, and R. Larke, "Inditex-Zara : Re-
　　　Writing the Rules in Apparel Retailing," Edited by J. Dawson, R. Larke, M.
　　　Mukoyama, *Strategic Issues in International Retailing*, Routledge, 2006, pp. 71-90.
　　　／カスラ・フェルドーズ，マイケル A. ルイス，ホセ A. D. マチューカ「ザラ：
　　　スペイン版トヨタ生産方式」DIAMOND ハーバード・ビジネス・レビュー編
　　　集部編・訳『サプライチェーンの経営学』ダイヤモンド社，2006年，39～59ペ
　　　ージを参考にしている。
11）　Harle, N., M. Pich, and L. Van der Heyden, "Mark & Spencer and Zara : Proc-
　　　ess Competition in the Textile Apparel Industry," INSEAD Case Study, 2002.
12）　Ferdows, K., J. Machuca, and M. Lewis, "Zara," Georgetown University／Uni-
　　　versidad de Sevilla／University of Warwick Case Study, 603－002－01, 2002.
13）　McAfee, A., A. Sjoman, and V. Dessain, "Zara : IT for Fast Fashion," Harvard
　　　Business School Case Study, 9－604－081, 2004.
14）　ここではアニータ・ロディック著，ハント・ヴェルク訳『ザ・ボディショッ
　　　プの，みんなが幸せになるビジネス。』トランスワールドジャパン，2006年。
　　　／Almaney, A. J., "The Body Shop International : U. S. Operations," C. W. L. Hill
　　　and G. R. Jones, *Cases in Strategic Management*, 6th Edition, Houghton Mifflin
　　　Company, 2004, pp. 176－189.／Fogarty, E. A., J. P. Vincelette, and T. L.
　　　Wheelen, "The Body Shop International PLC : Anita Roddick, OBE," T. L.
　　　Wheelen and J. D. Hunger, *Strategic Management and Business Policy : Cases*, 8th
　　　Edition, Prentice Hall, 2002, Case 7 を参考にしている。また，ザ・ボディ
　　　ショップは2006年にロレアルが 6 億5,200万ポンド（約1,300億円）で買収した。
15）　The Body Shop International, *1998 Annual Report*, pp. 18－20, 25－29, 68.
16）　The Body Shop International, *1996 Annual Report*, p. 1.

17) Parket-Pope, T., "Body Shop Prepares U. S. Image Makeover," *The Wall Street Journal*, November 12, 1996, B5.

18) Spector, R., *Category Killers : The Retail Revolution and Its Impact on Consumer Culture*, Harvard Business School Press, 2005.／遠藤真美訳『カテゴリー・キラー』ランダムハウス講談社，2005年。

19) Spar, D., J. MacKenzie, and L. Bures, "Toys"R"Us Japan," C. A. Bartlett, S. Ghoshal, and J. Birkinshaw, *op. cit*, 2003, p. 106.

20) 以下、ここでは Eisner, A. B., "Toys"R"Us Moving into 2004," G. G. Dess, G. T. Lumpkin, and A. B. Eisner, *Strategic Management : Text and Cases*, 2nd Edition, McGrow-Hill, 2004, pp. 866–871を参考にしている。

21) マーケット・リサーチ会社、ミンテル調べ (Ball, D., "Lattes Lure Brits to Coffee," *The Wall Street Journal*, October 20, 2005, B 1）。

22) Woods, G. P., "Starbucks to Offer Cold Drinks in Convenience Stores in Japan," *The Wall Street Journal*, September 27, 2005, B4.

23) Belson, K. and B. Bremner, *Hello Kitty : The Remarkable Story of Sanrio and Billion Dollar Feline Phenomenon*, John Wiley & Sons, 2004.／酒井泰介訳『巨額を稼ぎ出すハローキティの生態』東洋経済新報社，2004年，156ページ。

24) TaylorⅢ, A., "Can America Fall in Love with VW Again?" *Fortune*, May 16, 2005, p. 130.

25) レプリカに似た意味合いとして、「コピー＆ペースト」という言葉を用いるマネジャーもいる。例えばユニクロ USA の堂前宣夫 CEO は、アメリカでの出店方法に関して、「このビジネスモデルでいけると思ったら、同じやり方でさまざまな場所にコピー＆ペーストしていく」と述べた（前掲『ニューズウィーク日本版』2005年11月23日）。

26) Berner, R. and D. Kiley, "Global Brands," *Business Week*, September 5/12, 2005, p. 58.

27) White, J. B. and S. Power, "VW Chief Confronts Corporate Culture," *The Wall Street Journal*, September 19, 2005, B2.

28) Naughton, K., "Toyota Triumphs," *Newsweek*, May 9, 2005, pp. 39–40.／「世界のトヨタ、アクセル全開」『ニューズウィーク日本版』2005年6月1日号，34～36ページ。

29) *Fortune*（*The World's Most Admired Companies*），March 19, 2007, p. 39.

第 5 章　国際ビジネスと世界三大市場―北米，ヨーロッパ，アジア―

30) *Fortune*（*America's Most Admired Companies*）, March 19, 2007, p. 89.
31) データは，ウォルト・ディズニー社アミューズメント・ビジネス・リサーチによる（Cartledge, S., "Praying for Plenty of Fairy Dust," *Business Week*, July 11, 2005, p. 23.）。
32) Fowler, G. A. and M. Marr, "Disney's China Play," *The Wall Street Journal*, June 16, 2005, B1.
33) Chandler, C., "The Great Wal-Mart of China," *Fortune*, July 25, 2005, p. 64.
34) *Ibid*, p. 66.
35) "Globalization Puts a Starbucks into the Forbidden City in Beijing," *New York Times*, November 25, 2000.
36) "Starbucks Cafe in Forbidden City under Fire," *People's Daily*（Shanghai），November 24, 2000.
37) Karnitschnig, M. and S. Kang, "Adidas Tries to Broaden Appeal with Acquisition of Reebok," *The Wall Street Journal*, August 4, 2005, A1.
38) *Ibid*, A6.
39) Simons, G., "They Don't Kill Dragons, Do They?" *Newsweek*, May 9, 2005, p. 22.
40) この 2 つの戦略については Bartlett, C. A. and S. Ghoshal, "Going Global : Lessons from Late Movers," C. A. Bartlett, S. Ghoshal, and J. Birkinshaw, *op. cit*, 2003, pp. 85-88 を参考にしている。
41) Kenichi, O., "Managing in a Borderless World," C. A. Bartlett, S. Ghoshal, and J. Birkinshaw, *ibid*, 2003, p. 77.
42) 山下裕子＋一橋大学 BIC プロジェクトチーム『ブランディング・イン・チャイナ』東洋経済新報社，2006 年，86 ページ。
43) ここでは Rowley, L., *On Target : How the World's Hottest Retailer Hit a Bull's-Eye*, John Wiley & Sons, 2003. ／田中めぐみ訳『ターゲット　全米 No. 2 ディスカウントストアの挑戦』商業界，2005 年を参考にしている。

第6章

国際ビジネスの新たな舞台
―BRICs―

1．新興市場・BRICs[1]

■ BOPに向けた新しいビジネス

　企業にとって売り上げを伸ばすことはトップラインの引き上げで，利益を増やすことはボトムラインの引き上げとなる。トップライン，ボトムライン双方の向上ができるのが，新市場への進出である。

　企業は新市場において，他社と提携したり，主要な技術に投資したり，広告活動などをしたりすることで，自らの環境を創り出せる。このように企業が環境を左右できることは，戦略的マネジメントの見地からは「イナクトメント」（enactment：制定）と呼ばれる[2]。

　世界の所得階層を経済ピラミッドに見立てると，40億人もの人々が経済ピラミッドの底辺（BOP：bottom of the pyramid）にいて，1日2ドル未満で生活している[3]。世界銀行の定義では，こうして1日2ドル以下で暮らすことを「貧困」（poverty）と呼び，さらに1日1ドル以下で生活することを「極貧」（extreme poverty）と呼ぶ。

　世界銀行の「2007年版世界開発指標」では，2004年の極貧層人口は前回調査の2002年から8,100万人減って，約9億8,600万人となった。現在の調査方法に変わった1981年以降で，10億人を割ったのは初めてのことであった。

　地域別に見ると，東アジア・太平洋地域が約6,000万人減の1億6,900万人と減少幅が一番大きく，同地域人口全体に占める割合が9％となった。中で

も勢い付いている中国は約5,000万人減って，1億2,800万人となった。それでもサハラ砂漠以南のアフリカでは極貧層が地域人口全体の41.1％，南アジアが32％をまだ占めている。

グローバル企業となるためには，こうした極貧層や貧困層といったBOPを新規顧客としたビジネスを行うというイナクトメントを積極的になしていく必要がある。

そこでは，従来のビジネスとは異なった手法を採ることも求められる。例えばインドではシャンプーや紅茶，ケチャップなどが，少なめの量での使いきりパックで売られる。

お金に余裕のある層は，大きめのボトルを買ってストックすることができる。しかしBOP市場では，現金があるときが買い物をする日で，しかもその日に必要なものを買う者が多い。これに対応するため，インドのシャンプー市場では，P&Gが「パンテーン」を使い切りパックで販売する。

こうした新しい市場での消費を促すには，次の3つのAが原則となる[4]。

① Affordability … 手ごろな価格に設定する。
② Access … 買いやすい時間帯で販売する。
③ Availability … 買いやすい場所で販売する。

また，使いきりパックなどはBOP市場での消費を活性化させるものであるが，使用後に大量に出る包装をどう処理するかという問題も同時に起こる。これを併せて解決できるビジネスも企業には求められる。

■ 2050年への道

21世紀になってBOPを多く抱える国の中でも，その市場の大きさや成長性に魅力がある新興市場として，次の4国がBRICsという名称で注目を強く集めている。

このうち中国は，かつて明・清の時代にヨーロッパとの交易が盛んであっ

第6章　国際ビジネスの新たな舞台—BRICs—

<BRICs>

①	ブラジル連邦共和国（Federative Republic of Brazil） 首都：ブラジリア，言語：ポルトガル語，通貨：レアル
②	ロシア連邦（Russian Federation） 首都：モスクワ，言語：ロシア語が公用語，通貨：ルーブル
③	インド共和国（Republic of India） 首都：ニューデリー，言語：連邦公用語はヒンディー語，通貨：ルピー
④	中華人民共和国（People's Republic of China） 首都：北京，言語：漢語（中国語），通貨：人民元

た。インドも，ムガール帝国の時代に東西アジアと地中海，アフリカを結ぶ中継貿易国として機能していた。ここにきて，両国が再び発展し始めたということで，「リオリエント」（再東方志向）とも呼ばれる[5]。

　BRICs という言葉が初めて登場したのは，アメリカ証券会社のゴールドマン・サックス社が2003年10月に発表した「BRICs とともに見る夢—2050年への道」という投資家向けのレポートだった[6]。このレポートでは2032年にインド経済は日本経済より大きくなる，2041年には中国経済がアメリカ経済より大きくなる（つまり世界最大の経済国となる）と指摘された。

　また，ブラジルの経済規模は2025年にイタリア，2031年にフランス，2036年にドイツに追いつき，ロシアの経済規模は2018年にイタリア，2024年にフランス，2027年にイギリス，2028年にドイツに追いつくと予測された。

　結論として2050年の世界の GDP ランキング（US ドルベース）は，①中国，②アメリカ，③インド，④日本，⑤ブラジル，⑥ロシア，⑦イギリスの順になることが示された。アメリカの GDP を100とした場合，このとき，中国は127，インドは80となると見なされている。

　この改訂版にあたるレポートが2005年12月に発行され，BRICs の成長が予測した以上に良好で頑健なものとなっていることが明らかにされた[7]。

　改訂版では，2005年時点で G7（カナダ・フランス・ドイツ・イタリア・日本・イギリス・アメリカ）の約15％しかない BRICs の経済規模（US ドルベースでの実質 GDP）が，2040年には G7 に比肩して，2050年には G7 の

<ゴールドマン・サックス社レポートにおける予測>

2018年	ロシア経済	≧	イタリア経済
2024年	ロシア経済	≧	フランス経済
2025年	ブラジル経済	≧	イタリア経済
2027年	ロシア経済	≧	イギリス経済
2028年	ロシア経済	≧	ドイツ経済
2031年	ブラジル経済	≧	フランス経済
2032年	インド経済	＞	日本経済
2036年	ブラジル経済	≧	ドイツ経済
2041年	中国経済	＞	アメリカ経済
2050年	世界経済大国が中国，アメリカ，インド，日本，ブラジル，ロシアの順に並ぶ		

1.4倍になる可能性があるとされ，BRICsの潜在力の高さが再確認されることになった。

2004年でのGDPランキングでBRICsは中国が7位，インドが9位，ブラジルが10位，ロシアが11位にすでに位置付いている。このBRICsが，これからグローバル企業にとって重要な市場となることは間違いない。

前掲2003年でのレポートでは，「今日の先進国経済が世界経済の衰退する部分になるにつれて，消費の移行はグローバル企業に重大な機会を提供するだろう。正しい市場，特に正しい新興市場での投資は，今後ますます重要な戦略的選択になるだろう」と記されている。

■ BRICsの強み

JETROの「平成16年度日本企業の海外事業展開に関するアンケート調査」（2004年11月実施）によると，日系企業とビジネス関係があるBRICsは，多い順に中国（回答企業の85％），インド（同37.5％），ブラジル（同28.3％），ロシア（同22.5％）となった。

このアンケートで，「今後3年間にビジネス展開をする予定はあるか」と

いう問いに対して「ある」と答えた日系企業の割合は，中国（76.8%），インド（31.5%），ロシア（26.8%），ブラジル（20.3%）の順に多かった。

ここで注目すべきは「ない」と答えた企業の割合である。最も少ないのは中国（7.1%）であったのに対して，インド（34.3%），ブラジル（42.2%），ロシア（42%）と，中国以外の3国では「ない」が「ある」を上回った。それは，その国でビジネスを行うには，まだリスクが高いからである。

BRICsが成長するための前提条件は，前掲のレポートでは，「BRICsがポリシーを維持して，成長を支える体制を発展させること」とされる。具体的には次のようなものが挙がる。

① 健全で安定したマクロ経済政策（低インフレ，政府の支援政策，健全な公的ファイナンスなど）。
② 堅固で安定した政治体制（政治の不確実性と不安定は投資を衰えさせ，成長を阻害する）。
③ 初等教育の充実（教育は成長の速さを助ける）。
④ 貿易の自由化とFDIの促進（市場開放は開発成功の重要な部分である）。

BRICsの名付け親であるジム・オマール[8]によれば，①についてはブラジルと中国はインフレの可能性がある，②についてはロシアと中国に懸念材料がある，③についてはロシアが最もよい位置にあるという。

こうした条件付きはあれどもBRICsには共通して，国土面積と人口規模が大きいという強みがある。言い換えれば，豊富な天然資源と労働力が他国に比べて武器になるということである。国土面積の上位10ヵ国は次頁の通りである。

日本は377,873k㎡で61位である。ロシアは日本の45.2倍，中国は25.4倍，ブラジルは22.6倍，インドが8.7倍の国土面積を持ち，BRICsだけで世界の陸地の3割を占める。こうした広大な国土において，BRICsは天然資源大

<国土面積の上位10ヵ国>

①ロシア	17,075,200km²	⑥オーストラリア	7,686,850km²
②カナダ	9,984,670km²	⑦インド	3,287,590km²
③アメリカ	9,629,091km²	⑧アルゼンチン	2,766,890km²
④中国	9,596,960km²	⑨カザフスタン	2,717,300km²
⑤ブラジル	8,547,403km²	⑩スーダン	2,505,810km²

国でもある。共通して石炭や鉄鉱石，ボーキサイトなどを産出する。

　また，人口規模の上位10ヵ国は下の通りである（2005年時点）。

　中国は日本の10.3倍，インドは8.6倍，ブラジルは1.5倍，ロシアは1.1倍の人口規模である。世界人口は約64.6億人であるから，BRICsだけで世界人口の42.5％を占める。ここで重要なのは，その国の年齢人口比率である。

　国連の推計（2005年時点）では，日本は少子化による若年人口の減少と高齢化の進行で，生産年齢人口比率は2005年の66.3％から2010年には63.8％にしぼむ。その一方で，同じ期間ではBRICsの生産年齢人口比率は，いずれも高くなる。

　ブラジルは66.0％から66.7％，ロシアは70.9％から72.0％，インドは62.7％から64.4％，中国は71.0％から72.2％へと，それぞれ上昇する。ただし，1人っ子政策を採用する中国と，ソ連崩壊後の混乱で出生率が低下したロシアは，2010年を頂点として生産年齢人口比率が下がっていく。

<人口規模の大きい国：上位10ヵ国>

①中国	約13億1,584万人	⑥パキスタン	約1億5,793万人
②インド	約11億 337万人	⑦ロシア	約1億4,320万人
③アメリカ	約2億9,821万人	⑧バングラデシュ	約1億4,182万人
④インドネシア	約2億2,278万人	⑨ナイジェリア	約1億3,153万人
⑤ブラジル	約1億8,640万人	⑩日本	約1億2,808万人

2．国際ビジネス in ブラジル

■ 鉄鉱石大国・ブラジル

　ブラジルの2004年の貿易収支は336億9,600万ドルで，過去最高の黒字を計上した。特に大豆の輸出額は100億4,789万ドル（前年比23.7％増）となって，貿易黒字全体の約30％を占めた。また，鉄鉱石の輸出も盛んで，2003年での上位国は下記の通りで，世界1位であった。

　①ブラジル（34億5,600万ドル），②オーストラリア（33億1,000万ドル），③インド（11億1,200万ドル），④カナダ（7億5,900万ドル），⑤スウェーデン（4億9,600万ドル）。

　一方で，この鉄鉱石の輸入大国は中国だった。自動車や船舶をつくるための鋼板，工場やオフィスビル，マンション建設のための建材などで用いるためであった。2003年での中国の鉄鉱石の主な輸入先は次の通りである。

　①オーストラリア（33.6％），②ブラジル（27.7％），③インド（25.1％），④南アフリカ（5.9％），⑤ペルー（1.6％）。

■ ケチャップ販売の可能性

　では，ブラジルにおける国際ビジネスには，どのようなものが考えられるだろうか。例えばケチャップ（全ブランド）の平均1人当たりの消費量の多い主要国は，次のような並びになる（単位：ドル）[9]。

　スウェーデン（4），オーストラリア（2.50），アメリカ（2.20），カナダ（2.20），ドイツ（1.70），イギリス（1.60），ポーランド（1.40），日本（1.40），フランス（1.20），ロシア（0.90），タイ（0.70），マレーシア（0.60），ブラジル（0.40），インドネシア（0.40）。

　この中においてブラジルでのケチャップの消費量を高めることはでき，それを企業は戦略として立てることができる。

　1998年にH. J. ハインツの6代目のCEOになったウィリアム・ジョンソン

は，自社の多様な製品群がビジョンを不透明にすることを避けるために，「私たちの使命は，世界中どの食卓にもケチャップを置くことである」とした。数あるハインツの商品の中で，ケチャップを主軸に据えるということである。

　実際，2000年のアニュアル・レポートでハインツは，ケチャップの製造を自国（アメリカ）と海外での成長の主な手段にすると述べた。特に10代（子ども）のケチャップの消費を促すために，グローバル・アドバタイジング・キャンペーンを展開し始めた。

　なぜ10代に的を絞るかというと，子どものいる家庭のほうが，子どものいない家庭の2倍以上のケチャップを消費するからである[10]。

　ケチャップの使われ方は各国様々で，スウェーデンではパスタに，イギリスではフィッシュ・アンド・チップスに，ベネズエラではライスなどに用いられる。そうした世界の多種多様な用途に対して，ハインツは到達点を「コカ・コーラのように世界のどこにでも自社のケチャップがある（ユビキタスの）状態にすること」に置く。

　すでに創業者のヘンリー・ハインツが，「我々の市場は世界だ」と述べていて，1880年代にハインツ自らがボートに商品を積んでロンドンなどに向かい，販路を拡大した歴史がある。中国やインドの食文化と比すると，ブラジルでのケチャップの販路開拓の機会は大きなものと考えられる。

3．国際ビジネス in ロシア

■ 天然ガス，石油大国・ロシア

　ロシアは天然ガスの世界最大の生産国であるとともに，2004年にはサウジアラビアを抜いて世界最大の原油産出国にもなった。2003年，世界の天然ガスの生産量では，ロシアが22.1％を占め，以下，アメリカ（21.0％），カナダ（6.9％）と続いた。

第6章　国際ビジネスの新たな舞台―BRICs―

<ロシアにおける日本車販売状況>

（単位：台）

	2004年上半期	2005年上半期
トヨタ	19,404	29,798
三菱自動車工業	12,208	24,726
日産	10,319	19,798
マツダ	2,591	8,063
ホンダ	2,960	3,816
〈レクサス〉	1,633	2,016

■ 自動車販売の可能性

　VW（フォルクス・ワーゲン）は，カルーガ市（モスクワの南西160キロに位置づく）に乗用車の組み立て工場を建築して，2007年後半から傘下のシュコダ（チェコ）ブランドの小型車や，1万ユーロ（140万円）以下の自動車を生産して，ロシア市場で販売する。

　これに先駆けて，ロシア市場ではすでにトヨタが2005年6月にサンクトペテルブルク郊外での自動車工場の建設に着手した。ロシア市場における日本車の販売実績を見てみると，上のようになる。

■ シンガーの販売戦略

　ロシアで国際ビジネスを成功させた企業として，古くはシンガーの名が挙がる。1867年，シンガーは最初の海外工場をスコットランドのグラスゴーに立てた。その後，カナダ，オーストリア，ドイツにも工場を設立して，1901年にロシア工場をモスクワ郊外に立てた。

　北米と西ヨーロッパでのミシン市場が飽和状態になったとき，次なる市場として販売戦略（分割払い方式での製品販売など）を強化したのがロシアだった。

　ロシアのシンガーは2万7,000人以上の従業員を雇い，事務所と4,000もの

部品倉庫や店舗を入念に結びつけた。

　販売員はミシンの販売だけでなく，分割払い代金の徴収もして，さらにはミシンに関するマイナー・サービス（ちょっとしたサービス）にも責任を持った。こうした販売戦略が功を奏して，ロシアでのシンガーの売上げは，1895年の7万台から1914年には約70万台にまで増えた[11]。

■ビール販売の可能性

　ロシアではビールの消費量が1997年の411.7万キロリットルから2002年には767万キロリットルとなって，5年間で約1.9倍も増えた。2003年には中国，アメリカ，ドイツ，ブラジルに続く世界5位のビール消費大国となった。

　同じ時期（2001年）にはワインの総消費量も500万ヘクトリットル（前年比6％増）と，アメリカ，ドイツ，中国に続く大きな市場である。

　ビールに関しては，モスクワとサンクトペテルブルク以外の地域では，ビール消費の慣習がまだついておらず，国民1人当たりでは年間52リットルの消費量である。これは，世界でも28位（2003年）の位置にあるから，ロシアにおけるビール市場の成長の可能性は残っている。

　2004年にはハイネケン（ドイツ）やインターブリュー（ベルギー）などが現地企業を買収する形で，ロシア市場に参入した。

4．国際ビジネス in インド

■黄金の四角形

　インドは1991年の経済自由化をきっかけに，めざましい経済成長を遂げてきている。それには，次の4つが要因となっている[12]。

① 消費者の需要が活気づいている…都市部と中流階級の文化の確立。例えば3M：モール（malls），モバイク（mobikes），モバイル（mobiles）など。

② 規制と政策が変化している…競争の奨励，規制緩和など。
③ インドが世界に事業機会を与えている…戦略的提携など。
④ 技術が飛躍的に向上している…先進国よりも低コストでの最先端技術，技能の調達。

特に①に関しては，中間層の購買力の伸びが著しく，2006年度にはインドの製造業は，同国経済の牽引役であるサービス産業とほぼ同じの成長率（約11%）を示した。

インドでの中間層（富裕層も含む）は，2001年度では全体の6.1%（6,200万人）だったのに対して，2005年度では8.9%（9,726万人）に増え，2009年度には14.5%（1億7,300万人）にまで拡がると見込まれている[13]。要するに，今後ますますの消費拡大が約束されているということである。

インドの4大都市は，ニューデリー，ムンバイ，チェンナイ，コルカタである。連邦政府の主要機関が置かれる首都ニューデリー周辺には，ホンダを始めとする外資系企業が進出していて，自動車，電気機器，繊維などの産業がある。

金融と商業で栄えてきたインド最大の都市ムンバイ（ボンベイ）は，石油，繊維などあらゆる産業が盛んで，タタ財閥の本拠地でもある。チェンナイ（マドラス）には，農業，製鉄，セメント，石油化学，皮革，繊維などの産業があって，経済自由化からは自動車産業も加わった。

イギリス植民地時代の首都コルカタ（カルカッタ）には，紅茶，電気機器，鉄鋼，石油化学，繊維，皮革などの産業がある。これらの四大都市は，全長5,846キロの高速道路網，ゴールデン・クワドリラテラル（黄金の四角形）で結ばれる。

世界経済フォーラム（ダボス会議）による2005年度の世界競争力レポートでは，インドは「資金調達のアクセス」と「化学や技術系労働力の確保」の2項目で117ヵ国中1位となっただけに，その秘めたる可能性はかなり高い。

こうしたインドに進出する日本企業を支援するために，ジェトロはニュー

デリーにビジネス・サポートセンターを開いた（2006年7月）。ここには貸しオフィスや会議室が備えられ、事業相談に応じるアドバイザーも常駐していて、日産自動車やヤマトロジスティクスなどが最初に入居した。

■ 映画大国・インド

　2003年、インドの映画製作本数は877本で、ハリウッドや日本よりも多く、世界1位である。ヒンズー語やタミル語など言語別で製作されていて、最も製作本数の多いヒンズー語映画の中心地はムンバイである。このムンバイの映画村は、ボンベイの時代からボリウッドと呼ばれ、2003年にはそこで267本（全体の30.4％）の映画が作られた。

　2004年には延べ27億人が映画館に足を運び、映画館入場者数でも世界1位である。これには、①一般家庭へのカラーテレビの普及が他国より比較的低いこと、②テレビがあってもそれ以外の娯楽が少ないこと、③入場料が所得水準に比べてあまり高くないことなどが後押ししている。

　インドでは、ハリウッド映画ではなく国内映画のほうの人気が高い。2003年の上映本数全体に占める国内映画は75.8％だった。日本での邦画が37.5％（2004年）であることに比べると、かなりの本数である。

　インド映画の特徴には、①上映時間が3〜4時間の長編が多い、②歌って踊るミュージカル仕立てになっている、③どの出演者も派手な衣装や装飾品を身に付けている、④ラブロマンスやヒーローものでハッピーエンドが多いなどが挙がる。

■ スズキのファースト・ムーバー・アドバンテージ

　インドのマイカーブームないしモーターリゼーションは、BRICsという名称が付いた時期と同じくして本格的に始まった。自動車の保有台数は2003年3月末時点で625万4,000台と、人口約10億人に対して普及率は0.61％未満であるから、まだまだ成長の余地がある。

　2004年、インドで乗用車（商用車を除く）を最も多く販売したのは、マル

チ・ウドヨグ（スズキの子会社，マルチ・スズキとも言う）の48万7,402台で，市場占有率は約46％だった。

　インドでの自動車の9割が市内通勤用に使われているため，ほとんどの場合において同乗者は4名以下で，最重要項目は燃費効率に置かれ，信頼性が高く，価格が安く，敷居が低いクルマが求められた[14]。この需要にスズキの提供する車種が見事に適合したのである。

　マルチ・ウドヨグは1982年にスズキとインド政府との合弁（このときの出資比率はスズキ26％，インド政府74％）でできた会社で，2002年5月にスズキが持ち株比率を54.21％に増やして経営権を得たことで，子会社となった。

　マルチ・ウドヨクが1983年に生産を開始した「マルチ800」（日本でのアルトと多くを共有した小型車）は，それまで時代遅れの設計の国産車しか存在しなかったインド乗用車市場で大ヒットした。

　以後，マルチ・ウドヨグは，1994年3月に累計100万台生産を達成して，1997年10月に200万台，2003年4月に400万台，2005年4月に500万台到達と，堅調な成長を遂げてきた。

　売上高を見ても次頁のようになり，その数字はスズキのインド進出の成功を何より物語っている。

　なぜスズキがインドに進出したのかについて，鈴木修・スズキ会長兼CEOは，「社長になった1978年当時，スズキは日本の自動車メーカー12社中12位。頑張ったところで，日本で1位にはなれそうもない。ならば1番になれる国はないかと考えていた」，「自動車メーカーのないインドに行けば1番になれる」と答えている[15]。

　スズキのインドでの成功理由としては，次のようなものが挙がる[16]。

① 部品メーカーが日本からインドに進出しやすくするとともに，地場の部品メーカーにも投資するなど，サプライヤーを支援したから。
② インド人に日本で研修を受けさせるなど，人材育成に努めたから。
③ ディーラーやサービスセンターを数多く設立したから。

④　インドの文化を尊重しつつも，QC サークルなどを上手く取り入れたから。

　とりわけスズキは，チームワークを重視する日本の経営のやり方をもってしてインドに進出した。鈴木修いわく，「鈴木の経営しか知らないから，それをやるしかない。インド風にやれと言われてもできない」という理由からだった。タイムカードを導入して時間を守る大切さを知ってもらい，会社から作業着を支給して仕事開始前には全員で体操をするという労働文化を持ち込んだ。

　結果として，スズキにとって日本以外の市場では，インドが最も大きな市場となった。2004年，インドでマルチ・ウドヨグの次に販売台数が多かったのは，タタ・モーターズ（17万9,076台），ヒュンダイ・インディア（14万2,146台），マヒンドラ＆マヒンドラ（7万9,623台）であった[17]。

　これに，トヨタ・キルロスカ・モーター・インディア（4万3,133台），ホンダ・シエル・カーズ・インディア（3万7,296台），GM インディア（2万9,172台），フォード・インディア（2万7,259台）が続いた[18]。

　こうした外資系は，1993年の乗用車事業の自由化（外資がマジョリティを取得することの認可），1997年の外資規制の大幅緩和，2002年の外資規制の完全撤廃などを追い風として進出してきた。

　特にスズキのインドでの活性は，日本にも連動した。2006年度上半期の自動車国内生産台数で，日産（57万5,625台，前年同期比16.9％減）を抜き，トヨタ（200万4,373台，同11.5％増），ホンダ（63万7,557台，同5.7％増）に続いて，スズキ（59万2,725台，同10.6％増）は3番手に着いた（日本自

＜インドにおけるスズキの売上高：2003年度～2005年度＞

2003年度	2004年度	2005年度
908億1,200万ルピー（約2,270億円）対前年度比127％	1,091億800万ルピー（約2,728億円）同120％	1,200億3,400万ルピー（約3,001億円）同110％

動車工業会調べ)19)。

　また,インドには上記に挙げた企業以外でも1994年にダイムラー・クライスラーがタタ・モーターズとの合弁(出資比率はダイムラー・クライスラーが86%,タタ・モーターズが14%)で,1997年にはフィアットが100%出資でそれぞれ進出している。

　ただし,インドでは例えばトヨタのカローラでさえ250～300万円もする高級車となるので,より廉価な小型車を投入するなどの現地対応が必要となる。

　そうした現地対応は各種メーカーでも行われている。インドでは韓国企業の家電製品(冷蔵庫,洗濯機,エアコンなど)が,低価格販売によって市場を大きく占有する。2004年,インドでのカラーテレビ市場はLG電子(23.8%),サムスン電子(16.2%),オニダ(地場,11.6%)と並ぶ。

　LG電子もサムスン電子も,研究開発部門を持つ南アジア本部としてインドを位置付け,本社の役員級をトップとして現地に駐在させる。その上で,インドの現地スタッフへの権限委譲を徹底することで,すばやい現地対応を実現する。

　例えば,LG電子のインドにおける韓国人駐在員の役割はアドバイザー程度で,インド市場用モデルの研究開発は現地のインド人技術者でほとんどなされてきた。

　また,サムスン・インディアは,民族衣装(サリー)を傷つけないで洗うことができる洗濯機や,野菜室が大きめの冷蔵庫,インド料理用のボタンの付いた電子レンジなどを製造販売することで,現地の消費者に対応する。

　他方で,日清のカップ麺も,しょうゆ味や汁気の苦手なインド人に合わせて,カレー焼きそばなど,日本で販売されている商品にはない味のものがインドでは多い。

　マクドナルドも,インド人口の8割が牛肉を食べないヒンズー教徒であるため,ビーフのハンバーガーではなく,マトンを使用したマハラジャマックを販売している。

5. 国際ビジネス in チャイナ

■ 貿易黒字大国・中国

　世界貿易に占める中国の輸出の割合は，1980年で1％だったのに対して，2002年では5.1％にまで増えた。一方で，アメリカは1980年の12％から2002年には10.8％に，同じく日本が7.1％から6.5％へ，ドイツも10.5％から9.4％へとそれぞれ割合を狭めた。中国以外で同期間に割合が増えたのは韓国（1％→2.5％），NIES（3.2％→9.7％）などであった[20]。

　2005年，中国の貿易黒字額は前年の319億ドルの3倍になって，過去最高の1,019億ドル（約12兆円）にまで達した。輸出が7,620億ドル（前年比28.4％増），輸入が6,601億ドル（同17.6％増）で，特に機械・電気製品（32％増）や靴（25％増）などの輸出が伸びた（中国税関総署・税関統計調べ）。

　輸出入合計の貿易総額は1兆4,221億ドルとなって，2004年から得た世界第3位の規模（アメリカ，ドイツに次ぐ地位）を保った。地域別貿易額では，①ヨーロッパ連合2,173億ドル（22.6％増），②アメリカ2,116億ドル（24.8％増），③日本1,844億ドル（9.9％増）の順になった。

　翌2006年の中国の貿易黒字額においても1,775億ドルと，前年より74％増やして過去最高を再び更新した。輸出が9,691億ドル（前年比27.2％増），輸入が7,916億ドル（同20％増）を記録して，貿易総額は1兆7,607億ドル（前年比23.8％増）となって，米独に次ぐ世界第3位の座を保持した。

　こうした貿易黒字大国となった中国は，「世界の市場，世界の工場」と呼ばれるほど，世界中から資金がその地に集まっている。例えば2005年3月末

<世界貿易に占める各国の輸出の割合>

	アメリカ	NIES	ドイツ	日本	中国	韓国
1980年	12.0%	3.2%	10.5%	7.1%	1.0%	1.0%
2002年	10.8%	9.7%	9.4%	6.5%	5.1%	2.5%

＜中国の貿易状況：2005・2006年＞

	貿易総額	輸出	輸入	貿易黒字額
2005年	1兆4,221億ドル	7,620億ドル	6,601億ドル	1,019億ドル
2006年	1兆7,607億ドル	9,691億ドル	7,916億ドル	1,775億ドル

時点で，日本自動車部品工業会・会員企業458社の海外生産子会社の国別数では，それまで最も多かったアメリカを抜いて中国が初めて首位に立った。

中国の生産子会社は前年比68社増の294社となって首位に立ち，アメリカは前年と同じ288社で2位となった。このとき世界全体では1,425社だったので，約2割が中国に設立されているということになる。

■ 中国企業の躍進・ハイアール，レノボ

1984年に創業したハイアール（海爾集団，本社：山東省青島市）は，欧米の家電企業が約100年かけて築いた規模にまで，10年～15年という短期間でたどりついた。このように，先発企業の成長を時間的に圧縮して急成長してきたことから，同社の成長は「圧縮成長」と呼ばれる。圧縮成長は，次の3つから達成された[21]。

① ドイツのリープヘル社，イタリアのメルローニ社，三菱重工業，オランダのフィリップス社など外国技術の導入。

② a) 世界に通用するブランド，b) 世界一厳しい品質基準，c) 五つ星サービスといったことを始めから追求した高始点経営（高起点経営）。また，先難後易の輸出戦略も特筆すべき点である。通常，発展途上国の企業はアジアなどから輸出を始めて，その次に先進国に輸出するところ，ハイアールはその逆を行い，参入が難しい市場（ドイツなど）に先に進出してから，その次に易しい市場へと輸出した。2000年までに，ヨーロッパとアメリカへの輸出が輸出全体の60％を占めた。輸出高は2.8億ドルで，前年（1999年）の1.38億ドルから100％増となった。

ただし日本への輸出だけは例外で,成功していない。
③ 市場主義の考え方に基づいて管理がなされる,市場主義管理(実力主義管理)。結果だけを評価の対象として,評価基準や結果が公開される。

また,1988年に設立された中国のレノボ・グループ(聯想集団,本社:ニューヨーク)は,2005年にIBMのPC(パソコン)事業を買収したことで有名である。このことで,中国で最大手,世界でも第3位のPCメーカーとなって,デルやヒューレット・パッカードと世界規模で競うほどの強さを持つようになった。

2006年からは,中国市場だけで限定してきたレノボ(lenovo)ブランドのPCを世界各国でも販売し始めた。レノボは中小企業を主な顧客として,低価格で販売することを戦略とした。

■ 食文化への対応―サントリー,ハウス食品,キユーピー

2005年の世界主要国のビール消費量は,中国が3,049万キロリットル(前年比5.2％増)で3年連続して世界一となった(キリンビール調べ)。世界の総消費量(1億5,597万キロリットル)の約2割を消費していて,2位のアメリカの2,388万キロリットル(同0.4％減)と大きな差を付いた。

同年,生産量においても中国は4年連続で世界一となるビール大国である。そうした中国のビール市場での機会は大きく,外資系としてはサントリー(三得利)が成功を収める。

1984年,外資系企業で初めてビール市場に進出したのがサントリーだった。江蘇省に中国江蘇三得利食品有限公司を合弁で設立して,北京には駐在事務所を置いた。サントリーはプレミアム市場には参入せず,上海地区の大衆市場に的を絞って,上海人の食習慣と味覚に沿ったものを提供する戦略を採った。

その結果,「清爽口味」(あっさり・爽やか)という味わいを持つ,355ミ

リリットルの缶ビールを3元(約45円)で販売した。他のメーカー(アサヒやキリン)が約5元であるのに対して,これは庶民価格であって,市場での大きな支持を得た。

また,ハウス食品は2001年,中国向けに固形カレールーを開発し始めた。日本のものよりスパイスを減らして,中国人の好む八角やウイキョウの香りを効かせるなどの工夫をした。

2005年からは,この中国仕様の固形カレールーを現地で普及させるために,大規模な販促活動を開始した。主力商品のバーモント(現地名,百夢多:パイモントゥオ)をスーパーで試食してもらったり,テレビCMを放映したりすることで認知度を上げようとしている。

ターゲット層は都市部で世帯収入2,500元(約3万5,000円)前後の中流家庭に置き,価格を6.5元(約90円)に設定した。ほぼ全ての原材料を中国で調達して,上海市郊外で生産している。

他方,キユーピーは1993年に,北京キユーピー(北京丘比食品有限公司:キユーピー65%,中国側35%出資)を設立して,1994年からマヨネーズ,1997年からはジャムの製造・販売を始めた。

2002年には生産能力の増強のために,杭州キユーピー(杭州丘比食品有限公司:中国側や三菱商事との合弁)も設けた。中国を輸出・加工基地とする日系食品企業は多いが,キユーピーは初めから中国国内での販売を目的とした。

キユーピーは中国進出の理由として,次の3つを挙げる[22]。

① 原材料(マヨネーズだと植物油,卵,酢,調味料,香辛料)の確保が可能だったから。
② マヨネーズが消費者に少しずつ知られるようになっていたから。
③ 西洋文化の浸透とともに,マヨネーズが普及することが予測できたから。

今後の市場拡大では，③の要素が大きく左右する。2004年時点で1人当たりのマヨネーズの年間消費量は，アメリカで4,000グラム，日本で1,900グラムであるのに対して，中国ではキユーピーの市場占有率が約半分を占める北京でも100グラムほどである。中国全土になると，わずか数グラムに過ぎない。

■ 自動車販売の可能性

2005年，中国での自動車販売が591万8,000台（前年比13％増）になったことで，日本の約580万台をしのぎ，アメリカに続く世界2位の市場となった。2001年の273万台から比べると，4年間で中国の自動車市場は2倍にもなった。

翌2006年では721万台（前年比25.1％増）に達するとともに，乗用車の販売台数のほうがバスやトラックなどの商用車よりも上回って，マイカーブームの到来を示した。

そうした市場で，2005年に広州ホンダの売上高は360億元（約5,000億円）で前年比9.1％増，販売台数は23万台で前年比13.9％増となった。このことで中国の国産乗用車市場のうち7.4％もの占有率を得た。2006年半ばには第2工場が稼働したため，生産能力が高まった。

広州ではトヨタも2006年から生産を始めたことで，アメリカ市場で展開されるアコード対カムリの競争が，中国でも繰り広げられるようになった。これで広州ではホンダ（アコード，オデッセイ，フィットなど），トヨタ（カムリ），日産（サニー，ティーダなど）がそれぞれ生産拠点を持った（カッコ内は生産される主な車種）。

他の地域でも，ホンダは武漢でシビックを作っていて，トヨタは天津でクラウン，成都でランドクルーザープラド，長春でプリウスを作っている。こうした自動車に限らず，いまや中国の消費者には多くのグローバル・ブランドの選択肢がある。

例えばテレビでは，長虹（チャンホン）や海爾の名前の認知度はそれぞれ

87％，83％と高い一方，パナソニック（74％），フィリップス（70％），サムスン（70％）の名前も広く知られている（ギャラップ・オーガニゼーション調べ）[23]。

　一橋大学BIC（ブランディング・イン・チャイナ）プロジェクトチームは，こういった中国でのブランディングを日本企業が考えることは，次の3つの点で意義があると見なす[24]。

　1つは，中国を考えることは世界を考えることである。中国市場は，世界中の企業（グローバル・プレイヤー）が展開するグローバル戦略の主戦場となっている。中国市場での成果が，企業にとってグローバルレベルで重要なものとなるので，中国を考えることは，ブランドのグローバル戦略を考えることとなる。

　いま1つは，中国を考えることはブランドの現在と過去を考えることである。中国ではインターネットや携帯電話の普及後でのマーケティング手法がなされるため，他の先進国には無かった速さと技術でブランディングが進む。ブランドの最先端が中国で見ることができる。

　その反面，ブランド資産は時間をかけて形成されるので，企業が自らのブランドを中国に持ち込むには，ブランドの時間軸を再構築しなければならない。ブランドの過去を捉えることが必要となる。

　また1つは，中国を考えることは日本を考えることである。企業のブランドは自国のインフラに制約された戦略を採ることに慣れてしまっているため，その行為のパターンが中国進出にも出てしまう。中国市場で自社のブランディングの癖を，他国他社と比べられることになる。

6．制度上の穴を埋め，「台風の目」に入る

　BRICsの市場性が極めて高いことは明らかである。高級機中心の携帯電話で差異化を図ってきたサムスン電子は，中国やインドで販売する機種の価格を65〜70ドルという低価格で2006年から売り始めた。それでもノキアなどの低価格機に比べて約30％高いが，カラー液晶や30万画素級のデジタルカメ

ラを搭載することなどで，高機能かつ低価格機種という市場地位を狙う。

また2005年，世界での自動車販売台数は6,392万台（前年比3％増）だった。このうち中国が3位（575万台，14％増），ロシアが9位（183万台，10％増），ブラジルが10位（171万台，5％増），インドが12位（143万台，7％増）で，BRICsを合計すると1,000万台という大台を突破した年となった（名古屋市の自動車調査会社フォーイン調べ）。

そうしたBRICsに参入する企業が失敗する場合，その理由には，①中間業者の不足，②法規制の未整備，③契約を履行させる仕組みの欠如などがある。これらは，「制度上の穴」と呼ばれる。制度上の穴は，各種機関が公表するマクロ指標（例えば，世界経済フォーラムのグローバル競争力リポートでの成長力指数やビジネス競争力指数など）を見るだけでは分からない。

マクロ指標は，あくまで基礎データとして捉える必要がある。数字だけを頼りに進出すると，上記3つのような問題といずれ出会ってしまい，ビジネスの展開が難しくなる。

企業が，進出する国について着目すべきは，①政治制度と社会制度，②開放性，③製品市場，④労働市場，⑤資本市場の5つ全てである[25]。これら5つの点を熟考すると，その国に潜んでいる制度上の穴を発見できる。

特に，①政治制度と社会制度では，「政治機構」，「市民団体」について，②開放性では，「参入方法」について，③製品市場では，「製品開発および知的財産権」，「サプライヤーの充実度とロジスティクス」，「ブランドの認知度とブランド・マネジメント」について，④労働市場では，「マネジャー候補の市場」，「労働者の市場」について，⑤資本市場では，「借り入れ，債権や株式の発行」，「ベンチャーキャピタル」，「会計基準」，「破産」について知ることが求められる。

確かに，すでに述べたようにインド市場でのスズキは，サプライヤー支援に積極的であったから，製品市場の側面から制度上の穴を埋めることができたと言える。

また，労働市場については，中国に進出した日系企業の従業員の離職率が

欧米系企業よりも高いという問題がある。2005年に離職した労働者の比率（離職率）は日系企業で15.1％，欧米系企業の6.3％より2.5倍も多かった（ジェトロ調べ）。

この理由には，①日系企業の現地化が遅れている，②日系企業の責任者が3年〜4年で代わるために中国人スタッフとうまくいかない，③トップを含め管理職の給与が欧米系企業よりも低い（トップの報酬で5倍の開きがある）といったことが挙がった。

これを投影するように，中国の学生の就職希望先ランキング上位50社のうち日系企業はソニー（22位）と松下電器産業（42位）しか入らなかった。

一方で，政治リスクもBRICsへの事業展開では絶えず配慮すべきものとなる。政治リスクとは，その国の政策が経済に及ぼす衝撃のことである。BRICsのような新興市場は，まさに「政治が経済と少なくとも同じくらい問題視される国」である。

付加価値創造の連鎖がグローバルに拡がった現在，政治リスクに無縁の国際ビジネスはありえない。そこで企業には，正確な情報を速く入手する必要が生じる。それは次の4つの理由からも言える[26]。

① 国際市場がこれまで以上に複雑化しているから（例えば1997年，東南アジアからの資本流出は世界市場を揺さぶった）。
② アメリカが世界への影響力を高めていて，アメリカが世界のリスク・シナリオを書き換えるから（例えば9・11同時多発テロ以降，外交と安全保障が国家政策の中心となった）。
③ オフショアリング（海外移転）の傾向が強まっているから（現地労働力の社会的動乱の危険性，知的財産を守る必要性）。
④ 政治リスクの高い国へのエネルギー依存が高まっているから（サウジアラビアやイランといった産油国の政情不安が大きく関係する）。

これに加えて，かつてバーノン教授が予測したような現地国側が感じ取る

<BRICs市場における制度上の穴>

```
                          ①中間業者が足りている
                          ②法規制が整備されている
                          ③契約を履行させる仕組みがある
                                    ‖
BRICs市場進出 ──→ 制度上の穴 ──→ 落ちない ──→ 成功
                   ↓
                 落ちる
                   ‖
                   ①中間業者が不足している
                   ②法規制が整備されていない  ──→ 失敗
                   ③契約を履行させる仕組みがない
```

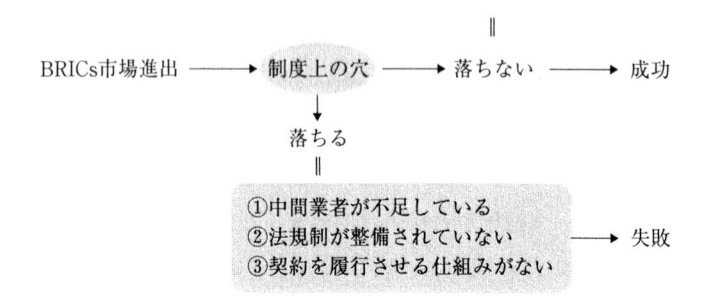

マインドの部分も，もちろん考慮しなければならない。いみじくもバーノンは1998年，21世紀初頭に国際市場に台頭する国として，アジア，旧ソビエト帝国，ラテンアメリカの名を挙げ，そこが外資系企業の舞台となることを見据えていた[27]。BRICsに早くから着目していたのである。

しかし，そうした国々はMNEに対して，かなりの受け入れ体勢を取るが，その企業のグローバル戦略に基づいて展開される長期的な現地貢献については，時々「かなりの疑念」（grave doubts）を抱くと指摘する。それは，新興市場はMNEが過去の経験の豊富さゆえに優勢であると見なしてしまう，不釣合いさから生じる。

これを払拭して，両者のバランス調整を図るには，「台風の目」の中に入ることが欠かせない。台風の目とはバーノンによる比喩で，台風の周りは嵐の状態であるが，その中心部にあたるところは穏やかである[28]。

そうした台風の目の状態にすること，つまりMNEと進出先国が衝突する危険性を減らす方法を見出すことで，BRICsという新たな活動舞台は耐久性を帯びる。言わば，BRICsにおける国際ビジネスのロングラン公演が実現できるのである。

第6章　国際ビジネスの新たな舞台―BRICs―

注

1) 以下，ここでの数値的データは，門倉貴史『図説 BRICs 経済』日本経済新聞社，2005年，および各種情報源からのものに基づく。出所先については，そのつど文中に記している。
2) Harrison, J. S., *Strategic Management of Resources and Relationships : Concepts*, John Wiley & Sons, 2003, p. 7.
3) Prahalad, C. K., *The Fortune at the Bottom of the Pyramid : Eradicating Poverty through Profits*, Wharton School Publishing, 2005, p. 4.／スカイライト コンサルティング株式会社訳『ネクスト・マーケット 「貧困層」を「顧客」に変える次世代ビジネス戦略』英治出版，2005年，27ページ。
4) *Ibid*, p. 18.／同上訳書，49ページ。
5) 榊原英資教授（早稲田大学）が特にそう称している。
6) Wilson, D. and R. Purushothaman, "Dreaming with BRICs : The Path to 2050," *Goldman Sacs Global Economics Paper*, No. 99, 2003. この著者のうち，ルーパ・プルショサーマンは後にインドのビッグバザール（同国初の全国展開のスーパーマーケットで2001年に第1号店がオープン）の親会社主任研究員となった。特にインドは，同レポートで長期成長率が5％程度とされていたところ，2007年1月にまとめられた新たなレポートでは，生産性の向上が見込まれ，2020年まで経済成長率が8％の高水準で推移するとして，大幅な上方修正がなされた。
7) O'Niell, J., D. Wilson, R. Purushothaman, and A. Stupnytska, "How Solid are the BRICs ?" *Goldman Sachs Global Economics Paper*, No. 134, 2005.
8) ゴールドマン・サックス社グローバル経済調査部長であり，彼が新興国と先進国のマクロ比較分析をした際に編み出した表現がBRICsだった。
9) *Heinz's 1999 Annual Report*, p. 7.
10) Beam, H., "H. J. Heinz Company-2002," F. R. David, *Strategic Management : Cases*, 9th Edition, Prentice Hall, 2003, p. 307.
11) ジェフリー・ジョーンズ著／桑原哲也・安室憲一・川辺信雄・榎本悟・梅野巨利訳『国際ビジネスの進化』有斐閣，1998年，114～115ページ。
12) アルン・クマール・ジャイン著／鈴木英介訳「インドの成長力は本物である」『Diamond ハーバード・ビジネス・レビュー』2006年5月号，99ページ。
13) 第3回世界経済評論フォーラム「対論　中国 vs. インド―アジア二大フロン

ティア経済の可能性を問う」(2007年2月) における小島眞教授の配布資料を参考にしている。

14) R.C.バルガバ著／島田卓監訳『スズキのインド戦略』中経出版，2006年，39ページ。

15) 編集長インタビュー　鈴木修「インドは後戻りしない」『日経ビジネス』2006年5月8日号，48ページ。

16) この4つの理由は，ジョン・F・セクエラ（ベイン・アンド・カンパニーパートナー）の見解による（『週刊ダイヤモンド』別冊，2006年1月10日号，29ページ）。

17) タタ・モーターズは，タタ・グループ（創始者のジャムシェトジ・タタが貿易会社を興したのは1866年という長い歴史を持つ，インド最大の財閥）の傘下企業として1945年に設立され，トラックやバスなどの商用車を生産していて，1991年から乗用車分野に進出した。ヒュンダイ・インディアは，現代自動車の100％出資で1997年に設立された企業で，小型車「サントロ」が主力商品である。現代自動車はロシアで2004年に50,686台を販売して，その年のロシアにおける外国メーカー別自動車販売台数が最も多いメーカーとなった。その後には，トヨタ，フォードと続く。マヒンドラ&マヒンドラは，マヒンドラ・グループ（インドの財閥）の中核企業で1945年に創業した。

18) トヨタ・キルロスカ・モーター・インディアは，1997年にトヨタが99％，キルロスカ財閥が1％出資してできた会社である。ホンダ・シエル・カーズ・インディアは，1995年にホンダが99％，Shriam Industrial Enterprisesが1％出資してできた会社である。GMインディアは，1994年にGMが100％出資してできた会社である。GMは2004年のブラジルでの自動車販売では24.5％という最大の市場占有率を占めた。以下，フィアット，VW，フォードが続く。フォード・インディアは，1999年にフォードが84％，マヒンドラ&マヒンドラが16％出資してできた会社である。

19) 2006年の1年間では，スズキの国内生産は120万6,805台で，トヨタ（419万4,187台），ホンダ（133万2,866台），日産（123万4,400台）に次ぐ4番手だったが，前年比10.6％増となった。

20) Dayal-Gulati, A. and T. Rumbaugh, "China's Global Integration and the Impact of WTO Accession," A. Dayal-Gulati and A. Y. Lee, *Kellogg on China : Strategies for Success*, Kogan Page, 2005, p. 19.

21） 吉原英樹・欧陽桃花『中国企業の市場主義管理』白桃書房，2006年，第1章，第5章参照。
22） ジェトロ編『中国市場に挑む日系企業―その戦略と課題を探る』ジェトロ，2004年，167ページ。
23） ウィリアム・マキューアン，方曉光，張伝平，リチャード・バークホルダー著／スコフィールド素子訳「中国人都市生活者のプロファイル」『Diamond ハーバード・ビジネス・レビュー』2006年5月，127ページ。
24） 山下裕子＋一橋大学 BIC プロジェクトチーム『ブランディング・イン・チャイナ』東洋経済新報社，2006年，36〜38ページ。
25） Khann, T., K. G. Palepu, and J. Sinha, "Strategies that Fit Emerging Markets," *Harvard Business Review*, June 2005（邦訳は『週刊ダイヤモンド』別冊，2006年1月10日号，ならびに『Diamond ハーバード・ビジネス・レビュー』2006年5月号に収録されている）.
26） イアン・ブレマー著／酒井泰介訳「政治リスク分析は BRICs 戦略の要」『Diamond ハーバード・ビジネス・レビュー』2006年5月号，55ページ。
27） Vernon, R., *In the Hurricane's Eye : The Troubled Prospects of Multinational Enterprises*, Harvard University Press, 1998, pp. 107−108.
28） *Ibid*, Preface, p. ix.

第7章

国際ビジネス研究のこれから
―4つの視点―

1. 国際情報システムとしての MNE

■ 環境変移への対応

国際ビジネスには様々な定義があるが，本著では以下のような要素を持つものを国際ビジネスとしたい[1]。

① 国境を越えてなされるもの。
② 一進一退を繰り返しながらも時間の経過とともに進化するもの。
③ 1つのビジネスが有する特質の全てを持つもの。

国内だけで活動する企業と，国際ビジネスを行う企業の大きな違いは，その環境にある。自国と異なる環境は，「なじみのない場所」(strange places) である。

国際ビジネスを行う企業にとっては，国ごとで制度（法，政治，経済な

<国際ビジネスを行う企業・行わない企業の違い>

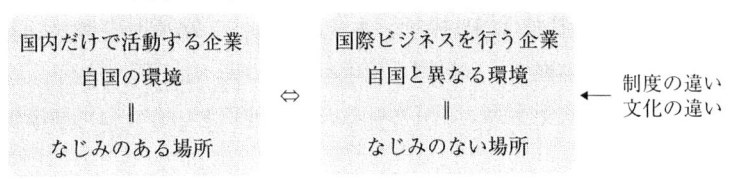

| 国内だけで活動する企業
自国の環境
∥
なじみのある場所 | ⇔ | 国際ビジネスを行う企業
自国と異なる環境
∥
なじみのない場所 | ← 制度の違い
文化の違い |

ど）や文化（言語，衣食住など）が異なるため，自社の優位性をそのまま他国へと簡単には移せない。これは国際ビジネスを行う上で最大の障壁をなす。

また，人件費や原材料費といった各種コストも国ごとで異なる。ただし，これはコストが安いところを選べば，国際ビジネスを有利にさせる要素となる。実際に，モノ（物と者）が移動する際にかかるコストは昔に比べて，かなり削減された。そうした低コスト化を追い風にして，グローバル経済システムの構築は進む。

そのシステムの中で国際ビジネスは，「空間のネットワーク」(spatial network)[2]を有している。国際貿易の進展とともに，FDIや国境を越えた技術のフローなども増える一方である。

WTO（World Trade Organization：世界貿易機構）の設立や，NAFTA（North American Free Trade Agreement：北大西洋自由貿易協定），ASEAN（Assoc. of South East Asian Nations：東南アジア諸国連合）のような地域内自由貿易ゾーンの出現，あるいは通貨の統一（ユーロ[3]など）などは，世界経済が確実にグローバル化に向かっていることを示す。

こうした経済の変化は，技術の変化，競争の世界規模化とともに，企業のグローバル化の原動力となる[4]。市場としては，前章で見たBRICsという四大新興市場がグローバル化の主たる舞台となる可能性が非常に高い。いま，多くの企業がBRICs経済に豊富な事業機会を見ている。

他方で，各種メディア（CNN，BBC，タイム，ニューズウィーク，ウォール・ストリート・ジャーナル，フィナンシャル・タイムズなど）には，世界のどこにいても触れることができるようになった。さらにはITによって，各国間を行き来する情報のコストが大きく削減された。

このようにグローバル経済システムの構築が進んでいくと，環境が変移(volatility)する。特にMNEのビジネス戦略は，①経済上の機会，②政治の考慮，③現地への熟知，④自国と相手国以外の国（地域）の様子，⑤自社の状態（コアコンピタンス，リーダーシップなど）という5つの基本要素に影響を受ける[5]。

第7章 国際ビジネス研究のこれから―4つの視点―

<MNEのビジネス戦略に影響を与える5つの要素>

- 経済上の機会
- 政治の考慮
- 現地への熟知
- 自社の状態
- 自国と相手国以外の国（地域）の様子

→ MNEのビジネス戦略

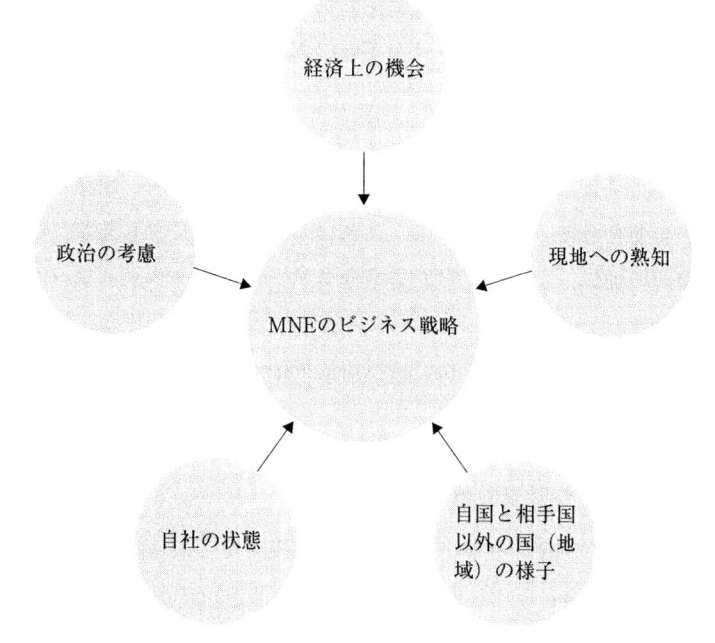

　MNEにとって変移の幅は，MNEが受ける衝撃がどのくらいの規模であるか，また，衝撃がどのくらいの頻度で起こるかによって決まる。輸出よりもライセンシング，そしてライセンシングよりもFDIをしているMNEのほうが変移の幅は大きい。

　国際ビジネスが進展しているMNEほど，環境変移の影響が大きいということである。環境変移にうまく対応できる企業が，国際ビジネスで成功できる。

　環境変移に対応するには，自社の進め方を現地へ適用（アプリケーション）するばかりではなく，現地に順応（アダプテーション）することが求められる。

　順応するには，次の2種類のスキルがMNEに備わっていなければならない。

183

① 変化に敏感で，すばやく応じることのできる企業家の技能

　…個人レベルのスキルで，企業家精神と呼べるもの。

② 変化に対して自社のリソースを柔軟に再配置できる技能

　…組織レベルのスキル。

どちらのスキルの形成にも，常に情報を社内に取り入れ，知識に変えていくことが必要となる。逆に言えば，これは学習する機会でもある。こうした学習の機会の他に，上記に挙げたようなコスト優位性やネットワークからの利益は，国際化から得られる3つの主なベネフィットである。これらは，"Conelearn"（コネラーン：cost, network, learn）とも称され，MNEにとって極めて重要なものとなる[6]。

■ グローバル・システム的視点

以上のようなMNEの在り方をどのように捉えたら最適だろうか。例えば1970年代後半，MNEをIIS（international intelligence system：国際情報システム）と見なすアイデアが登場した[7]。IISとはMNEが，①研究開発をするために有用な基礎知識を得るため，②研究開発から商業化可能な知識を生み出すためなどにMNE自らが運営するものである。

FDIをしている企業は，単に輸出やライセンシングをしているMNEよりも，知識のもととなる情報を獲得できる機会を多く持てる。資産を所有することは，情報も所有していることになるからである[8]。

また，FDIよりもリスクを回避したものが，IJV（international joint venture：国際合弁事業）である。IISがFDIやIJVを通じて，知識の取得や創出をしようとするとき，市場は内部化される。この市場の内部化が国境を越えてなされるとき，MNEが創出されることになる。

こう捉えると企業の多国籍性は，国際的に知識を開発して，それを普及することからもたらされる副産物であると言える。この考え方は現在においても国際ビジネス研究上，極めて重要なものとして位置付く[9]。

また，以上に述べてきたものの中にも含まれる次の5つが，これからの国際ビジネス研究において検討すべき要素であるとされる[10]。①グローバル経済システム，②環境変移，③柔軟性，④企業家精神，⑤IJVによる協力である。

この5つの概念を含む，主題ごとに分けた次の4つがグローバル・システム的視点となる[11]。つまりは，以下の4項目が今後に求められる国際ビジネス研究の重点課題なのである。

①部分的視点からシステム的視点への転換。
　…これまでの国際ビジネス研究の主な関心事は，MNEの性質についてであった。しかし，これからはMNEの環境も合わせて検討して，MNEを環境との関係性の中で位置付けなければならない。MNE1社のモデルではなく，MNEを包括するグローバル経済システムのモデルを示す必要がある。IJVによる協力も，大きな環境の変化を呼び込む。

②環境変移と情報コストの導入。
　…グローバル経済システムができあがるにつれ，国や市場は環境変移に直面する。そうした国や市場で活動しているMNEは，環境変移に対する制度的対応の1つであると見なすことができる。MNEは様々なところから獲得する情報を総合して，「調整を施した反応を展開する能力」を形成する。これには情報コストがかかるが，市場で解決するよりも安くつく場合に，市場に対するMNEの優位性が生まれる。

③企業家精神と柔軟なシステムの進化。
　…企業家は判断力のある意思決定をする。その意思決定は，グローバル経済システムに柔軟性を与え，どのように進化していくのかを決定づけるほど重要なものである。

④社会的要因を経済的動機に統合する。
　…社員の意欲を高める能力は，その企業の潜在的な競争優位を与える。意欲の高い労働者は，より高い生産性を示す。意欲の高いマネジャーは，

企業のリソースをより効率的に活用する。意欲の高いR&D（research & development：研究開発）スタッフは，より革新的になる。

以上4つの視点によって，MNEの進化の仕方が1社ごとでなぜ異なるのかということをより良く理解できる。また，グローバル経済システムの構成要素としてのMNEの行動を捉えることができる。

2．4つの視点(1)部分的視点からシステム的視点への転換

■スマート・グローバリゼーションの達成

　MNEにとってグローバル化は，いまや避けて通れない道である。そこでは，グローバル化の利点（より大きな市場機会への対応，立地優位や安価なリソースの獲得といったコスト効率性，集権化，標準化など）を最大限に得ながら，同時にグローバル化の不利な点（多様性，複雑性，不確実性が増えることによるコストやリスクの増大など）を最小限に抑えることが必要である。

　また，グローバル化にはローカル化（現地に反応することでもたらされる利益の獲得，非集権化，適応など）も欠かせない。ローカルな市場への対応が，グローバルな製品のきっかけを新たにもたらすこともある。

　MNEは，グローバル化（標準化によるコスト優位）への圧力と，ローカル化（現地適応による収益性優位）への要望との張力の中で，「グローバル＋ローカル＝グローカル化」を進める。

　これを実現させる能力を持っている企業は，「スマート・グローバリゼーション」[12]を図ることができる。スマート・グローバリゼーションの達成は容易ではない。なぜならグローバル化の過程で，市場とMNEの経営政策とがぶつかり合うからである。

第 7 章　国際ビジネス研究のこれから―4 つの視点―

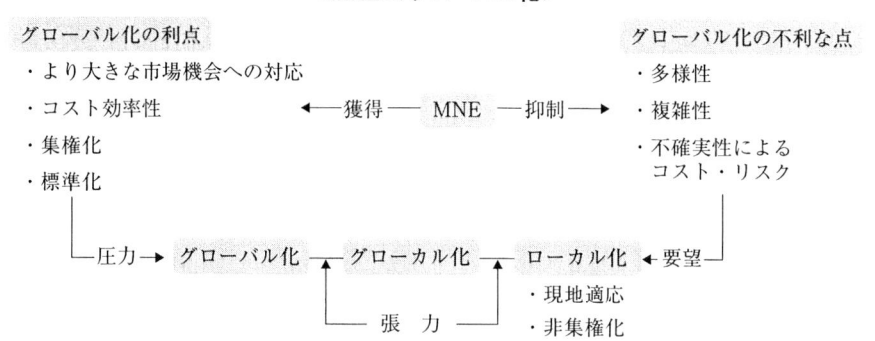

<MNE のグローバル化>

```
グローバル化の利点                                グローバル化の不利な点
・より大きな市場機会への対応                        ・多様性
・コスト効率性         ←―獲得― MNE ―抑制→     ・複雑性
・集権化                                          ・不確実性による
・標準化                                            コスト・リスク
       └―圧力→ グローバル化 ― グローカル化 ― ローカル化 ← 要望
                        └――張 力――┘      ・現地適応
                                            ・非集権化
```

■ 3 種類の市場

　ここでいう市場には，①金融市場，②財・サービスの市場，③労働市場の3種類がある[13]。どの種類の市場もグローバル化に向かっているが，その進展度はそれぞれで違う。

　①金融市場は国際的に発達しているゆえに，MNE は各国の政策（ロケーショナル・ポリシー）と衝突し合う。

　②財・サービスの市場は地域ごとにまとまりを見せていて，MNE はリージョナル・ポリシーの統合，調和，保護をする。これは，REI（regional economic integration：地域経済統合）と呼ばれる。REI における企業の戦略と地域ブロック内での政策の立て方の関係で好例を示すのが，EU（European Union：欧州連合）である。

　③労働市場は 1 国単位で，その機能に異なりを見せていて，MNE がこれを「ナショナル・エンプロイメント・トレーニング・アンド・フィスカル・ポリシー」のもとに統合するには，その国の政府からの抵抗が最も大きい市場である。

　こうした 3 つの市場の違いを押さえながら，MNE は立地や所有についてじっくりと考える必要がある。的確な立地や所有を行うことで，グローバル化が進展するからである。とりわけ所有の場合には，IJV が功を奏す。IJV

<IJVの分類>

		企業2（本国B国）		
		技術	マーケティング知識	両方
企業1（本国A国）	技術	R&D[14]の協調	企業1による B国への市場接近	市場Bへの接近の ためのR&Dの協調
	マーケティング知識[15]	企業2による A国への市場接近	A国とB国との 共謀	企業2の両市場での 使用技術の供給
	両方	市場Aへの接近の ためのR&Dの協調	企業1の両市場での 使用技術の供給	両市場への接近の ためのR&Dの協調

は，2社の間で共有される知識の種類によって上のように分類される（企業1，企業2として，企業1の本国をA国，企業の2の本国をB国とする）[16]。

3．4つの視点(2)環境変移と情報コストの導入

■ MNEの捉え方

環境の概念を重視することは，国際ビジネスを教育する場でも制度的に取り入れられている。例えばスローン・スクールでは1980年代初頭に，国際ビジネスに関して次の3つの主要コースを置いた[17]。

① ビジネス機能を国際的な次元で教える基本コース（現在ではMNEの戦略と組織を学ぶコースとなっている）。
② 国ごとで異なる「国際ビジネス環境」を詳しく見るコース。
③ 国境を越えて事業活動をしている企業のチームプロジェクトに学生を取り入れる実習課目。

また，環境は情報によって変移するものと見なすと，次のように捉えることができる。

経済は「構造化された情報の流れのシステム」である，その構造化は様々な制度が担う，その中の1つが企業である，と[18]。

もっと言えば，国境を越えてリソースを適切に配分して調整するために必要となる情報の処理が，制度的に具体化されたもの（institutional embodiment）がMNEである，それを推進する者が企業家であるということになる。

■ 企業家と信号技術者の違い

では，企業家にとって情報とはどのようなものだろうか。例えば，常に安全を第一に意識する鉄道の信号技術者は，列車が決まった時刻に所定の線路区間上を走ることに責任を負う[19]。

線路沿いのケーブルが接触したり漏電したりすると，情報の流れは歪み，事故につながる可能性が出てくる。だから信号技術者にとっては，自分が制御しているシステムについて，常に正確な情報を得ることが最も大事である。

これに対して企業家が身を置くシステムは，経済という不確実性が極めて高く，正確な情報を得ることは不可能に近い。ただし企業家は信号技術者と違い，リスクを許容できる範囲の幅が広いから，情報が足りないことでシステムに曖昧な箇所があっても，そのリスクをとることができる。

それでもやはりリスクを少なくしようとするなら，企業家の描く経済と現実の経済をより近い（誤差が少ない）ものにしなければならない。そのためには，正確な情報をより多く収集して分析する必要がある。企業家が情報を集約することで，財や資本の流れを滑らかにできる。

これを，国境を越えて制度的に行う仕組みがMNEとなる。MNEは情報に基づいて，経済主体間（生産者どうし，あるいは生産者と消費者の間）を調整して取引を仲介する。その意味でMNEは，「市場形成企業」（market-making firm）である。

取引をする者は仲介が入ることで，①互いに接触する，②欲求を伝える，③見返りに何を与えるのかを説明する，④価格交渉をする，⑤契約の実行を

監視するといった一連の行為のためにかかるコストを減らすことができる[20]。

例えば貿易は，互いに遠く離れた者どうしを仲介する。その当事者たちが直接，連絡を取ることができない場合，彼らの取引を代行する役割を企業が担う。この点に，仲介の付加価値がある。

このように市場形成企業の主な役割は，取引を組織化および単純化して，情報コストを節約することにある。貿易を行うにしても，情報に対して計画的な投資をして，コストをできるだけ低くしなければならない。

情報コストが変化すると，経済の構造も変わる。例えば長距離の通信費が安くなると，企業活動も地理的拡大という形で応じる。これはMNEの成長につながってくる。

4．4つの視点(3)企業家精神と柔軟なシステムの進化

■ マネジャーの心構え

MNEは次の3つの段階を踏んで，トータル・グローバル戦略を遂行する[21]。

① 中核事業戦略の開発：持続可能な競争優位の基盤となるコア戦略を本国で立てる。
② 戦略の国際化：そのコア戦略を他国へと拡張，適合する。
③ 戦略のグローバル化：各国での戦略を統合する。

MNEが，トータル・グローバル戦略を遂行するための能力は1つではない。複数ある能力を理解して，ローカルな視点とグローバルな視点の両方から常に戦略を考え，柔軟に対応していこうとするマネジャーの心構えが，国際ビジネスには欠かせない。

こうしたマネジャーの心構えは企業家精神に含むことができる。特に

MNEの戦略が長期的な成功を収めるためには，企業家の判断の質が鍵を握る。的確に判断をなすには，市場環境が変化している兆しを正しく解釈しなければならない。兆しとは，①嗜好（消費者ニーズに関するもの），②リソースの入手可能性（製品供給に関するもの），③技術に関するものなどである。

技術に関して言えば，生産技術は製品のデザインや技能の選択という点で重要である。また，情報技術の変化（テレグラムからインターネットへの移行）は，情報コストを変えるもので，企業組織に直接的な衝撃を与える[22]。

明確なビジョンのもと，こうした兆しを柔軟に捉え，それに対してどう対応するかについて的確な判断をして，革新を起こしていこうとすることが企業家精神である。革新とは，ひらめきや考えをもとに実際に何らかの行動をとる場合に生まれる。

日産改革を現実のものにしてきたカルロス・ゴーンが同社で行ったことは，まさしく革新であった。カルロス・ゴーンは日産のトップであるときに，ルノーのトップにもなった。このことでカルロス・ゴーンは，グローバル500にランクインする2社（日産29位，ルノー80位：2004年）のトップに同時に就く，最初の人物になった[23]。

そのカルロス・ゴーンを持ってしても，日産自動車の2007年3月期連結決算は，ゴーン体制で初めて営業減益となるほど，革新を持続させるのは難しい。本著第1章でも触れたように，いまやこうした大企業は，小国家なら1国に匹敵するほどの規模である。そうした大企業を首尾良くマネジメントしつつ，革新を起こそうとするトップには，タフな企業家精神が求められる。

■ 経済的レントを創出する企業家

では，カルロス・ゴーンに代表されるように，革新を可能にする企業家精神の条件とは何であろうか。これについては，バーニー教授の考えと体験談に学ぶ点が多い[24]。

バーニーは，「経済的レントの創出が企業家的な行動である」と捉える。

例えば市場で10ドルの価値があると見なされる資産や能力を，ある者が15ドルの価値にしている場合，その差の5ドルがレントとなる。この差は，市場が驚くような方法で資産や能力を用いることで生み出される。

　価値の付け方は様々で，コスト・リーダーシップで達成できる一方，差異化（ブランド戦略）でも達成できる。そうした価値を付け，差を付ける企業家精神は社内のどこに宿っているのか。かつてバーニーが日産の工場を訪れたときの出来事に，これを考える手がかりがある。

　バーニーは，プラント・マネジャーに「あなたの仕事は何ですか」と質問した。プラント・マネジャーは，「私の仕事は日産が世界で最も優れたクルマを生産して販売できるように，この工場を管理することです」と答えた。これは，プラント・マネジャーの立場を考えると，予想できる回答である。

　次に，同じ質問を生産ラインのスーパーバイザーにした。スーパーバイザーも，「私の仕事は会社が世界で最も優れたクルマを生産して販売できるように，生産過程を管理することです」と答えた。同じ質問を購買部のマネジャーにしても，やはり同様の回答だった。

　ここで興味深いのは，工場の管理人（janitor）にも同じ質問をしても，同様の回答が返ってきたことである。工場の管理人までが，戦略的な意味合いで自分の仕事を理解していることが，会社に差をもたらしているということである。

　また，こういう出来事もあった。ある職場に就いて1日目の新人が，書類のコピーをする必要があった。周りを見渡しても秘書が見つからないので，彼自らがコピーをとりに，コピー機の前で準備をしているところで，秘書に「何をされているのですか」と話しかけられた。

　彼は，「近くに誰もいなかったので，自分でコピーをとろうと思って」と答えた。

　すると秘書は，「ちょっと考えてみてください。あなたがコピーをとる場合の機会コストは，だいたい1時間160ドル（1時間当たりの賃金＋利益）で，私だとだいたい40ドルです。だからコピーは私がとるべきで，あなたは

自分の職場に戻って，会社にとって少なくとも1時間当たり160ドルの価値をどうやって生み出すかを考え出すべきです」と返した。

　この秘書は自分の役目を理解しているだけでなく，この新人が会社のためにどれだけの経済的レントを創出しなければならないかということを分かっていた。「経済的レントの創出が企業家的な行動である」と見なすバーニーの目に，この秘書は企業家精神の持ち主として映ったのである。

■ 日本のアニメーション産業の可能性

　MNEはこうした企業家精神を活用して，グローバル経済システムを進化していかなければならない。これからの国際ビジネスが期待されるものの一例として，日本のアニメーション産業を挙げることができる。日本のアニメーションの輸出は大きな可能性を持つが，まだそのスタッフの99％は日本にいる状態で，作品の輸出以外の国際化はまだ始まっていないに等しい。

　この産業の国際化の進展には，次のようなことがプロデューサーに求められる[25]。

① 海外の人々にもっと見てもらうために，プロットとキャラクターを分かりやすいものにすること。
② ハリウッド・スタジオのような大手が手がけているような攻撃的なマーケティング戦略を行うこと。
③ 海外市場向けにプロジェクトを考え直すこと。

　そうしたプロデューサーが企業家精神を発揮して，アニメーション産業に経済的レントを与えるとともに，グローバル経済システムを進化させることができるかどうか。これを捉えることも，これからの国際ビジネス研究では重要な論点になる。その点でソニー・ピクチャーズが，自社で完全に製作した『オープン・シーズン』を2006年末に公開したことは好事例を示す。

5．4つの視点(4)社会的要因を経済的動機に統合する

■ 個を活かしたゴードン・ベスーン

　企業とは，「1つの問題，もしくは1組の関連した問題を重点的に取扱うグループの意思決定の努力を調和させるようにデザインされた構造」とも捉えることができる[26]。そうした組織をまとめあげるには，次の3要素の統合が欠かせない[27]。

① 知識を共有し合うことによる「インテレクチャル・インテグレーション」。
② 仕事の成果の結びつきを共有し合うことによる「ソーシャル・インテグレーション」。
③ アイデンティティと仕事の意味を共有し合うことによる「エモーショナル・インテグレーション」。

　これらの統合が巧く行えた一例に，コンチネンタル航空が挙がる[28]。業績が低迷した1994年にボーイング社からコンチネンタル航空のトップになったゴードン・ベスーンは，航空ビジネスの基本である「定時到着率」がトップ5に入った月には，全社員に65ドルのボーナスを支給するということで社員のモチベーションを高めた。

　ポイントは，ゲート係や客室乗務員，手荷物係，ダイヤ作成者，整備員だけでなく，電話の受け答えをするチケット予約係といったスタッフにも，定時運航の分け前として一律65ドルが与えられたという点である。

　定時到着率が5位以内に入ると，約束通り全社員にボーナスが支給された。
　これが何回か続くと，今度はボーナス支給の条件が3位以内へと変わった。これも達成され，何ヵ月か良い状態が続くと，今度は勝たないと気が済まなくなってくる。

ボーナスが出なかった月では,なぜ今月は達成できなかったのか,その原因を考え始める。その関心事は,ごく一部の者だけのものでなく,ボーナスをもらっている全員が持つ。常勝ムードが組織全体に宿るようになったのである。これについて,ゴードン・ベスーンは次のように述べる。

「時計は何十,何百という部品が見事に力を合わせてできていて,その持ち主に,正確な時刻を知らせるという価値を作り出している。どの部品も,この価値創造には欠かせない。部品のどこか1つでも壊れたら,時計という機能は失われる。針や文字盤のみならず,脱進機や主ゼンマイを止めている小さなネジが1つ外れただけでも,時計は役に立たなくなってしまう。つまり不必要な部品など,何一つとしてないのである」。

この考えは当たりを得て,コンチネンタル航空の業績は,定時運航率の向上とともに回復していった。

そこには,かつてはコンチネンタル航空で働いていることさえ恥ずかしいと感じていた社員が,心一つにして(エモーショナル・インテグレーション),定時運航のための知恵を出し合い(インテレクチャル・インテグレーション),その仕事の成果をかみしめ合うこと(ソーシャル・インテグレーション)ができる組織風土が芽生えていた。

こうした統合を通じて,組織が一丸となって,①危機(業績低迷)の克服に立ち向かうという「竜退治」(slaying the dragon)と,②具体的な目標(5位以内に入ることでのボーナス支給)を達成するという「王女獲得」(winning theprincess)の2つを同時に達成した[29]。

コンチネンタル航空という組織の持つ「場の匂い」(smell of the place)は,明らかに変わっていた。

マネジャーが,「一般的な方法で会社に価値を付加することを期待される者」[30]であるとしたら,ゴードン・ベスーンは,これを地で行ったマネジャーである。ゴードン・ベスーンが活用したのは,人(people)だった。

人というものは,置かれた環境によって行動様式が変わる。場の匂いが良いものになれば,人は自ずと責任感を持って,規律正しく,協同的に行動を

<コンチネンタル航空の竜退治と王女獲得>

| 竜退治(slaying the dragon)
‖
危機(業績低迷)の克服 | ←同時達成→ | 王女獲得(winning the princess)
‖
具体的目標(5位以内に入ること)の達成 |

とるようになる。そこで自分の価値が認められてくると，やる気が増す。

「ビジネスは人なり」(Business is people) というのが，ゴードン・ベスーンの信条だった。人の働きは，そのまま企業の競争優位につながる。肝心なことは，「正しいことを測定して，正しい人に報いること」(Measure and reward the right stuff-and the right people) である。

コンチネンタル航空は，全社員の意欲を高めるような空気感をつくり出して業績を回復させた。このように，優れた場の匂いを持つ企業は，「個を活かす企業」(individualized corporation) と呼べる[31]。

■ アクション・バイアス—ルビコン川を渡るという意志力[32]

個を活かす企業になるにはマネジャーが，「あくせくしながらも結果として何もしないこと」(busy idleness) を克服しなければならない。その状態は，「アクティブ・ノンアクション」(多忙であっても，目的意識を持って行動していない状態) である。

企業は，アクティブ・ノンアクションのマネジャーが目的意識を持って行動するように，「アクション・バイアス」(行動への飽くなき姿勢) を促す必要がある。

マネジャーの多くは，自分が何をするべきかを「知っている」が，それを「実行に移さない」。なぜなら，仕事の時間のほとんどを会議や電子メールへの応答，電話連絡などに費やしているからである。

このように，「知っていることと実行することのギャップ」(knowing-doing gap) を持つマネジャーがいると，企業が個を活かすことは容易ではない。大事なことは，マネジャーが困難にもかかわらず，目的を果たすために断固

第7章　国際ビジネス研究のこれから—4つの視点—

として粘り強く執拗に行動をとることである。

　そのために必要なものは，エネルギーと集中である。エネルギーとは，自分が賭けているものが大きい時に，途方もなく大きな力を発揮させる感情的な粘り強さのことで，集中とは，そうしたエネルギーを特定の結果に向けることである。

　このようなエネルギーと集中をすでに持ち合わせているマネジャーには，意欲向上のための措置はいらない。そうしたマネジャーには，意志力（willpower）があるからである。

　この意志力を持つマネジャーは，ルビコン川（river Rubicon）を渡った者である。ルビコン川とは，紀元前49年に軍隊を率いたユリウス・カエサルが，「賽は投げられた」（*alea iacta est* : the die is cast）として，ローマの支配者だったポンペイウスに対して事実上の宣戦布告をするために渡った川である。

　ルビコン川を渡ると引き返すことはできず，勝利か敗北の2つの道しか残されなくなる。ルビコン川を渡った後は，ひたすらローマをめざして突き進むだけである。その姿こそが，アクション・バイアスである。

　いみじくも，この表現を使っていたのが，北海道国際航空，通称"AIR DO"（エア・ドゥ）の浜田輝男代表取締役副社長だった[33]。

　1998年12月20日午前7時37分，羽田空港から新千歳空港行きエア・ドゥ第1便が離陸したとき，彼はライバルとなる日本航空，全日空，日本エアシステムという大手3社[34]との競争が，これからどうなるか予想できないとしながらも，「しかし，私たちはルビコン河を渡ったのだ」と強く感じていた[35]。ここにエア・ドゥの意志力を見ることができる。

　エア・ドゥは，通常期で東京‐札幌の往復運賃が4万8,000円台であることに立ち向かったのである。国内なのに，なぜ近場の海外に行くような値段がかかるのか。この疑問が，浜田輝男のアクション・バイアスの原動力となった。

　北海道の活性化は，その土地に行きやすいことだと考える彼は，とにかく

運賃を格安にして北海道へのフライトの利便性を高めることにエネルギーと集中を持ち込んだ。実際，新千歳‐羽田間の運賃は，このとき大手3社よりも36％安い，片道1万6,000円に設定された。

このエア・ドゥの事業は，国際ビジネスの直接的な事例ではない。しかし，エア・ドゥによって新千歳空港が活気付けば，そこがアジアのハブ空港ともなり得ることを考えると，国際ビジネスに貢献する企業家活動だと言える。社名に「国際」が入っているのは，そうした夢が忍ばされてのことであった。

以上，本章で見てきた4つの視点は，これからの国際ビジネス研究上で確かに欠かせないものとなる。また，1950年代から，この分野の研究をしてきたダニング教授は，その長きにわたる研究活動の経験に基づいて，これからの国際ビジネス研究の方向として，次の3点を注意深く評価することを提案する[36]。

①先進国と発展途上国の貧富の差を減らすことへの国際ビジネスの貢献，②国際テロなどに対する経済の安全性，③ステークホルダーの幅が増えて多面的な顔を持つようになった組織。これらも検討に値する，重要な研究テーマとなる。

注

1) この定義は Wilkins, M., "What is International Business? An Economic Historian's View," P. J. Buckley, *What is International Business?* Palgrave Macmillan, 2005, p. 134 に基づく。
2) 「空間のネットワーク」については Casson, M., "Visions of International Business," *ibid*, pp. 19-21 を参考にしている。
3) ユーロはドイツのマルク，フランスのフランの代わりに，1999年1月から銀行間取引などで導入され，2002年1月から紙幣と硬貨の流通が始められた。単一通貨であると両替の手数料や手間がかからなくなるから，リソース（資金，物）の移動がしやすく，経済活動の活性化につながる。しかしユーロに懐疑的なイギリス，スウェーデン，デンマークは導入していない。

第 7 章　国際ビジネス研究のこれから―4 つの視点―

4) Birkinshaw, J., *Entrepreneurship in the Global Firm*, Sage, 2000, p. 110.
5) Wilkins, M., *op. cit*, P. J. Buckley, 2005, p. 135.
6) "Conelearn" については Verdin, R. and N. V. Heck, *From Local Champions to Global Masters : A Strategic Perspective on Managing Internationalization*, Palgrave, 2001, Chapter 2 The Conelearn Framework, pp. 57－105に詳しい。
7) Buckley, P. J. and M. Casson, *The Future of the Multinational Enterprise*, 25th Anniversary Edition, Palgrave Macmillan, 2002, p. 35.／清水隆雄訳『多国籍企業の将来　第 2 版』文眞堂，1993年，36～37ページ。同書では，アメリカの多国籍企業（メーカー）の FDI がハイテク産業に集中した理由が内部化理論から解き明かされる。
8) Casson, M., *Economics of International Business : A New Research Agenda*, Edward Elgar, 2000.／江夏健一・桑名義晴・大東和武司監訳『国際ビジネス・エコノミクス―新しい研究課題とその方向性―』文眞堂，2005年，32ページ。
9) Yeung, B., "Introduction to the JIBS Symposium Honoring the 25th Anniversary of *The Future of the Multinational Enterprise*," *Journal of International Business Studies*, Vol. 34, 2003, p. 103.
10) Casson, M., *op. cit*, 2000.／前掲訳書，2005年，35ページ。それまでの伝統的な国際ビジネス研究は静態的なもので，①ある特定の市場への初めての海外進出，②短期の企業特殊的な競争優位の特性，③単一企業の境界の決定という 3 点を強調したものだった。これに対して，新しい国際ビジネス研究は，伝統的な国際ビジネス研究（静態的アプローチ）を予備的考察として，そこに動態的な分析を加えるものである。
11) 同上訳書，352～362ページ。
12) Edited by A. K. Gupta and D. E. Westney, *Smart Globalization*, John Wiley & Sons, 2003.／諸上茂登監訳『スマート・グローバリゼーション』同文舘，2005年，はじめに，2 ページ。
13) Buckley, P. J. and P. N. Ghauri, "Globalisation, Economic Geography and the Strategy of Multinational Enterprises," *Journal of International Business Studies*, Vol. 35, 2004, p. 82.
14) R&D は，生産活動で利用される技術的ノウハウを生み出す。
15) マーケティング知識によって，生産に応じた流通を調整したり，ある国の流通活動に応じて別の国の流通活動を調整したりできる。

16) Casson, M., *op. cit*, 2000.／前掲訳書，2005年，210ページ。
17) Westney, D. E., "What is International Business? A Sociologist's View," P. J. Buckley, *op. cit*, 2005, pp. 159-160.
18) Casson, M., *Information and Organization : A New Perspective on the Theory of the Firm*, Clarendon Press, 1997, p. v.／手塚公登・井上正訳『情報と組織―新しい企業理論の展開』アグネ承風社，2002年，iページ。
19) 信号技術者と企業家の比較は，同上訳書，v～viページを参考にしている。
20) Casson, M., *op. cit*, 1997, pp. 5～6.／同上訳書，6ページ。
21) G. S. Yip「バランスのとれたグローバル戦略」A. K. Gupta and D. E. Westney, *op. cit*, 2003.／前掲訳書，2005年，所収，26ページ。
22) Casson, M., *op. cit*, 1997, p. 115.／前掲訳書，2002年，126ページ。
23) Guyon, J., "Fortune Global 500," *Fortune*, July 25, 2005, p. 54.
24) Meyer, G. D. and K. A. Heppard, "Entrepreneurial Strategies : The Dominant Logic of Entrepreneurship," G. D. Meyer and K. A. Heppard, *Entrepreneurship as Strategy : Competing on the Entrepreneurial Edge*, Sage, 2000, pp. 10-13.
25) Rowley, I., "The Anime Biz," *Business Week*, June 27, 2005, pp. 20-25.
26) Casson, M., *op. cit*, 1997, p. 79.／前掲訳書，2002年，86ページ。
27) Ghoshal, S. and L. Gratton, "Integrating the Enterprise," C. A. Bartlett, S. Ghoshal, and J. Birkinshaw, *Transnational Management : Text, Cases, and Readings in Cross-Border Management*, 4th Edition, 2003, p. 539.
28) コンチネンタル航空およびゴードン・ベスーンについてはBethune, G. with S. Huler, *From Worst to First : Behind the Scenes of Continental's Remarkable Comeback*, John Wiley & Sons, 1998.／仁平和夫訳『大逆転！ コンチネンタル航空―奇跡の復活』1998年を参考にしている。
29) 「竜退治」では，コマツのキャタピラー撃退が典型例である。1989年まで「キャタピラー(C)を包囲する」という意味の「マルC」をスローガンに掲げていた。キャタピラー最大のブルドーザーをコマツ本社の屋上に据え付け，社員の意識を煽ったほどだった。また「王女獲得」には，ソニーがパソコン市場に再参入してVAIOを世に送り出した例がある。
30) Bartlett, C. A. and S. Ghoshal, "The Myth of the Generic Manager : New Personal Competencies for New Management Roles," C. A. Bartlett, S. Ghoshal, and J. Birkinshaw, *op. cit*, 2003, p. 814.

31) Ghoshal, S. and C. A. Bartlett, *The Individualized Corporation : A New Doctrine for Managing People*, William Heinemann, 1998.／グロービス・マネジメント・インスティテュート訳『個を活かす企業：自己変革を続ける企業の条件』ダイヤモンド社，1999年。
32) ここでは Bruch, H. and S. Ghoshal, *A Bias for Action : How Effective Managers Harness Their Willpower, Achieve Results, and Stop Wasting Time*, Harvard Business School Press, 2004.／野田智義訳『意志力革命―目的達成への行動プログラム』ランダムハウス講談社，2005年を参考にしている。
33) エア・ドゥの代表取締役社長には，ヴァージン・アトランティック航空の日本支社長を務めた中村晃が就任した（1997年5月）。
34) 後に日本航空と日本エアシステムは経営統合した。
35) 浜田輝男『AIR DO ゼロから挑んだ航空会社』WAVE 出版，1999年，21ページ。
36) Dunning, J. H., "Epilogue : International Business as an Evolving Body of Knowledge," P. J. Buckley, *op. cit*, 2005, pp. 176–181.

第8章

企業成長の論理
―ペンローズ理論への立ち返り―*

1．ペンローズとチャンドラー

　経営史学の泰斗であるチャンドラー教授は，その著 *Strategy and Structure*（以下，『経営戦略と組織』と称す）において，組織と戦略を次のように捉えた。

　組織とは，企業が手持ちのリソースを目下の需要と結び付けていくためにデザインされるものである。戦略とは，予想される需要に対して，リソースを配置するための計画である[1]。

　この関係から，「組織は戦略に従う」（structure follows strategy）[2]という有名な命題が導き出されたのであるが，ちょうど同じ時期に同じテーマ（企業の多角化）を取り上げて考察を重ねていた，もう1人の学者がいた。

　それは現在，「リソース・ベースト・ビュー」（resource-based view：経営資源に基づいた視点，以下 RBV と称す）と言われる，企業内部へのアプローチの基礎をなしたとされるペンローズ教授であった。

　チャンドラーは，自著『経営戦略と組織』を書き上げるまで，1959年に出版されたペンローズの著作 *The Theory of the Growth of the Firm*（以下，『企業成長論』と称す）を読む機会がなかったと述べている[3]。

　チャンドラーは，自らの研究と比べると，ペンローズの研究は次の2つの点で異なるという。1つは，用いているデータや問題意識が異なっているこ

＊本章は，「ペンローズ企業成長論」という論文タイトルで，『東海大学政治経済学部紀要』第39号（2007年）にも掲載している。また，本章以外の各章は書き下ろしである。

とである。いま1つは、ペンローズのほうは組織よりも戦略との関係から企業の成長に光を当てていることである。

　一方でチャンドラーは、それぞれの研究で見出したもの（findings）の多くが共通していることや、ペンローズによって示された、企業成長に関する理にかなった概念が、自らの実証データを支えるものであることを認めている。

　『企業成長論』の中でも、企業内部のリソースの性質が企業の事業展開の方向を決めると捉えたチャプター（第5章）と、多角化のロジックを明らかにしたチャプター（第7章）を、チャンドラーは特に高く評価する[4]。

　それは、この2つのチャプターが、多角化による企業成長は「内的な刺激」（既存の設備やケイパビリティをもっとフルに活用したいという意欲）からもたらされるということを最初に強調したものだったからである[5]。

　つまり企業の多角化は、企業内にプールされた「生産的なリソース」（特に言うと、経験を積んだ人材）によってもたらされるという点に、ペンローズが初めてスポットライトを当てたのである。

　こうした「生産的なリソース」は、時間がたつとともに企業内に蓄積されていくものである。その部分にペンローズは、企業内で行う経済活動が市場で行う場合とは本質的に違うということを見出した。市場での経済活動と異なるのは、企業内での経済活動は、管理組織体として進められるという点にある[6]。

　したがって、企業がリソースを元手に成長していくには、リソースが活用

＜ペンローズの描いた企業成長＞

企業内設備／未利用／ケイパビリティ　→　内的な刺激（経験を積んだ人材をフル活用したいという欲望）　→　多角化　→　企業成長

されやすい組織構造へと随時，トランスフォームする必要が生じるのである。

本章では，企業の成長に関して，このようなダイナミックな視点をいち早く企業論の分野に投じたペンローズの考え方が，いかに卓越したものであって，どれほどの影響力を持つセオリーとして見なされているのかを探ることにしたい。そして，このセオリーが国際ビジネス研究において有益なものであることを示したい。

ペンローズの概念は，現在も有力なものとなっている。例えば MIT 産業生産性センターは，企業に蓄積されたリソース（動的遺産：dynamic legacies）を研究の糸口として，そのリソースが再配置される過程から各種企業のグローバル戦略を見出した[7]。そのアプローチ手法はペンローズから引いているとしている[8]。

2．企業モデルの刷新

■『企業成長論』―「アイデアの宝庫」

'The New Palgrave' という経済学辞典には，マリス教授（ケンブリッジ，キングス大学）によるペンローズの解説が掲載されている[9]。そこで，まずはこれに目を通すことから始めてみたい。

❖❖❖❖❖❖❖❖

Penrose, Edith Tilton（1914年生まれ）

ペンローズは，アメリカとイギリスで経済学の教育と研究を行ったが，いずれにおいても際立った仕事をし，また行政の面でも優れていた。彼女は，ジョンズ・ホプキンス大学からロンドン大学に移り，そこで教授となった。その後，フランス（シャンティイ：Chantilly）の INSEAD で学部長となった。

行政の面でも，ブリティッシュ・ソーシャル・サイエンシーズ・リサーチ・カウンシルの経済委員会のチェアマンとして，イギリスのために十分尽くした。そして，1980年代の中ごろに退役した[10]。研究の面では，その活

動の後半のあたりは概して，石油産業[11]と多国籍企業[12]に専念していた。しかしながら，経済思想史における彼女の地位は，1959年に出版された1冊の著書[13]にこそある。

1961年のエコノミック・ジャーナル誌での書評[14]では，「この本は10年間で最も影響をおよぼす著作のうちの1冊だと見なされるだろう」と予言された。実際には，この表現すら控えめであったことが証明されたのである。ペンローズの着想では，企業は「管理組織体」であり，また「市場で販売する商品やサービスを作り出すために必要なリソースの集合体」でもある[15]。そうした企業は本来，マネジャーによって方向づけとコントロールがなされる。このマネジャーは，様々な動機に基づいて，成長しようとする意欲を強く持つ者として描かれる。したがって企業は，ただ1つの製品や市場にとどまらず，マネジャーが適切だと考えるところへの多角化をめざすことになる。

ペンローズの企業成長論における利益とは，その本質において，この多角化という目的のための手段であった。つまり利益は，拡張への1つの必要条件だったのである。ただし，その拡張に関しては，成長率にとって重要な問題となる，管理の面からの抑制があった。それは，「変化（成長）のマネジメント」に必要なヒューマン・リソースが，その企業に特化（firm-specific）しているため，いつそれが組織内で不足するのかが分からないということであった。

もっとも，ここでの拡張とは，高いレベルのヒューマン・リソースを新しく採用すること，すなわち成長を創造する能力（growth-creating capacity）の追加補充を含むものであった。したがって，変動の際の制約にもよるが，そこでは規模に対する限界点は求められないことになる。しかしそれ以上に，企業規模の限界は通常，ある地点を越えると，それまで通用していた能率の高さが，規模の変化率とともに減少するものとして述べられる。つまりスピードの速い成長は高くつくのである。

このような論点を持つペンローズの著書は，互いに関連し合うような種々のアイデアで満ちており，それらは詳しく説明することはできない。そうし

たペンローズのアイデアの中でも，管理の問題を捉えた「ペンローズ・エフェクト」は広く受け入れられ，様々なミクロやマクロ経済学（とりわけ「企業経済」として知られる分野)[16]に加えられた。

この「ペンローズ・エフェクト」は，特にマリス（1964)[17]や，その数年後，マクロ経済学で重要な貢献を果たした宇沢（1969)[18]によって，最もよく用いられた。

また，ペンローズの業績自体が持つ全体的な効果というのは，企業のネオクラシカル・モデルを破壊し，そしてそれを再び構築したことにある。

しかし，その後の数年間では，ペンローズの業績が広く受け入れられ，認められたにもかかわらず，「ミクロ経済学理論」や「産業組織論」の教室では，何事もなかったような状態が続いていた。

❖-❖-❖-❖-❖-❖-❖

以上が，マリスによるペンローズについての解説であった。文中で取り挙げられた書評（1961年）も，マリスによるものだった。その書評では，ペンローズは，「企業がなぜ成長するのか，そしてどうやって成長するのかを歴史的プロセスから捉え，それが管理されるのはどこまでであるか」という点を描いたと評される[19]。

また，別の書評では，「近代企業（modern business enterprise）の成長理論」を開発しようと努めた姿勢が高く評価される[20]。その書評では，理論上の概念をよりシャープなものにする必要があるという批判はあったが，それまでの見方（企業をスタティックに捉えること）では説明できない企業のダイナミックな部分（すなわち有機体としての企業成長）に光を当てたことが支持された。

ただし，そうして企業のダイナミズムを探っていく際には，企業というブラック・ボックスの中に入らなければならなかった。

3．企業論へのインパクト

■ブラック・ボックスへの接近

　ピテリス＆ワウル（ともにケンブリッジ大学）によれば，ペンローズ最大の功績は，企業の本質である「ランニング・ア・ビジネス」(running a business) に対する理解を容易にした点にあるとされる[21]。

　ランニング・ア・ビジネスについて知ることは，企業内および企業外の関係について理解する力を高めることになる。

　さらにその理解力は，昨今における戦略的マネジメント（特に企業内部からの分析）や，コンピタンス・ベースの見解（コアコンピタンス経営といった議論），組織学習（企業文化や信頼ともリンクするもの），企業間ネットワーク（合弁事業や戦略的提携）などの領域と結び付いてくる。

　要するに，こうした結び付けは，ペンローズが企業というブラック・ボックスに横たわるセオリーを見事に捉えてみせたことで可能になったということである。

　そうしたペンローズ以前で，企業というブラック・ボックスの存在と機能を説明しようと試みたのが，「取引コスト」(transaction cost) のアイデアを提唱したコースであった[22]。

　コースは，市場で取引を行う場合にかかるコストに比べて，そのコストがより削減できるならば，取引の当事者はこの取引を組織化する，その際に企業が発生することを初めて論理付けた。

　言い換えるならば，企業の発生こそが，「取引コストの存在に対する最も重要な反応」[23]であると見なしたのである。この先見の明によって，ノーベル経済学賞（1991年）を受賞したことは周知の通りである。

　このようにコースは，市場取引コストの節約を企業が生じる理由とした。しかし前掲のピテリス＆ワウルによれば，そうして発生する企業の内側について，コースはあまり言及しなかったとされる。

第8章　企業成長の論理—ペンローズ理論への立ち返り—

<ペンローズが捉えた企業>

企業の内側

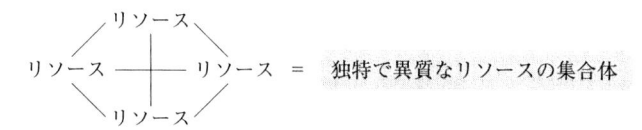

リソース —— リソース ＝ 独特で異質なリソースの集合体
（リソース・リソース・リソース・リソースの集合体）

　つまりコースは，「企業がなぜ存在するのか」という，それまで問われることすらなかった無垢な問題に対する解答を示して，それはそれで有益な業績ではあったが，企業というブラック・ボックスの中には入らなかったというのである。

　これに対してペンローズは，そのブラック・ボックスのインサイド（すなわち企業内部にぎっしりと詰まったリソース）を注意深く調査することに努めた。この結果として発見されたのが，「独特（unique）で異質な（heterogeneous）リソースの集合体」としての企業のコンセプトだった。そうしたリソースの性質は，特にヒューマン・リソースによるものであった。

　ヒューマン・リソースは，経験（experience）と知識（knowledge）が増えることで，能力（capacity）そのものが増える特徴を持つものである[24]。ペンローズは，ここでの知識を「客観性のある知識」と「個人の経験から得る知識」という2つのタイプに明確に分けている。前者は公式に教わることができるものであり，後者は個人から切り離すことができない種類のものである。

　これは現在で言うところの「形式知」と「暗黙知」という区別に他ならない。他者に伝達が容易であるかどうかを基準にした分け方である。ここで重要な点は，企業が実際の経済活動を進めるにつれて，経験から学ぶ知識（他者への伝達が困難なタイプの知識）のほうが，形式知よりも増えていくことである。

　中でも特に，トップ層のマネジャーたちが「ともに働く」という経験は，チームワークを促進するものとなる。これは，ピテリス＆ワウルが言うとこ

<企業の構成要素>

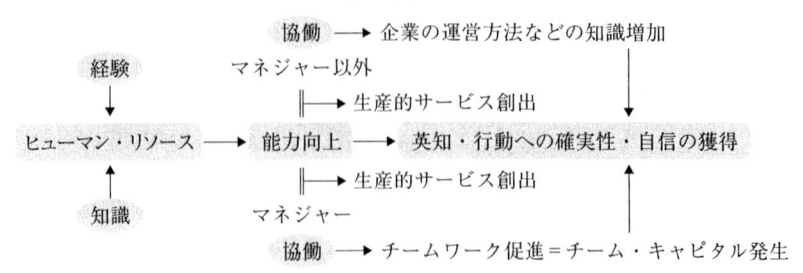

```
                    協働 ──→ 企業の運営方法などの知識増加
        経験      マネジャー以外                        ↑
         ↓             ‖─→ 生産的サービス創出
ヒューマン・リソース ──→ 能力向上 ─→ 英知・行動への確実性・自信の獲得
         ↑             ‖─→ 生産的サービス創出
        知識       マネジャー                          ↓
                    協働 ──→ チームワーク促進＝チーム・キャピタル発生
```

ろの「チーム・キャピタル」[25]を発生させることになる。これは，ペンロージアン（ペンローズの見解を支持する者）が，企業成長にとって貴重なリソースと見なすものである。

　ペンローズは特に，こうしたマネジャーが積む経験の重要性を強調する。マネジャーが経験を重ねるプロセスは，すなわち，その企業にとって有用な新しい生産的サービスを創り出していくプロセスとなるのである[26]。

　また，マネジャー以外のヒューマン・リソースにおいても，「ともに働く」ということに慣れてくると，同僚についての知識や，企業の運営方法の知識，ならびに自らが働く環境下で最善の行動は何かについての知識が増えていく[27]。

　これらもほとんどが個人的経験から学び取られる知識である。この経験に基づいて，ヒューマン・リソースは英知（wisdom）や，行動への確実性（sureness of movement），自信（confidence）を獲得することになる[28]。

　このように，ヒューマン・リソースに付加された経験や，それによって得られた知識が，独特で異質な集合体（つまり企業）の構成要素となるのである。

　ペンローズは，こうした経験に根付く知識を有するヒューマン・リソースが，物的リソースとともに利用できるサービスの束として，企業内で徐々に蓄積されているところに，企業成長のメカニズムを求めた。

　つまりペンローズは，社内で「継承された」（inherited）リソースの遊休性（idleness）を減らすために，マネジャーが「何とか，この使い道がある

はずだ」[29]と考えて，そのリソースが提供できるサービスの活用先を探し出し，そこにフィットさせることが企業成長につながっているという点を強調したのである。

こうして社内に蓄積されたリソースを使用していくということは，企業の経路依存（path-dependent）や，歴史ごと（history matters）を重視した見解であった。この視点から捉える企業成長は，「絶え間なくリソースというピースが増える，無限のジグソーパズルのようなものである」と言える。

パズルのピースとしてのリソースの利用可能性は，知識の変化とともに拡がりを見せる。リソースをどのように用いることができるかといった知識が増加することで，どんなリソースでも常に，そこから引き出すことのできるサービスの範囲と量を増やすことができる[30]。

このように，企業というブラック・ボックスの中には，経験から学びとった知識を蓄えたヒューマン・リソースが数多く潜んでいて，その生産的サービスをもたらすことのできる機会を待つ状態が連綿と続いている。

未利用になっているヒューマン・リソースの生産的サービスが企業内でプールしているために，企業はこれを用いて多角化を行うと捉えるのが，ペンローズの企業観だった。それこそが，ランニング・ア・ビジネスの本質に当たるところである。

■ 卓越した能力を持つリソース

ペンローズの視点では，企業内でストックしている「継承された」リソースを効果の高まるように用いるには，同じ企業内での別のリソースとの組み合わせを探ることから眺められる[31]。

このように，リソースの結合を試みるのは，そのリソースがもたらす余剰のサービス（excess services）が，企業内に幾つも存在しているからである。そうした状態が，野心ある企業家にとっては刺激（incentive）となって，その適切な活用が果たすべき目標（challenge）となるのである[32]。

企業というブラック・ボックスの中には，こうした企業家的野心をくすぐ

るような，未利用のままの生産的サービスが一連の拡がりを見せている。こうしてリソースが「用途多様に使える」（multiple serviceability）状態にあることは，環境の変化に対して企業が成長の方向を決定する際に，柔軟性を与えることになる33)。

　そのとき，企業が首尾良く成長するには，確かな自信に裏付けられた拡張計画が必要となる。それには，理にかなった計画を維持できるほどの「知識の集積」（a body of knowledge）が，企業内で発展されていなければならない34)。

　さらに，その拡張計画が新たに市場を開発することや，新たな生産ラインへの進出を必要とするならば，融通の利くトップ・マネジャーのサービス（エグゼクティブ・サービス）が求められる35)。

　融通が利くということは，①何がトレンドなのかという時流をつかむことと，②どうやって自社の製品をトレンドにするかといった，時流をつかませることを識別できることである。これは，タイミングに対するセンスの問題であって，創意に富んだ努力がとりわけ重要となる。

　このことを逆に捉えると，トップ・マネジャーに野心が不足していること，例えば，①新たな市場に進出しようという試みに関心がない場合や，②新たな活動ラインを取扱い始めることに自信が足りない場合には，企業成長は大きな制約を受けるということになる。

　ペンローズが，企業というブラック・ボックスの中に入って捉えた企業成長は，こうしたトップ・マネジャーのもたらす企業家としてのサービスが，どれほどの用途があるのかに大きく依存する。ペンローズは，こうした企業家としてのサービスの特性には，次の4つのような気質が備わっていると述べている36)。

① 企業家としての融通性（entrepreneurial versatility）…特にイマジネーション（卓越したアイデア）と，ビジョン（視野が広く，敏感であること）に秀でていること。

② 資金調達能力（fund-raising ingenuity）…特に信用を創造できる企業家としての能力があること。
③ 企業家としての野心（entrepreneurial ambition）…これには，次の2つのタイプがある。
　a）自社のリソースを用いて成長しようとする「職人気質な企業家」（商権の建設者）。
　b）主に他社（競争相手）の吸収合併を行うことで成長しようとする「帝国の建設者」。
④ 企業家としての判断（entrepreneurial judgment）…企業内の情報を集め，それを分析することで，企業環境におけるリスクや不確実性を回避しながら，企業成長を果たしていけること。

ここで，ピテリス＆ワウルの見解に戻ると，ペンローズがこうした企業家（トップ・マネジャーというヒューマン・リソース）の卓越した能力（superior ability）を指摘している点は注目に値するとされる[37]。

企業家の卓越した能力を重視するペンローズ（およびペンロージアン）のアプローチは，企業の境界線を取引コストで定める「取引コストの経済学」（transaction cost economics：TCE）と比べて，企業が発生するコンセプトをより鮮明に描くことになる点が評価される。

TCEは，前述のコースに端を発するものであり，そのアイデアを拡げたのがウィリアムソンである。ウィリアムソンは，企業が市場を内部化した後に起こる問題にも言及している。それは，次のような取引関連の歪み（transactional distortion）であって，いわゆる「組織の失敗」の源泉となるものであった[38]。

① 内部調達：馴れ合いのような部門間扶助。
② 内部組織の膨張：統制管理コストの増大[39]。
③ 既存のプログラムへの固執：すでに着手している事業への埋没費用

（sunk cost）のほうを選好すること。
④　コミュニケーションの歪曲：情報の伝達ミスやその信頼性の低下。

　このように，取引に関連した組織の揺れ動きが常に考えられ，その視点が一貫して取引コストに注がれたのは，企業の取引形態というものが，絶えずコストを最も節約できるように選択されるという発想に基づくためである。
　ここでのコストとは，「種々の代替的な管理構造における業務成立への計画，適応，監視のコスト」[40]となる。これらのコストの比較から，その能率（efficiency）を分析し，多岐にわたる組織の形態を理解していくアプローチが，TCEである[41]。
　そのTCEの代表的論者であるウィリアムソンは，「効率良く組織化し，運営すること」が経済性であると見なしている[42]。また，そうした経済性を追求していくと，市場（markets）でも企業組織（firms）でもない「ハイブリッド・モード」という，第三の統治機構（governance structures：中間組織とも呼ばれるもの）が生まれる可能性にも触れている[43]。
　しかし，ピテリス＆ワウルによれば，企業発生の理由をより重要な視点から見ているのは，ウィリアムソンに代表されるようなTCEではなく，ペンローズのコンセプトのほうであるとされる。
　その理由の1つは，TCEが企業を「契約の束」と見なしていることに対して，ペンローズが企業を「生産的リソースの集合体」として描いているからであった。この捉え方によって，企業内外で生産というものがいかに調整されるかというダイナミズムをより理解できるようになる。
　いま1つの理由は，ウィリアムソンが機会主義を減らすための装置として管理組織を描いていることに対して，ペンローズが管理組織をヒューマン・リソースの結合力（cohesion）を創り出すためのものとして表現したことにあった。
　この結合力（ないしチーム・キャピタル）こそが，市場と企業とを区別するものとなる。ペンローズは，市場では容易に入手できない種類のリソース

が結合することが，企業の生まれる理由としたのである。

　そうしたヒューマン・リソースが結合して，成長していくために必要となるものが，経験と知識である。言い換えるならば，経験によって知識を共同で創出できる能力がヒューマン・リソースに備わっているならば，それが企業成長をもたらすものとなるということである。

　ペンローズにとって組織とは，そのような知識を「継承された」リソースとして開発するためのシェルであった。知識を貯蔵しながら，それを育てていくために必要となる「肥沃な土」(fertile soil) というイメージから，「管理組織体」という表現を施したのである。

　さらに，ピテリス＆ワウルは，ウィリアムソンが生産コストの削減として企業の内部化（垂直統合）が進むことを主張したことよりも，ペンローズが上記のようなヒューマン・リソースの卓越した能力に垂直統合の理由を求めたことを強く支持している。

　前述したマリスの解説にもあるように，ペンローズは『企業成長論』以後では，ロンドン大学に移った時期から，石油産業や多国籍企業を研究テーマとした。石油メジャーを取り上げた『国際石油産業論』[44]は，この２つの主題を含むものであった。当時の石油メジャーは，ペンローズにとって，まさに大企業として映っていた。

　ペンローズは，そうした大企業は本質的に「計画された経済」[45]であると見なした。それは，事業機会にすばやく対応し，そこにリソースの大部分を用いる企業のあり方を捉えたものであった。

　特に石油産業の場合は，原油というものは未精製のままではほとんど役に立たないため，パイプラインや製油設備の設置，タンカー・フリートや流通販売網の拡大が，原油の生産量を決定するファクターとなった。

　石油産業は，原油の探鉱や採掘といったアップ・ストリームから，輸送や精製，販売といったダウン・ストリームまでの各段階の活動を一貫して行うことで，初めて「計画された経済」が実現できるビジネスである。このビジネスでは，大企業の中のヒューマン・リソースが卓越した能力を発揮して，

垂直統合を進めていったと見るのがペンローズの視点であった。

　垂直統合によって得られる経済面の利点は，①原油の販路を確保して，安定した生産計画を行えること，②原油の供給を自在にして，製油所を効率良く運営できること，③需要の短期的な変動に応じて，原油の搬入をすばやく調整できること，④急激な価格変動を防ぐことで，コストを削減できることなどである46)。

　このように石油産業では，垂直統合を進めて，多数の供給源から融通の利く原油の供給を確保できた企業だけが，規模の経済性や，既存のプラントの能力をフルに活用することで得られる経済性を享受できた。

　それが，かつてセブン・シスターズとも呼ばれた石油メジャーであった。ペンローズは，そうした大企業が石油産業に内在する不安定性や活動面でのボトルネックを払拭するために，どのようなビヘイビアと成長戦略を採ってきたかという点に関心を持ったのである。それは，需要の増加に対して，大企業がいかに供給を調整しようとするかというメカニズムを探ることであった。

　ペンローズは，そのメカニズムを垂直統合という切り口から明らかにしようとした47)。ピテリス＆ワウルがペンローズの視点を高く評価するのは，ペンローズがTCEと比べて，垂直統合の理由を企業内部から生じる，よりダイナミックなものとして捉え，リソースによるランニング・ア・ビジネスを際立たせた点であった。

4．企業の多角化への視点

■ 多角化する企業の論理

　以上のような垂直統合を含む企業の拡張のほとんどは，ペンローズの見解では，その企業が現在持っている生産的リソースを，これまで以上に効果的に利用できるような機会に基づくものとなる48)。

　こうした機会に対応するために，企業は新製品の生産を開始することがあ

る。つまり多角化である。ここで重要となるのは，企業のランニング・ア・ビジネスの基本的な活動領域の数が増えるという点である。

この活動領域に関して言うと，企業は常に「専門化の領域」（一定のタイプの生産と市場基盤）に活動の足掛かりを持っている[49]。多角化は，この専門化の領域の中で起こる場合もあれば，そこではなく新しい市場分野に進出する場合もある。

専門化の領域内で行う多角化は，既存の生産基盤や技術基盤を用いた新製品によって達成できる。また，現在の領域から離れて，新しい市場分野への多角化は，次の3種類のいずれかの形で行われることになる[50]。

① 同じ生産基盤をベースにした新製品で新しい市場に入る場合。
② 異なった分野の技術をベースにした新製品によって，同じ市場で拡張する場合（これが結果として新しい市場分野を創り出すことになる）。
③ 異なった分野の技術をベースにした新製品によって，新しい市場に進出する場合。

このような企業の多角化を促進しているのは，産業研究（industrial research）である。産業研究とは，ものづくりにおいて使用する原材料と機械の未知なる性質（ないし未開発の使用法）の慎重な研究を，現在の製品の改良や，新製品および生産過程の創造といった特定の目的に用いることである[51]。

企業内のリソースが，こうした産業研究に基づいて技術革新をもたらす際に，企業は多角化の機会に対応できる。ただし，そうした新しい領域にリソースを持ち込み，多角化を果たすためには，競争力のあるコンピタンスを開発することが求められる。

競争力のあるコンピタンスは，例えば新製品の販売努力によって開発が可能である。新製品のユーザーとの信頼関係を結ぶことで，揺るがない商権を築くことができる。堅固な信頼関係を築くために，企業はユーザーの要求に

応じて，製品の品質や特徴を調整するような特別の努力を払うようになる。

こうした配慮がなされることで，企業がまた別の製品を供給した際には，ユーザーとの間の「内側の通路」(inside track)[52]を走ることができるようになる。

この「内側の通路」が競争力のあるコンピタンスになるとともに，企業にはさらなる市場機会が開けていく。成長は，そうした市場機会に企業内の生産的リソースが創造力を持って，ダイナミックに相互関連することによって決定する[53]。

また，企業がこうした多角化を維持しようとするためには，その活動に投資をし続ける必要が生じる。継続した投資は，競争していくために欠かせない適応力や，技術革新を行う能力を形成するためになされる。それは，企業の成長が専門化の領域から，より離れたところでなされるほど強く求められる。

企業が多角化で成功するのは，新しく進出した領域への投資によって，とりわけ秀でた能力と，揺るがない基盤を創ることで，競争相手をしのぐ場合である。ここでポイントとなるのは，新しく進出した領域を「底固い防備」(defences of depth)[54]で守れるかどうかである。

企業の成長は，不安定で変動しやすく，競争の多い世界において，その経営を適応し，伸展できるような堅固な基盤（impregnable bases）をいくつか確立できる能力に依存する[55]。こうした守備力を保つためにも，連続して投資を行う計画を立てることが重要視される。

■ 企業成長のケース・スタディ

企業は通常，新製品の生産をともなって多角化を行うが，ペンローズは，その大きな動機を「何よりも多角化を行いたいという欲望にある」と見なしている[56]。これは，企業内のヒューマン・リソースをもとに企業成長を捉えていることから導き出されるものであった。

ヒューマン・リソースが，現存の市場では十分にその生産的サービスをも

第8章　企業成長の論理―ペンローズ理論への立ち返り―

たらせない状態のときに,「多角化」が企業のスローガンとなるのである。

　ペンローズは,この多角化が企業の生産する製品の幅（range）と性質（nature）を変えるものと見なして,それが近代の大企業が成長する際の顕著な特徴であると捉えた[57]。近代の大企業は,その本来の活動領域にとどまらず,多くの方向に進出する傾向にある。そうした多角化の及ぶ範囲は,マネジメントの柔軟性と,企業のリソース次第で続かせることができる。

　このようにペンローズは,多角化のプリンシプルを企業の内的な成長論理として描こうとした。そこでは,そのプリンシプルの幾つかを例証するために,実際に多角化している企業のケースを検討する必要があった。『企業成長論』の中では,その実例としてGMとゼネラル・ミルズ社が取り上げられている[58]。

　GMの最初の製品は自動車で,その専門化の領域は大量生産のための技術活動だった。GMの広範囲な多角化は,この領域から始まるものであった。そこから新しい生産基盤の確立とともに成長を重ねることで,初めの領域から次第に離れていった。

　また,ゼネラル・ミルズ社の最初の製品は,製粉や飼料,そしてこれに類似した穀物製品だった。その同社の多角化を促したのは,食品化学における基礎研究の活動と,それを処理する機械面の問題に関する研究活動であった。これらは,会社の設立当初から力が注がれてきた活動である。研究活動が,新製品を生産する機会の見通しを常により良いものにしていたのである。したがって,同社の多角化は絶えず論理にかなっていて,なおかつ「自発的な反応」によるものであったと紐解くことができる。

　ただし『企業成長論』の中では,この2社の検討は引き合い程度の記述にとどまるものだった。その一方で,ペンローズによる詳細な企業成長の分析には,ヘラクレス・パウダー・カンパニーのケース・スタディがある[59]。

　この会社は当初,火薬やダイナマイトといった爆薬（explosives）のみを製造していた。これが同社の技術基盤をなしていたが,当時,この分野ではわずかな成長機会しか得られなかった。そこで,この爆薬をつくる際に重要

219

なベースとなる原材料の1つである，ニトロセルロース（nitrocellulose）を製造する技術を開発することで，市場を拡大していった。このビジネスこそが企業成長できる機会で，そこに技術と市場の基盤を幅広くすることで対応したのである。

このニトロセルロースの技術は，農業化学薬品（agricultural chemicals）や，ペトロケミカルズ（petrochemicals）といった新たな基盤の創出につながった。ここでポイントとなるのは，同社がほとんど他社を吸収合併することなく，企業成長を遂げていったという点である。

これは，ペンローズが挙げた2種類の企業家としての野心のうち，自社のリソースを用いて成長しようとする「職人気質な企業家」（商権の建設者）の気質を帯びていることを示すものだった。

同社には，そうした技量（workmanship）や，製品開発に専念する企業家精神が宿っていた。その精神とは，市場の変化によって生じた機会に，経験や知識を用いて，企業家として反応すること（entrepreneurial response）であった。

このようなアントレプレナーシップは，企業が成長するために必要な技術と市場の基盤を形成する際の重要なエレメントとなる。新しい技術や市場の基盤は，市場での出来合いのもの（ready-made）としては獲得できないもので，企業内のリソースから創り出さなければならない。

また，アントレプレナーシップに満ちた企業は，自分たちが提供すべきものは何であるのかを常に問いながら，手持ちのリソースの組織的な結合を意図して試みては，自らの企業に意味付けを行うことができる。

ペンローズは，同社における一連の多角化のプロセスを捉えることで，①企業には専門化の領域（技術と市場の基盤）が必要であることと，②そうした基盤があるならば，新製品や新市場を連続して創り出すことができることを見出した。

さらに，その専門化の領域の拡張（多角化）は，より生産的な（ここでは，自社にとって有益なものに見えるような，という意味での）機会の存在する

分野に向かうことを論理的に明らかにした。

5．ペンローズの「勇敢な努力」

　本章で見てきたように，ペンローズにとって企業とは，まず「管理組織体」である。これが市場との区別をつけるポイントとなる。さらに企業は，そうした組織に管理される「生産的リソースのプール」である。

　このプールには常に，未利用のままとなっているリソースがあって，その用途先を待っている。これらのリソースを活用しようとする欲求が，多角化（とりわけ新製品の開発による新市場への進出）への誘因となる。

　このため，企業はリソースがフィットしうる有益な機会を探すことになる。企業成長は，そうした市場機会にリソースからもたらされる生産的サービスをどれだけ活用できるかによって決まる。

　企業内で未活用になっているリソースのほとんどは，ヒューマン・リソースである。このヒューマン・リソースに経験や知識が付加されることで，その企業だけにとって有益なサービスが提供されることが可能になる。

　このようなヒューマン・リソースによる生産的サービスを，企業成長に用立てていくのは，トップ・マネジャーの役割（function）となる。その意味で，トップ・マネジメントとは，企業が有しているリソースの用途を需要と結び付ける活動を行うことであると言える。

　それには経営者が，企業家としての気質（融通性，資金調達能力，野心，判断）を発揮して，エグゼクティブなサービスを提供することが求められる。トップ・マネジャーこそが，市場からは容易に調達できない貴重なヒューマン・リソースなのである。

　このように当時，ブラック・ボックスであった企業の内側にひそむリソースに光を当てたのは，ペンローズによる「勇敢な努力」（valiant effort）[60]だった。その成果として，企業の「成長」が初めて包括的に解き明かされた。ただし，その理論におけるコンセプトは独特のものであり，なおかつ難解であったために，その後しばらくはマネジメント研究の分野で取扱われる機会

は少なかった。

　しかし近年において，企業内のリソースを有益に利用することは国際ビジネス研究で検討される，1つの大きな柱となってきたことで，アイデアの宝庫であるペンローズの『企業成長論』は再評価されてきている。

注

1 ）　Chandler, A. D., Jr., *Strategy and Structure : Chapters in the History of the Industrial Enterprise*, The MIT Press, 1962, p. 383.／三菱経済研究所訳『経営戦略と組織』実業之日本社，1967年，378ページ。
2 ）　*Ibid*, p. 14.／同上訳書，30ページ。
3 ）　*Ibid*, p. 453.（notes for page376−391, conclusion1.）
4 ）　例えば第5章（'Inherited' Resources and the Direction of Expansion）は経営思想史の選書である *Historical Evolution of Strategic Management Volume* Ⅱ（Edited by P. McKiernan, Dartmouth, 1996.）の中での 'The Resource-based School' にセレクトされている。これを見てもペンローズの『企業成長論』での考え方が，RBVに影響を与えていることが分かる。
5 ）　Chandler, A. D., Jr., *Scale and Scope : The Dynamics of Industrial Capitalism*, Harvard University Press, 1990, p. 634.／安部悦生・川辺信雄・工藤章・西牟田祐二・日高千景・山口一臣訳『スケール・アンド・スコープ　経営力発展の国際比較』有斐閣，1993年，649ページ。
6 ）　Penrose, E. T., *The Theory of the Growth of the Firm*, Basil Blackwell, 1959, p. 15.／末松玄六訳『会社成長の理論』第2版，ダイヤモンド社，1980年，20ページ。
7 ）　Berger, S. and MIT Industrial Performance Center, *How We Compete : What Companies around the World are Doing to Make it in Today's Global Economy*, Currency Doubleday, 2006, p. 44.／楡井浩一訳『MITチームの調査研究による　グローバル企業の成功戦略』草思社，2006年，64～65ページ。
8 ）　*Ibid*, p. 303.／同上訳書，392ページ。
9 ）　*The New Palgrave : A Dictionary of Economics*, Vol. 3（K to P），The Macmillan Press, 1987, p. 831. なお，文中に付けた注（10−18）は訳出者による。
10）　1996年にペンローズは逝去するが，その最後の肩書きは，ロンドン大学経済学部およびアジア・アフリカ研究学部（SOAS : School of Oriental and African

Studies) の名誉教授，ならびにヨーロッパ経営大学院 (INSEAD) の客員教授であった。

11) 例えば Penrose, E. T., *The Large International Firm in Development Counties : The International Petroleum Industry*, George Allen & Unwin, 1968 (木内曉訳『国際石油産業論』東洋経済新報社，1972年) という著書がある。

12) 例えば Penrose, E. T., "History, the Social Science and Economic 'Theory', with Special Reference to Multinational Enterprise," in *Historical Studies in International Corporate Business*, Edited by A. Teichova, M. Levy-Leboyer, and H. Nussbaum, Cambridge University Press, 1989, pp. 7 - 13 (浅野栄一訳「歴史，社会科学，および経済「理論」：特に多国籍企業との関連において」，中央大学企業研究所翻訳叢書6『続・歴史のなかの多国籍企業』中央大学出版会，1993年，9～18ページ) という学会報告に基づくペーパーがある。

13) *The Theory of the Growth of the Firm* のことを示す。同書は，日本語の他，フランス語，スペイン語，イタリア語に翻訳されている。

14) Marris, R. L., "Reviews : Penrose (E. T.). *The Theory of the Growth of the Firm*," *The Economic Journal*, Vol. 71, No. 281, March1961, pp. 144 - 148のことである。

15) ペンローズ自らの定義では，「企業 (business firm) は管理組織体であるとともに，生産的リソースの集合体である」とされる (Penrose, E. T., *op. cit*, 1959, p. 31.／前掲訳書，42ページ)。「管理組織体」とは，「それぞれの活動が相互に関係し合っていて，それらが企業の全体的な方針によって調整される，自立的な管理計画単位」としての企業を示している (*Ibid*, pp. 15 - 16.／同上訳書，21ページ)。そうした管理下での意思決定によって，生産的リソースが用途別に，そして時期ごとに配分される (*Ibid*, p. 24.／同上訳書，32ページ)。

16) 例えばEdited by Marris, R. and A. Wood, *The Corporate Economy : Growth, Competition, Innovative Power*, Macmillan, 1971という著書がある。企業論にとって特に重要な点は，この著書の中でウィリアムソンが，企業の形態は「M型 (Multi-division) 組織」に変わるという仮説を展開したことであった。

17) Marris, R. L., *The Economic Theory of Managerial Capitalism*, Macmillan, 1964のことである。

18) Uzawa, H., "Time Preference and the Penrose Effect in a Two-class Model of Economic Growth," *Journal of Political Economy*, Vol, 77, No, 4, July-August 1969, pp. 628 - 652のことである。

19) Marris, R. L., *op. cit*, 1961, p. 145. この書評では,「成長と利益の関係がぼんやりと (woolly) したものになっている」などといった批判も行われている。これはペンローズが,「成長と利益とは投資計画の選択基準としては同じ意義を持つことになる」と捉え,「企業の投資活動の目標として '成長' について論じるか, '利益' について論じるかは問題ではない」と述べているためである (Penrose, E. T., *op. cit*, 1959, p. 30.／前掲訳書, 40ページ)。

20) Earley, J. S., "Book Reviews: Penrose (E. T.). *The Theory of the Growth of the Firm*," *The American Economic Review*, Vol. 50, 1960, pp. 1111-1112.

21) Pitelis, C. N. and M. W. Wahl, "Edith Penrose: Pioneer of Stakeholder Theory," *Long Range Planning*, Vol. 31, No. 2, April 1998, p. 259.

22) Coase, R. H., "The Nature of the Firm," *Economica*, New Series, Vol. 4, No. 13-16, 1937.／井上薫訳「企業の本質」, 神戸学院大学経済学会『神戸学院経済学論集』第17巻第2号, 1985年9月。

23) Coase, R. H., *The Firm, the Market and the Law*, The University of Chicago Press, 1988, p. 7.／宮沢健一・後藤晃・藤垣芳文訳『企業・市場・法』東洋経済新報社, 1992年, 9ページ。

24) Penrose, E. T., *op. cit*, 1959, p. 52.／前掲訳書, 70ページ。

25) Pitelis, C. N. and M. W. Wahl, *op. cit*, p. 253.

26) Penrose, E. T., *op. cit*, 1959, p. 48.／前掲訳書, 64ページ。

27) *Ibid*, p. 52.／同上訳書, 69ページ。

28) *Ibid*, p. 53.／同上訳書, 71ページ。

29) 'there ought to be some way in which I can use that' (*Ibid*, p. 77.／同上訳書, 100ページ)。

30) *Ibid*, p. 76.／同上訳書, 99ページ。

31) *Ibid*, p. 86.／同上訳書, 111ページ。

32) Penrose, E. T., "Research on the Business Firm: Limits to the Growth and Size of Firms," *The American Economic Review*, No. 45, No. 2, May 1955, p. 536. また, この論文は『企業成長論』の準備段階に公表されたもので, 企業成長の本質に触れる議論の最初のプレゼンテーションとなる (Penrose, E. T., *The Growth of Firms, Middle East Oil and Other Essays*, Frank Cass and Company, 1971, p. 30)。この論文は 'The International Library of Critical Writings in Economics' シリーズの1冊である *The Theory of the Firm* (Edited by M. Casson, An Elgar Refer-

ence Collection, 1996) の中での 'Competence, Flexibility and Growth' のパートにセレクトされている。

33) Penrose, E. T., *op. cit*, 1955, p. 534.
34) *Ibid*, p. 532.
35) *Ibid*, p. 540.
36) Penrose, E. T., *op. cit*, 1959, pp. 36-41.／前掲訳書，48〜55ページ。
37) Pitelis, C. N. and M. W. Wahl, *op. cit*, pp. 255-258.
38) Williamson, O. E., *Market and Hierarchies*, The Free Press, 1975, pp. 119-124.／浅沼萬里・岩崎晃訳『市場と企業組織』日本評論社，1980年，202〜208ページ。
39) これは,「マネジメントのコスト（企業内で取引を組織化するための管理コスト)」(今井賢一・伊丹敬之・小池和男『内部組織の経済学』東洋経済新報社，1982年，59ページ）と言い換えることができる。
40) Williamson, O. E., "Organizational Innovation : The Transaction-Cost Approach," J. Ronen, *Entrepreneurship*, Lexington Books, 1983, p. 104. また，より詳細に取引コストを分けると，①取引に必要な価格情報の収集・解析に伴うコスト，②取引相手に関する情報の収集・解析に伴うコスト，③取引相手との交渉・契約手続きに伴うコスト，④取引相手の管理またはモニタリングコスト，および取引相手の変更に伴う調整コストなどとなる（明石芳彦「取引費用理論」，小西唯雄編『産業組織論の新潮流と競争政策』晃洋書房，1994年，第5章所収，72ページ）。
41) このように，効率性や能率の観点から企業と市場を比べるため，TCEは「比較制度アプローチ」とも呼ばれる（井上薫『現代企業の基礎理論―取引コストアプローチの展開』千倉書房，1994年，13ページ）。
42) Williamson, O. E., "Strategizing, Economizing, and Economic Organization," *Strategic Management Journal*, Vol. 12, 1991, p. 87. これに対して，ペンローズは経済性を「産出がより安いこと」であるとし，リソースがより有効に使われることがエコノミーであると見なしている（Penrose, E. T., *op. cit*, 1959, p. 96.／前掲訳書，124ページ）。
43) 例えばWilliamson, O. E., "The Logic of Economic Organization," *The Nature of the Firm : Origins, Evolution, and Development*, O. E. Williamson and S. G. Winter, Oxford University Press, 1993など。

44) 注11で挙げたものと同書。
45) Penrose, E. T., *op. cit*, 1968, p. 21.／前掲訳書，5ページ。
46) *Ibid*, p. 46.／同上訳書，40ページ。
47) 『国際石油産業論』の他に Penrose, E. T., "Vertical Integration with Joint Control of Raw-Material Production : Crude Oil in the Middle East," *The Journal of Development Studies*, Vol. 1, No. 3, April 1965, pp. 251-268など，ペンローズは石油産業に関する論文を7本公表している。これらは全て，注32でも挙げたペンローズの論文集（Penrose, E., *The Growth of Firms, Middle East Oil and Other Essays*, Frank Cass and Company, 1971）に収録されている。
48) Penrose, E. T., *op. cit*, 1959, p. 88.／前掲訳書，114ページ。ここで言う機会とは，企業が持ついくつかの生産的機会における1つにすぎない。すなわち多角化の機会は，企業のリソースが数多く有する利用可能性の1つであり，最も利益の多い行動路線ではない（*ibid*, pp. 111-112.／同上訳書，143～144ページ）。したがって企業は，そうした機会に対応しうる幾つかの行動の中から，どの行動をとるのかということを注意深く選択しなければならない（*ibid*, p. 120.／同上訳書，154ページ）。
49) *Ibid*, p. 109.／同上訳書，141ページ。
50) *Ibid*, p. 110.／同上訳書，142ページ。
51) *Ibid*, p. 112.／同上訳書，144ページ。
52) *Ibid*, p. 117.／同上訳書，151ページ。この「内側の通路」とは，「ブランド」という企業資産をペンローズ流に示したものであると言える。また，ここでペンローズは，企業とユーザーという，いわゆるBtoCだけでなく，企業間（BtoB）関係も想定している。それは昨今の「ソリューション型ビジネス」の発想である。ペンローズは，こうした企業間関係を「技術面での事柄にまで伸展する」ものとして捉えている（同ページ）。
53) Penrose, E. T., "The Growth of the Firm : A Case Study, The Hercules Powder Company," *The Business History Review*, Vol. 34, No. 1, Spring 1960, p. 1.
54) Penrose, E. T., *op. cit*, 1959, p. 138.／前掲訳書，176ページ。
55) *Ibid*, p. 137.／同上訳書，175ページ。
56) *Ibid*, p. 142.／同上訳書，182ページ。
57) Penrose, E. T., "Foreign Investment and the Growth of the Firm," *The Economic Journal*, Vol. 66, No. 262, June 1956, p. 226. 同論文では，GMが100％出資し

たオーストラリアの子会社GMH（ゼネラル・モーターズ・ホールデン）のケースから，近代の大企業の顕著な特徴である多角化が検討されている。同論文は 'The International Library of Critical Writings in Business History' シリーズの1冊である *The Growth of Multinationals*（Edited by M. Wilkins, An Elgar Reference Collection, 1991）の中での 'New Perspectives' のパートにセレクトされている。

58) Penrose, E. T., *op. cit*, 1959, pp. 120-127.／前掲訳書，154～162ページ。

59) 注53で挙げた論文のことを示す。同社はデュポンから1912年に分離独立して，1913年時点で1,000人の従業員と9つの工場を持つ会社で，1956年には11,365人の従業員と22の国内工場を持つまでに成長していた。また，この論文が公表されたのは1960年であるが，原稿自体は『企業成長論』に含める意図で書かれたため，1956年には完成していた。しかし結局，本のサイズの関係で省かれた（Penrose, E. T., *op. cit*, 1960, pp. 1-2）。なお同論文は *The Business History Review* に，その年（1960年）に掲載された中で最良の論文として 'the Newcomen Prize'（T. ニューコメン賞）を獲得している。

60) Miller, W., "Book Reviews : Penrose, E. T., *The Theory of the Growth of the Firm,*" *The Business History Review*, Vol. 34, No. 1, Spring 1960, p. 508.

あとがき

　演習のテーマが「国際経営」であるため，私のゼミには毎年，国際感覚に長けた学生が多く集まってくる。

　これまで，どの学年にも語学研修としてバンクーバー，ロンドン，北京，ソウルなどに短期ないし長期留学をするゼミ生が必ずいて，海外での学生生活をエンジョイした土産話を持って帰ってきた。そうした彼ら彼女らの後ろ姿を見送るだけで，当の教え手である私は，笑われるかもしれないが，最近までパックの海外旅行しか経験したことがなかった。

　要するに海外には何度となく出かけてはいるものの，調査研究目的では行ったことがなかったのである。機会や予算に恵まれなかったと言えば，言い訳になる。遅蒔きながら今年（2007年）から海外での企業調査も，ようやく守備範囲に入れ出した。それは，逞しく1人で海外に旅立っていくゼミ生たちから刺激を受けたからに他ならない。

　海外に出ると，誰もが異文化に出くわす。世界が共通した考えを持つようになることをグローバル化と呼ぶのなら，グローバル化の実現は，とうてい叶わぬ夢のような話に思えてくる。

　例えば，「メリークリスマス」という言葉1つをとっても，キリスト教以外の少数派への配慮がいる。1990年代にアメリカの大手小売店では，「メリークリスマス」の代わりに「ハッピーホリデーズ」と呼ぶことが奨励された。クリスマス時期には，キリスト教だけでなく，ユダヤ社会の「ハヌカの祝い」やアフリカ系アメリカ人の「クワンザの祭り」が重なるからである。

　ただし，こうした呼び方もキリスト教にとってはクリスマスに対する攻撃だと受け止められ，彼らはメリークリスマスの復権を求めた。これに対してウォルマートでは2006年11月，「ホリデーショップ」と称してクリスマス飾りを販売する区画を「クリスマスショップ」と改め，「クリスマス」表示の商品を約6割も増やした。

このように，ものの考え方が異なる状態を首尾良く整えながら，企業はグローバル化に進んでいく。そのとき，進出先の市場と向き合うには，ソフトパワー（自分たちが欲しいと思うものを相手にも欲しいと思わせる力）が必要となる。

　2006年末，新宿のサザンテラスに日本第1号店ができた，クリスピークリームドーナッツも，こうしたグローバル化を考える際の素材を提供している。私はちょうど，開店前日のプレス限定（取材用）のオープン時に，店舗前を通りかかった。直感的に，この店舗は人気が出るのだろうなぁと思いながら通り過ぎた。

　結果，同店舗は連日，長蛇の列ができた。しばらくすると，時間待ちの案内掲示が設置された。まるでディズニーランドの人気アトラクションさながらである。この列を見るたびに，モスクワでマクドナルドができた時の行列も，このような状態に近かったのだろうかと想像してしまう。

　モスクワでのマクドナルドと1つだけ決定的に違う点は，ドーナツ自体が並んでいる人たちにとっては珍しい食べ物ではないということである。モスクワでマクドナルドができた時は，ハンバーガー自体を知らない人々が列をなしたが，今回のドーナッツは，従来のものより「柔らかい（らしい）」ということに関心が集まったものである。

　これは明らかに経験経済がなす列である。「柔らかい（らしい）」という噂話だけでは満足できず，そのドーナッツを実際に食べるという経験を通じて，「確かに柔らかい」とキッパリ言い切ることができるようにしたいのではないだろうか。「あのドーナッツを食べたよ」と周囲に自慢したり，箱買いをしてみんなで食べたりという行為自体にこそ，いまや貴重さや稀少さが宿る。

　ドーナッツ1個の値段以上の価値が，思い出となって刻まれるのである。「プライスレス」とは，まさにそうしたことを巧みに言い当てた表現である。いま「経験価値」というコンセプトに多くの学生が納得するのも，それが現在を生きる彼ら彼女らの経験経済という時代性を見事に説明してくれるからであろう。

あとがき

　私がこのドーナッツを初めて食べたのは，2007年3月に渡英した際に立ち寄ったハロッズ内の店舗であった。確かに一口目は柔らかく，これまでに口にしたことはないものだった。日本での行列は，「他では決して味わうことのできないドーナッツ」のソフトパワー（良かったらどうぞという精神）のなせる業なのである。

　また，学生からの関心が高い商品に，「レッドブル」がある（以下，レッドブルに関しては関本誠「世界経済レポート　欧州の雄　本場日本へ」『朝日新聞』2006年3月2日を参考にしている）。
　青と銀色のアルミ缶（250ミリリットル）に，赤い牛2頭が向き合ったマークのついた「レッドブル」（Red Bull）というドリンク剤が，2006年から日本市場でも目にされるようになった。2006年4月からセブンイレブンにおいて275円で販売が開始された。レッドブルは炭酸飲料であるため，日本のドリンク剤と比べて甘さや薬品臭さが控えめになっている。
　その作り手は，エネルギードリンクというドリンク剤市場で圧倒的な占有率を誇る，オーストリアのザルツブルク郊外に本社を構えるレッドブルである。創業者のディートリヒ・マテシッツが，大正製薬のリポビタンDなどを参考にして1984年から始めたビジネスである。類似商品のほとんどなかった欧米諸国に向けて，エネルギードリンク（レッドブル）を販売していった。
　1987年にオーストリアで販売を開始して，1994年にはドイツやイギリスなどに進出した。ヨーロッパのスーパーでは炭酸飲料水や清涼飲料水などの売り場に置かれ，1本1.3ユーロ（約180円）で，主に30代以下の若者が買っている。飲料成分の規制などの関係で販売できないフランス以外のほとんどのヨーロッパ諸国の市場で占有率首位にたった。
　レッドブルの国際ビジネス成功の鍵は，大学生のパーティ用に無料で配って口コミを狙ったり，マウンテンバイクやスカイダイビング，スノーボードなどのスポンサーになったりするという，流行に敏感な若者に標的を絞った宣伝活動にあった。

1997年からはアメリカに進出した。これを受けて，コカ・コーラやペプシコが同じような種類のドリンクを投入してきたけれども，レッドブルのアメリカでの市場占有率は60％前後を保った。

　アメリカでは，他の炭酸飲料水よりも5～6倍の値段をつけて差異化を図って，「医薬品とソフトドリンクを融合して，新しいライフスタイルを提供する飲み物」という商品イメージを強く示したことが功を奏した。

　2005年には世界での販売台数が25億本を越えた。2006年の日本進出を目前に控えたとき，マテシッツCEOは，「CMなどで一気に全国展開を図ることはしないで，標的を絞りながら注意深く販路を拡大したい」と語った。レッドブルの日本での販売状況は，同社の世界三大市場制覇の試金石となる。

　こうしたレッドブルのように，街角にはソフトパワーを持った商品やサービスで溢れている。そこに学生がより多くの関心を示すように，国際ビジネスのトピックスをこれからも伝え続けていき，同時代性を感じながら，ともに学んでいきたい。

　先日，そうした教育活動に励みとなるような嬉しい出来事があった。

　本著に収めているブランド論やヴァージン社について，いち早く講義で取り上げていたが，その講義（グローバル企業論）が「2006年度東海大学ティーチング・アワード」を受賞したのである。受講生からのレスポンスが良かったことは，何よりの支えとなる。

　中でもルイ・ヴィトンやレクサスの事例は，学生から多かったリクエストに応じたものである。いわば顧客ニーズに応えたから好評価を受けたのだと，ほんの少しだけ自負したい。その意味で，まえがきの話に戻るが，2003年度にこの講義の前身となる「国際開発経営論」を受講していて，いまは社会で活躍している，あの頃の学生たちにこの本が届けば，と願っている。

　このたび本書の出版に際しては，前著（『ケースブック　戦略的マネジメント』）に引き続いて，白桃書房編集部・河井宏幸氏に多大なお力添えをい

あとがき

ただくこととなった。この場を借りて心よりお礼を申し上げたい。名プロデューサーによってブラッシュアップされた本書を今後の教育活動で大いに活用していきたいと思う。

2007年初夏

岩谷　昌樹

著者略歴

岩谷　昌樹（いわたに　まさき）

　　1973年　岡山県倉敷市生まれ
　　2001年　立命館大学大学院経営学研究科博士後期課程修了（経営学博士）
　　現　在　東海大学政治経済学部経営学科教授

著　書

『デザインマネジメント入門』京都新聞出版センター，2003年（共編）
『ホンダのデザイン戦略経営』日本経済新聞社，2005年（共著）
　－韓国語版あり（Human & Books，2005年）
『ケースで学ぶ国際経営』中央経済社，2005年
『総合商社　商社機能ライフサイクル』税務経理協会，2006年（共著）
『ケースブック　戦略的マネジメント』白桃書房，2007年（共編）

トピックスから捉える国際ビジネス
（検印省略）

発行日──2007年7月25日　初版発行
　　　　2020年9月6日　第3刷発行

著　者──岩谷　昌樹

発行者──大矢栄一郎

発行所──株式会社　白桃書房
〒101-0021　東京都千代田区外神田5-1-15
☎03-3836-4781　📠03-3836-9370　振替00100-4-20192
http://www.hakutou.co.jp/

印刷・製本──株式会社デジタルパブリッシングサービス

© Masaki Iwatani 2007 Printed in Japan
ISBN 978-4-561-25471-3 C3034

JCOPY〈出版者著作権管理機構　委託出版物〉
本書の無断複写は著作権法上での例外を除き禁じられています。複写される場合は、そのつど事前に、出版者著作権管理機構（電話03-5244-5088、FAX03-5244-5089、e-mail : info@jcopy.or.jp）の許諾を得てください。

落丁本・乱丁本はおとりかえいたします。

岩谷昌樹・徳田昭雄【編著】
ケースブック戦略的マネジメント

経営に台本はなく，毎日，その瞬間ごとに意思決定をしなければならない。本書はその決定に役立つ発想力・思考力を鍛える素材を提供する。学部生が教師なしでも学習できるケースブック。初めて経営を学ぶ人におススメ。

ISBN978-4-561-25468-3　C3034　A5判　304頁　**本体2800円**

株式会社
白桃書房

（表示価格には別途消費税がかかります）

坂下昭宣【著】
経営学への招待
第3版

経営学は，幅広くて奥の深い，それでいて非常に身近な学問である。「企業の経営現象はある意味で現代社会そのものともいえる」という視点に立って，これからの経営学を学ぼうとする人々にわかりやすく解説した入門書の3訂版。

ISBN978-4-561-15168-5　C3034　A5判　316頁　本体 2600 円

株式会社
白桃書房

（表示価格には別途消費税がかかります）

安室憲一【編著】
新グローバル経営論

活動拠点が地球規模で分散配置され，相互に連携しあうグローバル経営。各国市場への適応，全世界でのオペレーション効率とイノベーションの追求，新しい知の創出。これらの経営課題にどのように対応すべきかを明らかにする。

ISBN978-4-561-26466-8　C3034　A5判　324頁　本体3500円

株式会社
白桃書房

（表示価格には別途消費税がかかります）